:: 中華文化促進會主持編纂

:: 國家"十一五"重點圖書出版規劃項目

:: 中國社會科學院哲學社會科學創新工程學術出版資助項目

出品人　王石　段先念

今注本二十四史

三國志

六　　魏書〔六〕

晉　陳壽　撰　　宋　裴松之　注

楊耀坤　揭克倫　校注

中國社會科學出版社

三國志 卷二二

魏書二十二

桓二陳徐衞盧傳第二十二

　　桓階字伯緒，[1]長沙臨湘人也。[一][2]仕郡功曹。[3]太守孫堅舉階孝廉，[4]除尚書郎。[5]父喪還鄉里。會堅擊劉表戰死，階冒難詣表乞堅喪，表義而與之。後太祖與袁紹相拒於官渡，[6]表舉州以應紹。[7]階説其太守張羨曰：“夫舉事而不本於義，未有不敗者也。故齊桓率諸侯以尊周，[8]晉文逐叔帶以納王。[9]今袁氏反此，而劉牧應之，取禍之道也。明府必欲立功明義，[10]全福遠禍，不宜與之同也。”羨曰：“然則何向而可？”階曰：“曹公雖弱，仗義而起，[11]救朝廷之危，奉王命而討有罪，孰敢不服？今若舉四郡保三江以待其來，[12]而爲之内應，不亦可乎！”羨曰：“善。”乃舉長沙及旁三郡以拒表，遣使詣太祖。太祖大悦。會紹與太祖連戰，軍未得南。而表急攻羨，羨病死。城陷，階遂自匿。久之，劉表辟爲從事祭酒，[13]欲妻以妻妹蔡氏。階自陳已結婚，拒而不受，因辭疾告退。

　　〔一〕《魏書》曰：階祖父超，父勝，皆歷典州郡。勝爲尚書，[14]著名南方。

　　[1] 伯緒：潘眉《考證》云：“《任城太守孫夫人碑》云‘長沙人桓伯序’，‘緒’當依碑作‘序’，階、序字義相應。”

　　[2] 長沙：郡名。治所臨湘縣，在今湖南長沙市。

　　[3] 功曹：官名。漢代郡太守下設功曹史，簡稱功曹，爲郡太守之佐吏，除分掌人事外，並得參與一郡之政務。

　　[4] 孝廉：漢代選拔官吏的主要科目。孝指孝子，廉指廉潔之士。原本爲二科，後混同爲一科，也不再限於孝子和廉士。東漢後期定制爲不滿四十歲者不得察舉；被舉者先詣公府課試，以觀其能。郡國每年要向中央推舉一至二人。

　　[5] 尚書郎：官名。東漢之制，取孝廉之有才能者入尚書臺，初入臺稱守尚書郎中，滿一年稱尚書郎，三年稱侍郎，統稱尚書郎，秩四百石。凡置三十六員，分隸六曹尚書治事，主要掌文書起草。

　　[6] 官渡：地名。在今河南中牟縣東北。

　　[7] 州：指荆州。當時劉表爲鎮南將軍、荆州牧。

　　[8] 齊桓：春秋時齊桓公。《論語·憲問》：子曰：“管仲相桓公，霸諸侯，一匡天下，民到於今受其賜。”何晏《集解》：“馬曰：匡，正也。天子微弱，桓公帥諸侯以尊周室，一正天下。”

　　[9] 晋文：春秋時晋文公。周襄王十六年（前636），因逐翟后，翟人遂率軍入周，周襄王出奔鄭，王子叔帶立爲王。十七年，周襄王告急於晋文公。晋文公遂護送襄王回國，並誅叔帶。（見《史記》卷四《周本紀》）

　　[10] 明府：漢代人稱郡太守爲府君，亦稱明府君，簡稱明府。

[11] 仗：百衲本作“杖”，殿本、盧弼《集解》本、校點本作“仗”。按二字義可通，皆憑倚之義。今從殿本等。

[12] 四郡：指荊州南部長沙、桂陽、零陵、武陵四郡。　三江：《元和郡縣圖志》卷二七《江南道三·岳州》：“巴陵城，對三江口。岷江爲西江，澧江爲中江，湘江爲南江。”巴陵城在今湖南岳陽市。岷江指長江。

[13] 從事祭酒：官名。東漢末州府屬官，常爲榮譽散職。位在治中從事下。

[14] 尚書：官名。東漢有六曹尚書，即三公曹、民曹、客曹、二千石曹、吏曹、中都官曹等。秩皆六百石，皆稱尚書，不加曹號。（本《晋書》卷二四《職官志》）

　　太祖定荊州，[1]聞其爲張羨謀也，異之，辟爲丞相掾、主簿，[2]遷趙郡太守。[3]魏國初建，爲虎賁中郎將、侍中。[4]時太子未定，而臨菑侯植有寵。階數陳文帝德優齒長，宜爲儲副，公規密諫，前後懇至。[一]又毛玠、徐奕以剛蹇少黨，而爲西曹掾丁儀所不善，[5]儀屢言其短，賴階左右以自全保。[6]其將順匡救，多此類也。遷尚書，典選舉。曹仁爲關羽所圍，太祖遣徐晃救之，不解。太祖欲自南征，以問羣下。羣下皆謂：“王不亟行，今敗矣。”階獨曰：“大王以仁等爲足以料事勢不也？”曰：“能。”“大王恐二人遺力邪？”曰：“不。”“然則何爲自往？”曰：“吾恐虜衆多，而晃等勢不便耳。”階曰：“今仁等處重圍之中而守死無貳者，誠以大王遠爲之勢也。夫居萬死之地，必有死爭之心；內懷死爭，外有彊救，大王案六軍以示餘力，何憂於敗而欲自往？”太祖善其言，駐軍於摩陂。[7]賊遂退。

〔一〕《魏書》稱階諫曰：“今太子位冠羣子，[8] 名昭海內，仁聖達節，天下莫不聞；而大王甫以植而問臣，臣誠惑之。”於是太祖知階篤於守正，深益重焉。

[1] 荆州：刺史治所本在漢壽縣，在今湖南常德市東北。劉表爲刺史，移治所於襄陽縣，在今湖北襄陽市。

[2] 丞相掾：官名。丞相府之屬吏。丞相府設有諸曹，掾即分曹治事。如有東曹掾、户曹掾、金曹掾、兵曹掾等。未書曹之掾，不知屬於何曹。　主簿：即丞相主簿。官名。曹操爲丞相後，於丞相府置主簿四人，皆省録衆事。

[3] 趙郡：治所邯鄲縣，在今河北邯鄲市西南。

[4] 虎賁中郎將：官名。秩比二千石。掌虎賁宿衛。曹魏定爲五品。　侍中：官名。秩比二千石。掌門下衆事，侍從左右，顧問應對。漢靈帝時置侍中寺，不再隸屬少府。獻帝時定員六人，與給事黃門侍郎出入禁中，近侍帷幄，省尚書事。

[5] 西曹掾：官名。東漢、魏、晉諸公府之僚屬，爲西曹長官，掌府吏署用事。

[6] 全保：趙幼文《校箋》謂《册府元龜》卷四六〇引作“保全”。按宋本《册府元龜》亦作“全保”。

[7] 摩陂：地名。在今河南郟縣東南。

[8] 位：百衲本、殿本、盧弼《集解》本作“位”，校點本作“仁”。趙幼文《校箋》云：“下文已云‘仁聖達德’，則此似不應有‘仁’字。當仍作‘位’字爲是。位指位爲五官中郎將也。”今從百衲本等。

文帝踐阼，遷尚書令，[1] 封高鄉亭侯，[2] 加侍中。

階疾病，帝自臨省，謂曰："吾方託六尺之孤，寄天下之命於卿。勉之！"徙封安樂鄉侯，[3]邑六百戶，又賜階三子爵關內侯。[4]祐以嗣子不封，病卒，又追贈關內侯。後階疾篤，遣使者即拜太常，[5]薨，帝爲之流涕，謚曰貞侯。子嘉嗣。以階弟纂爲散騎侍郎，[6]賜爵關內侯。嘉尚升遷亭公主，會嘉平中，[7]以樂安太守與吳戰於東關，[8]軍敗，没，謚曰壯侯。子翊嗣。〔一〕

〔一〕《世語》曰：階孫陵，字元徽，有名於晉武帝世，至滎陽太守，[9]卒。

[1] 尚書令：官名。曹魏時爲尚書臺長官，第三品，不再隸屬少府。掌奏、下尚書曹文書衆事，選用署置官吏；總典臺中綱紀法度，無所不統。後又綜理萬機，決策出令。

[2] 亭侯：爵名。漢制，列侯大者食縣邑，小者食鄉、亭。東漢後期遂稱食鄉、亭者爲鄉侯、亭侯。曹魏因之。

[3] 徙封：潘眉《考證》云："凡書法，初封曰封，進爵曰進封，不進爵但更易邑土曰徙封，亦曰更封，亦曰改封，亦曰轉封。桓階初封高鄉亭侯，至是進爵鄉侯，宜書進封，不當曰徙封。"鄉侯：爵名。漢制，列侯大者食縣邑，小者食鄉、亭。東漢後期遂稱食鄉、亭者爲鄉侯、亭侯。曹魏因之。

[4] 關內侯：爵名。漢制二十級爵之十九級，次於列侯，衹有封戶收取租稅而無封地。魏文帝定爵制爲十等，關內侯在亭侯下，仍爲虛封，無食邑。

[5] 太常：官名。秩中二千石，第三品。掌禮儀祭祀，選試博士。

[6] 散騎侍郎：官名。曹魏置，第五品。與散騎常侍、侍中、黃門侍郎等侍從皇帝左右，掌顧問應對，諫諍拾遺，共平尚書

奏事。

　　[7] 嘉平：魏少帝齊王曹芳年號（249—254）。

　　[8] 樂安：郡名。治所高苑縣，在今山東鄒平縣東北苑城鎮。東關：地名。在今安徽巢湖市東南裕溪河東岸。詳解見本書卷四《三少帝紀》齊王芳嘉平四年“東關”注。

　　[9] 滎陽：郡名。治所滎陽縣，在今河南滎陽市東北。

　　陳羣字長文，潁川許昌人也。[1]祖父寔，父紀，叔父諶，皆有盛名。[一]羣爲兒時，寔常奇異之，謂宗人父老曰：“此兒必興吾宗。”魯國孔融高才倨傲，[2]年在紀、羣之間，先與紀友，後與羣交，更爲紀拜，由是顯名。劉備臨豫州，[3]辟羣爲別駕。[4]時陶謙病死，徐州迎備，[5]備欲往，羣説備曰：“袁術尚彊，今東，必與之爭。呂布若襲將軍之後，將軍雖得徐州，事必無成。”備遂東，與袁術戰。布果襲下邳，[6]遣兵助術，大破備軍，備恨不用羣言。[7]舉茂才，[8]除柘令，[9]不行，隨紀避難徐州。[10]屬呂布破，[11]太祖辟羣爲司空西曹掾屬。[12]時有薦樂安王模、下邳周逵者，[13]太祖辟之。羣封還教，以爲模、逵穢德，終必敗，太祖不聽。後模、逵皆坐姦宄誅，太祖以謝羣。羣薦廣陵陳矯、丹楊戴乾，[14]太祖皆用之。後吳人叛，乾忠義死難，矯遂爲名臣，世以羣爲知人。除蕭、贊、長平令，[15]父卒去官。[16]後以司徒掾舉高第，[17]爲治書侍御史，[18]轉參丞相軍事。[19]魏國既建，遷爲御史中丞。[20]

〔一〕寔字仲弓，紀字元方，諶字季方。《魏書》曰：寔德冠當時，紀、諶並名重於世。寔爲太丘長，[21]遭黨錮，隱居荆山，[22]遠近宗師之。靈帝崩，何進輔政，引用天下名士，徵寔，欲以爲參軍，[23]以老病，遂不屈節。諶爲司空掾，[24]早卒。紀歷位平原相、侍中、大鴻臚，[25]著書數十篇，世謂之《陳子》。寔之亡也，司空荀爽、太僕令韓融並制緦麻，[26]執子孫禮。四方至者車數千乘，自太原郭泰等無不造門。[27]

《傅子》曰：寔亡，天下致弔，會其葬者三萬人，制縗麻者以百數。[28]

《先賢行狀》曰：大將軍何進遣屬弔祠，謚曰文範先生。于時，寔、紀高名並著，而諶又配之，世號曰三君。每宰府辟命，率皆同時，羔鴈成羣，[29]丞掾交至。[30]豫州百（姓）〔城〕皆圖畫寔、紀、諶之形象。[31]

[1] 潁川：郡名。治所陽翟縣，在今河南禹州市。　許昌：縣名。治所在今河南許昌市東。

[2] 魯國：王國名。治所魯縣，在今山東曲阜市東古城。

[3] 臨豫州：爲豫州刺史。豫州刺史治所本在譙縣，在今安徽亳州市。而劉備爲豫州刺史却屯小沛（即沛縣），在今江蘇沛縣。

[4] 別駕：官名。別駕從事史的簡稱，爲州牧刺史的主要屬吏，州牧刺史巡行各地時，別乘傳車從行，故名別駕。

[5] 徐州：刺史治所郯縣，在今山東郯城縣。

[6] 下邳：縣名。治所在今江蘇睢寧縣西北。

[7] 羣言：盧弼《集解》引陳景雲説，謂陳群此言爲舊魏史之虛構，陳壽未及刪削。

[8] 茂才：即秀才，東漢避光武帝劉秀諱改，爲漢代薦舉人才科目之一。東漢之制，州牧刺史歲舉一人。三國沿之，或稱秀才。

[9] 柘：縣名。治所在今河南柘城縣北。

　　［10］隨紀：趙幼文《校箋》謂《文選集注·三國名臣贊》引
《鈔》“紀”上有“父”字。　《册府元龜》卷九四八引亦有
“父”字。

　　［11］屬呂布破：趙幼文《校箋》謂《文選集注》引《鈔》重
“布”字。

　　［12］司空西曹掾屬：官名。爲司空府之僚屬，掌吏署用事。
正職爲掾，副職爲屬。

　　［13］下邳：郡名。治所下邳縣。

　　［14］廣陵：郡名。治所廣陵縣，在今江蘇揚州市西北蜀岡上。
　丹楊：郡名。治所宛陵縣，在今安徽宣城市。又按，殿本、盧弼
《集解》本、校點本作“丹陽”，今從百衲本作“丹楊”。

　　［15］蕭：縣名。治所在今安徽蕭縣西北。　贊：縣名。即鄼
縣。治所在今河北永城縣西北鄼城鎮。　長平：縣名。治所在今河
南西華縣東北。

　　［16］父卒：盧弼《集解》云：“紀卒於建安四年六月，見邯
鄲淳《陳君碑》。”建安，漢獻帝劉協年號（196—220）。

　　［17］司徒掾：官名。司徒府之屬吏，東漢時置掾、屬三十一
人。　高第：官吏考課成績第一者稱高第。《後漢書》卷一五《鄧
晨傳》：“晨好樂郡職，由是復拜爲中山太守，吏民稱之，常爲冀州
高第。”李賢注：“中山屬冀州，於冀州所部課常爲第一。”

　　［18］治書侍御史：官名。秩六百石。掌依據法律審理疑獄，
與符節郎共平廷尉奏事。以明習法律者充任。

　　［19］參丞相軍事：官名。丞相府之屬吏，職責是參與丞相府
之軍事謀議。

　　［20］御史中丞：官名。秩千石，第四品。爲御史臺長官，掌
監察、執法。

　　［21］太丘：縣名。治所在今河南永城縣東北太丘集。

　　［22］荆山：名荆山者多處，此指安徽懷遠縣西南淮河北岸之
荆山。（本盧弼《集解》）

[23] 參軍：指大將軍府參軍。何進時爲大將軍。

[24] 司空掾：官名。司空府之屬吏，東漢時置掾屬二十九人。

[25] 平原：王國名。治所平原縣，在今山東平原縣西南。相：官名。王國相，由朝廷直接委派，執掌王國行政大權，相當於郡太守。　大鴻臚：官名。漢列卿之一，秩中二千石。掌少數民族君長、諸侯王、列侯之迎送、接待、安排朝會、封授、襲爵及奪爵削土之典禮；諸侯王死，則奉詔護理喪事，宣讀誄策謚號；百官朝會，掌贊襄引導；兼管京都之郡國邸舍及郡國上計吏之接待；又兼管少數民族之朝貢使節及侍子。

[26] 司空：官名。東漢時，與太尉、司徒並爲三公，共同行使宰相職能，而位列三公之末。本職掌土木營建與水利工程。　太僕令：當即太僕。《後漢書》卷七二《董卓傳》、卷六二《韓韶附融傳》均謂韓融爲太僕。太僕，秩中二千石，掌皇帝車馬，兼管官府畜牧業，東漢時尚兼掌兵器製作、織綬等。　緦麻：細麻布喪服。

[27] 太原：郡名。治所晉陽縣，在今山西太原市西南古城營西古城。

[28] 縗（cuī）麻：粗麻布喪服。

[29] 羔鴈：小羊和雁。古代卿大夫相見時所執之禮物。《禮記·曲禮下》：“凡贄，天子鬯，諸侯圭，卿羔，大夫鴈。”後世用作徵聘之禮物。

[30] 丞掾：丞爲漢代各官署長官副佐之統稱，掾爲屬官之統稱。

[31] 百城：各本皆作“百姓”。吳金華《校詁》謂“三君之名”高則高矣，安得合州之民皆圖畫其形象！《後漢書》卷六二《陳紀傳》李賢注、《世説新語·德行》注引《先賢行狀》均作“豫州百城”，當據改。今從吳説改“姓”爲“城”。

　　時太祖議復肉刑，[1]令曰："安得通理君子達於古今者，使平斯事乎！昔陳鴻臚以爲死刑有可加於仁恩者，[2]正謂此也。御史中丞能申其父之論乎？"羣對曰："臣父紀以爲漢除肉刑而增加笞，[3]本興仁惻而死者更衆，所謂名輕而實重者也。名輕則易犯，實重則傷民。《書》曰：[4]'惟敬五刑，[5]以成三德，'[6]《易》著劓、刖、滅趾之法，[7]所以輔政助教，懲惡息殺也。且殺人償死，合於古制；至於傷人，或殘毀其體而裁翦毛髮，非其理也。若用古刑，[8]使淫者下蠶室，[9]盜者刖其足，則永無淫放穿窬之姦矣。[10]夫三千之屬，[11]雖未可悉復，若斯數者，[12]時之所患，[13]宜先施用。漢律所殺殊死之罪，[14]仁所不及也，其餘逮死者，可以刑殺。[15]如此，則所刑之與所生足以相貿矣。今以笞死之法易不殺之刑，是重人支體而輕人軀命也。"時鍾繇與羣議同，王朗及議者多以爲未可行。太祖深善繇、羣言，以軍事未罷，顧衆議，故且寢。

　　羣轉爲侍中，領丞相東西曹掾。[16]在朝無適無莫，[17]雅杖名義，[18]不以非道假人。文帝在東宮，深敬器焉，待以交友之禮，常歎曰："自吾有回，[19]門人日以親。"及即王位，封羣昌武亭侯，徙爲尚書。制九品官人之法，[20]羣所建也。及踐阼，遷尚書僕射，[21]加侍中，徙尚書令，進爵潁鄉侯。帝征孫權，至廣陵，使羣領中領軍。[22]帝還，假節，[23]都督水軍。還許昌，以羣爲鎮軍大將軍，[24]領中護軍，[25]錄尚書事。[26]帝寢疾，羣與曹真、司馬宣王等並受遺詔輔政。[27]明帝即位，進封潁陰侯，[28]增邑五百，并前千三百戶，與征東大將軍曹休、中軍大將軍曹真、撫軍大將軍司馬宣王並開府。[29]頃之，爲司空，故錄尚書事。[30]

是時，帝初蒞政，羣上疏曰："《詩》稱'儀刑文王，[31]萬邦作孚'；又曰'刑于寡妻，[32]至于兄弟，以御于家邦'。道自近始，而化洽於天下。自喪亂已來，干戈未戢，百姓不識王教之本，懼其陵遲已甚。陛下當盛魏之隆，荷二祖之業，[33]天下想望至治，唯有以崇德布化，惠恤黎庶，則兆民幸甚。夫臣下雷同，是非相蔽，國之大患也。若不和睦則有讎黨，有讎黨則毀譽無端，毀譽無端則真僞失實，不可不深防備，有以絕其源流。"太和中，[34]曹真表欲數道伐蜀，從斜谷入。[35]羣以爲"太祖昔到陽平攻張魯，[36]多收豆麥以益軍糧，魯未下而食猶乏。今既無所因，且斜谷阻險，難以進退，轉運必見鈔截，多留兵守要，則損戰士，不可不熟慮也"。帝從羣議。真復表從子午道。[37]羣又陳其不便，并言軍事用度之計，詔以羣議下真，真據之遂行。[38]會霖雨積日，羣又以爲宜詔真還，帝從之。

後皇女淑薨，追封謚平原懿公主。羣上疏曰："長短有命，存亡有分。故聖人制禮，或抑或致，以求厥中。防墓有不脩之儉，[39]嬴、博有不歸之魂。[40]夫大人動合天地，垂之無窮，又大德不踰閑，[41]動爲師表故也。八歲下殤，[42]禮所不備，況未期月，[43]而以成人禮送之，加爲制服，舉朝素衣，朝夕哭臨，自古已來，未有此比。而乃復自往視陵，親臨祖載。[44]願陛下抑割無益有損之事，但悉聽羣臣送葬，乞車駕不行，此萬國之至望也。聞車駕欲幸摩陂，實到許昌，二宮上下，[45]皆悉俱東，舉朝大小，莫不驚怪。或言欲以避衰，[46]或言欲於便處移殿舍，[47]或不知何故。臣以爲吉凶有命，禍福由人，移徙求安，則亦無益。若必當移避，繕治金墉城西宮，[48]及孟津別宮，[49]皆可權時分止。可無舉宮暴露野次，廢損盛節蠶農之要。又賊地聞之，以爲大衰，[50]加所煩費，不可計量。且（由）吉士賢人，[51]當盛衰，處安危，秉道信命，非徙其家以寧，鄉邑從其風化，無恐懼之心。況乃帝王萬國之主，靜則天下安，動則天下擾；行止動靜，豈可輕脫哉？」帝不聽。

青龍中，[52]營治宮室，百姓失農時。羣上疏曰：「禹承唐、虞之盛，[53]猶卑宮室而惡衣服，況今喪亂之後，人民至少，比漢文、景之時，不過一大郡。〔一〕加邊境有事，將士勞苦，若有水旱之患，國家之深憂也。且吳、蜀未滅，社稷不安。宜及其未動，講武勸農，有以待之。今舍此急而先宮室，臣懼百姓遂困，將何以應敵？昔劉備自成都至白水，[54]多作傳舍，[55]興費人役，太祖知其疲民也。今中國勞力，亦吳、蜀之所願。此安危之機也，惟陛下慮之。」帝答曰：「王（者）〔業〕宮室，[56]亦宜並立。滅賊之後，但當罷守耳，豈可復興役邪？是故君之職，[57]蕭何之大略也。」[58]羣又曰：「昔漢祖唯與項羽爭天下，羽已滅，宮室燒焚，是以蕭何建武庫、太倉，皆是要急，然猶非其壯麗。[59]今二虜未平，誠不宜與古同也。〔二〕夫人之所欲，莫不有辭，況乃天王，莫之敢違。前欲壞武庫，謂不可不壞也；後欲置之，謂不可不置也。若必作之，固非臣下辭言所屈；若少留神，卓然回意，亦非臣下之所及也。漢明帝欲起德陽殿，鍾離意諫，[60]即用其言，後乃復作之；殿成，謂羣臣曰：‘鍾離尚書在，不得成此殿也。’夫王者豈憚一臣，蓋爲百姓也。今臣曾不能少凝聖聽，不及意遠矣。”帝於是有所減省。

〔一〕臣松之案：《漢書·地理志》云：元始二年，天下戶口最盛，汝南郡爲大郡，有三十餘萬戶。則文、景之時不能如是多也。案《晉太康三年地記》，[61]晉戶有三百七十七萬，吳、蜀戶不能居半。以此言之，魏雖始承喪亂，方晉亦當無乃大殊。長文之言，[62]於是爲過。

〔二〕孫盛曰：《周禮》，天子之宮，有斲礱之制。[63]然質文之飾，與時推移。漢承周、秦之弊，宜敦簡約之化，而何崇飾宮室，示侈後嗣。此乃武帝千門萬戶所以大興，[64]豈無所復增之謂邪？況乃魏氏方有吳、蜀之難，四海罹塗炭之艱，而述蕭何之過議，以爲令軌，豈不惑於大道而昧得失之辨哉？使百代之君，眩於奢儉之中，何之由矣。《詩》云：[65]“斯言之玷，不可爲也。”其斯之謂乎！

[1] 肉刑：殘害罪犯肉體之刑罰。如墨（黥面）、劓（yì，截鼻）、刖（fèi，砍足）、宮（殘害生殖器）等。

[2] 陳鴻臚：指陳紀，曾爲大鴻臚。

[3] 漢除肉刑：《漢書·刑法志》謂漢文帝十三年（前167）

詔令廢除肉刑，丞相張蒼、御史大夫馮敬又奏准以笞代部分肉刑，"是後，外有輕刑之名，内實殺人。斬右止者又當死。斬左止者笞五百，當劓者笞三百，率多死"。

[4] 書：指《尚書·吕刑》。

[5] 五刑：《尚書》以墨、劓、荆、宫、大辟爲五刑。

[6] 三德：《尚書》孔傳："剛、柔、正直之三德。"

[7] 劓刖（yuè）：《易·困卦》九五爻辭："劓、刖，困於赤紱。"刖，同荆，砍足之刑。　滅趾：《易·噬嗑卦》初九爻辭："屨校滅趾，無咎。"

[8] 若用古刑：趙幼文《校箋》謂《文選集注·三國名臣贊》引《鈔》作"公乃用古刑"。

[9] 蠶室：《後漢書》卷一下《光武帝紀下》建武二十八年（52）"詔死罪繫囚皆一切募下蠶室"。李賢注："蠶室，宫刑獄名。宫刑者畏風，須暖，作窨室蓄火如蠶室，因以名焉。"

[10] 則永無：趙幼文《校箋》謂《文選集注·三國名臣贊》引《鈔》無"則"字，"永"字作"令"。　穿窬：挖洞跳墙。指盗竊行爲。又按，百衲本、殿本、盧弼《集解》本"窬"字作"逾"，校點本作"窬"。二字通，今從校點本。

[11] 三千之屬：《尚書·吕刑》："墨罰之屬千，劓罰之屬千，荆罰之屬五百，宫罰之屬三百，大辟之罰其屬二百。五刑之屬三千。"

[12] 數者：趙幼文《校箋》謂《文選集注·三國名臣贊》引《鈔》"數"字作"類"。

[13] 患：趙幼文《校箋》謂《文選集注》引《鈔》作"急"。

[14] 殊死：斬刑。《漢書》卷一下《高祖紀下》："其赦天下殊死以下。"顔師古注引韋昭曰："殊死，斬刑也。"

[15] 其餘逮死者可以刑殺：趙幼文《校箋》謂《文選集注·三國名臣贊》引《鈔》作"其餘遠死者不可刑殺"。按《通鑑》此

句作“可易以肉刑”。（見卷六六漢獻帝建安十八年）蓋以義而改。此“殺”字，乃治理、處治之義。《太平御覽》卷六〇六引《風俗通》曰：“劉向《別錄》：殺青者，直治竹作簡書之耳。新竹有汁，善折蠹，凡作簡者，皆於火上炙乾之。陳楚間謂之汗，汗者去汁也。吳越曰殺，亦治也。”“可以刑殺”即謂可以刑處治。

[16] 丞相東西曹掾：均官名。曹操爲丞相後，丞相府置東、西曹掾，主持選舉等事。西曹主府吏署用，東曹主二千石長吏遷除及軍吏。

[17] 無適（dí）無莫：謂無親疏厚薄之別。《論語·里仁》子曰：“君子之于天下也，無適也，無莫也，義之與比。”邢昺疏：“適，厚也。莫，薄也。比，親也。”

[18] 杖：殿本作“仗”，百衲本、盧弼《集解》本、校點本作“杖”。按，二字義同，皆憑倚之義。今從百衲本等。

[19] 回：顏回，孔子弟子。此爲曹丕借用孔子語。《史記》卷六七《仲尼弟子列傳》：顏回早死，孔子哭之慟，曰：“自吾有回，門人益親。”

[20] 九品官人之法：亦稱九品中正制。即每郡設中正一人，負責品評本郡之士人，然後向吏部推薦，由吏部任以官職。中正例由本郡的中央官兼任。其評人物之品雖分爲九級，即從一品至九品，但類別只有兩類，二品以上爲上品，以下爲卑品。詳情可參本書卷二一《傅嘏傳》“品狀”條注。

[21] 尚書僕射：趙幼文《校箋》謂《文選集注·三國名臣贊》引《鈔》“書”下有“左”字。按尚書僕射，官名。魏、晉時爲尚書省次官，秩六百石，第三品。或單置，或並置左、右。左、右並置時，左僕射居右僕射上。輔助尚書令執行政務，參議大政，諫諍得失，監察糾彈百官，可封還詔旨，常受命主管官吏選舉。

[22] 中領軍：官名。第三品。掌禁衞軍，主五校、中壘、武衞三營。

[23] 假節：漢末三國時期，皇帝賜予臣下的一種權力。至晉

代，此種權力明確爲因軍事可殺犯軍令者。

[24] 鎮軍大將軍：官名。第二品。魏文帝黄初六年（225）置，後不常設。

[25] 中護軍：官名。曹操爲丞相後，於相府置護軍，掌武官選舉，並與領軍同掌禁軍，出征時監護諸將，隸屬領軍，後改名中護軍，職掌不變。以後又以資輕者爲中護軍，資重者稱護軍將軍，亦可簡稱護軍。

[26] 録尚書事：職銜名義。録爲總領之意。東漢以後，政歸尚書，録尚書事，則總攬朝政，位在三公上，爲上公。自魏晋以後，公卿權重者亦爲之。（本《晋書》卷二四《職官志》）

[27] 司馬宣王：司馬懿。其子司馬昭爲晋王後追尊他爲宣王。

[28] 潁陰：縣名。治所在今河南許昌市。

[29] 征東大將軍：官名。秩二千石。黄初中位次三公，第二品，資輕者爲征東將軍。　中軍大將軍：官名。黄初三年置，第二品，後不常設。　撫軍大將軍：官名。黄初五年置，第二品。　開府：開設府署，辟置僚屬。漢代，許三公、大將軍開府。魏晋以後範圍擴大，同一官銜而開府者，地位較高。

[30] 故録尚書事：盧弼《集解》云：“《通志》‘故’字作‘改’，郝經《續漢書》作‘共’。”趙幼文《校箋》謂《群書治要》卷二六、《文選集注》引《鈔》“録”上俱無“故”字，或唐人所見本無“故”字也。《通志》作“改”、郝經書作“共”，疑臆改。按，有“故”字亦通，因上文已云陳群在文帝時已爲“鎮軍大將軍，領中護軍，録尚書事”，而明帝即位後，進封潁陰侯，仍以故官職與曹休、曹真、司馬懿等並開府，不久，又升遷司空，仍舊録尚書事。此“故”字，即仍舊之義。

[31] 儀刑文王：《詩·大雅·文王》：“儀刑文王，萬邦作孚。”毛傳：“刑，法。孚，信也。”鄭箋：“儀法文王之事，則天下咸信而順之。”

[32] 刑于寡妻：《詩·大雅·思齊》：“刑于寡妻，至于兄弟，

以御于家邦。"毛傳："刑，法也。寡妻，適妻也。"鄭箋："文王以禮法接待其妻，至於宗族，以此又能爲政治於家邦也。"

[33] 二祖：魏太祖武皇帝（曹操）、魏高祖文皇帝（曹丕）。

[34] 太和：魏明帝曹叡年號（227—233）。

[35] 斜（yé）谷：斜谷在今陝西眉縣西南，爲古褒斜道之北口。古褒斜道，北起斜谷，南至褒谷（在今漢中市褒城鎮北），總計四百七十里，爲秦蜀間險要之道。

[36] 陽平：關隘名。在今陝西勉縣西北白馬城。今寧强縣亦有陽平關，乃後代移置，非古陽平關。

[37] 子午道：秦嶺山中的一條谷道，爲古代關中與巴蜀的交通要道之一。北口在今陝西西安市南一百里，南口在今陝西洋縣東一百六十里，全長六百六十里。此爲漢魏舊道。南朝梁將軍王念神以舊道艱險，另開南段干路，出今洋縣東三十里龍亭。因北方稱"子"，南方稱"午"，故稱"子午谷"。（本《元和郡縣圖志》與《長安志》）又在"子午道"下，王欣夫謂南宋刊吕東萊標注本《三國志》有裴松之注"子午道，漢平帝時王莽通之。《秦紀》曰：子午，長安正南山名。秦今谷，一名樊山，屬魏"三十一字，今通行本佚。（王欣夫《蛾術軒篋存善本書録》，《中華文史論叢》1979年第3期）

[38] 遂行：胡三省云："詔以議下真，將與之商度可否也。真鋭於出師，遂以詔爲據而行。"（《通鑑》卷七一魏明帝太和四年）

[39] 防墓：《禮記·檀弓上》謂孔子合葬父母之墓於防後，遇大雨，墓崩。孔子得知後，泫然流涕曰："吾聞之，古不修墓。"防，山名。又名筆架山，在今山東曲阜市東。

[40] 嬴博：春秋時二邑名。嬴邑在今山東萊蕪市西北，博邑在今山東泰安市東南。《禮記·檀弓下》謂吳國延陵季子至齊國，在返還途中其長子死，葬於嬴、博之間，葬畢，"左袒，右還其封，且號者三，曰：'骨肉歸復於土，命也。若魂氣，則無不之也！無不之也！'"

［41］大德不踰閑:《論語・子張》子夏曰:"大德不逾閑,小德出入可也。"邢昺疏:"閑,猶法也。大德之人,謂上賢也,所行皆不越法則也。"

［42］下殤:未成年而死稱殤。《儀禮・喪服》云:"年十九至十六爲長殤,十五至十二爲中殤,十一至八歲爲下殤,不滿八歲以下皆爲無服之殤。"

［43］期(jī)月:一月。

［44］祖載:將靈柩抬上車運往葬地時,舉行祭路神之禮,稱祖載。《後漢書》卷六〇下《蔡邕傳》:"(恒)〔桓〕思皇后祖載之時。"李賢注引《周禮》鄭玄注:"祖,謂將葬祖祭於庭;載,謂升柩於車也。"

［45］二宮:指魏明帝與郭太后。

［46］避衰:胡三省云:"避衰,謂五行之氣有王有衰,徙舍以避之也。今人謂之避災。"(《通鑑》卷七二魏明帝太和六年注)趙一清《注補》又引陳絳《金罍子》云:"今俗,家人死,輒行課算,某日魂當還,輒棄屍徹哭,傾户走竄,謂之躲衰。此雖鄙猥,絕有所本。魏皇女淑薨,二宮上下俱東,言欲避衰。《顏氏家訓》亦云:偏傍之書,死有歸殺,子孫逃竄,莫肯在家,畫瓦書符,作諸厭勝,喪出之日,門前然火,户外列灰,祓送家鬼,章斷注連,凡如此比,不近有情。之推北齊人,魏又在三國,則愚瞽流傳,下搖上惑,非一日矣。'衰'字通書作'煞'。今俗北方避衰,而南方則迎衰也。"

［47］欲於便處:百衲本"於"字作"以",殿本、盧弼《集解》本、校點本作"於"。今從殿本等。

［48］金墉城:魏明帝時建,在魏、晋洛陽故城西北隅。今河南洛陽市東北。

［49］孟津:津渡名。在今河南孟津縣東北的黄河上。東漢末又於此地置關隘,爲河南八關之一。

［50］大衰:趙一清《注補》云:"'衰'當作'哀'。大哀,

謂如叡自死也。”

[51] 且吉士賢人：各本“且”下皆有“由”字，而《通鑑》卷七二無“由”字，校點本即據以刪“由”字。今從之。

[52] 青龍：魏明帝曹叡年號（233—237）。

[53] 禹：《論語·泰伯》：“子曰：‘禹，吾無間然矣。菲飲食’而致孝乎鬼神；惡衣服，而致美乎黻冕；卑宫室，而盡力乎溝洫。”

[54] 白水：縣名。治所在今四川青川縣東北白水鎮。

[55] 傳（zhuàn）舍：官府置以供往來公差人員息宿之所。

[56] 王業：各本皆作“王者”。盧弼《集解》云：“《通鑑》‘王者’作‘王業’。”趙幼文《校箋》謂郝經《續後漢書》亦作“王業”。“王業”承上文“講武勸農”而言，下文“亦宜並立”，即謂此兩事也。“者”字當爲“業”字之誤。今從盧、趙說改。

[57] 君之職：指陳群爲司空之職。

[58] 蕭何之大略：胡三省云：“此指蕭何治未央宫事爲言。”（《通鑑》卷七二魏明帝太和六年注）

[59] 然：《通鑑》“然”下有“高祖”二字，語意較明確。

[60] 鍾離意：東漢會稽山陰（今浙江紹興市）人。漢明帝時爲尚書、尚書僕射。永平三年（60）夏旱，而大建北宫，意上疏諫阻，明帝即詔令停建。意出爲魯相後，北宫中之德陽殿建成，明帝謂公卿曰：“鍾離尚書若在，此殿不立。”（《後漢書》卷四一《鍾離意傳》）

[61] 太康三年地記：沈家本《三國志注所引書目》謂《隋書·經籍志》未著錄，而別有《元康三年地記》六卷；《舊唐書·經籍志》著錄《地記》五卷，太康三年撰；《新唐書·藝文志》又著錄《晋太康土地記》十卷，書名卷數又不同。其書久佚，今有輯本。

[62] 長文之言：陳群謂魏之人口，“比漢文、景之時，不過一大郡”。此言固然有所誇張，但也不無根據。詳見本書卷一四《蔣

濟傳》"不過漢時一大郡"注。

[63] 斲礱（lóng）：斲，砍、削。礱，磨。《穀梁傳·莊公二十四年》："禮，天子之桷，斲之礱之，加密石焉。"范寧《集解》："以細石磨之。"

[64] 千門萬戶：指漢武帝興建之建章宮。《史記》卷一二《孝武本紀》："于是作建章宮，度爲千門萬戶。"

[65] 詩云：此詩見《詩·大雅·抑》。意謂言語之毛病，已不可挽回。

　　初，太祖時，劉廙坐弟與魏諷謀反，當誅。羣言之太祖，太祖曰："廙，名臣也，吾亦欲赦之。"乃復位。廙深德羣，羣曰："夫議刑爲國，非爲私也；且自明主之意，吾何知焉？"其弘博不伐，皆此類也。青龍四年薨，謚曰靖侯。子泰嗣。帝追思羣功德，分羣戶邑，封一子列侯。〔一〕[1]

　　〔一〕《魏書》曰：羣前後數密陳得失，每上封事，輒削其草，時人及其子弟莫能知也。論者或譏羣居位拱默，[2]正始中詔撰羣臣上書，[3]以爲《名臣奏議》，朝士乃見羣諫事，皆歎息焉。

　　《袁子》曰：或云"故少府楊阜豈非忠臣哉？[4]見人主之非，則勃然怒而觸之，與人言未嘗不道也，豈非所謂'王臣謇謇，[5]匪躬之故'者歟"！答曰："然可謂直士，忠則吾不知也。夫仁者愛人，[6]施於君謂之忠，施於親謂之孝。忠孝者，其本一也。故仁愛之至者，君親有過，諫而不入，求之反覆，不得已而言，不忍宣也。今爲人臣，[7]見人主失道，直詆其非而播揚其惡，[8]可謂直士，未爲忠臣也。故司空陳羣則不然，其談論終日，未嘗言人主之非；書數十上而外人不知。君子謂羣於是乎長者矣。"

　　〔1〕列侯：爵名。漢代二十級爵之最高者。金印紫綬，有封邑，食租税。功大者食縣邑，小者食鄉、亭。曹魏初亦沿襲有列侯。

　　〔2〕拱默：胡三省云："言拱手而已，默無一言。"（《通鑑》卷七三魏明帝青龍四年注）

　　〔3〕正始：魏少帝齊王曹芳年號（240—249）。

　　〔4〕少府：官名。秩中二千石。東漢時，掌宮中御衣、寶貨、珍膳等。魏、晉沿之，主要管理宮廷手工業。三品。

　　〔5〕王臣謇謇："謇"義同"蹇"。《易·蹇卦》六二爻辭："王臣蹇蹇，匪躬之故。"孔穎達疏："志匡王室，能涉蹇難而往濟蹇，故曰王臣蹇蹇也；盡忠於君，匪以私身之故而不往濟君，故曰匪躬之故。"

　　〔6〕仁者愛人：《孟子·離婁下》孟子曰："仁者愛人，有禮者敬人。"

　　〔7〕今：趙幼文《校箋》謂《藝文類聚》卷二二、《太平御覽》卷四四七引作"夫"。

　　〔8〕直詆：趙幼文《校箋》謂《藝文類聚》引"詆"字作"斥"。《太平御覽》引"直"字作"指"。按《藝文類聚》引無"直"字，《太平御覽》引無"詆"字。

　　泰字玄伯。青龍中，除散騎侍郎。正始中，徙游擊將軍，[1]爲并州刺史，[2]加振威將軍，[3]使持節，[4]護匈奴中郎將，[5]懷柔夷民，[6]甚有威惠。京邑貴人多寄寶貨，因泰市奴婢，[7]泰皆挂之於壁，不發其封，及徵爲尚書，[8]悉以還之。嘉平初，代郭淮爲雍州刺史，[9]加奮威將軍。[10]蜀（大）〔衞〕將軍姜維率衆依麴山築二城，[11]使牙門將句安、李（歆）〔韶〕等守之，[12]聚羌胡質任等寇偪諸郡。征西將軍郭淮與泰謀所以禦之，[13]泰曰：“麴城雖固，去蜀險遠，當須運糧。羌夷患維勞役，必未肯附。今圍而取之，可不血刃而拔其城；[14]雖其有救，山道阻險，非行兵之地也。”淮從泰計，使泰率討蜀護軍徐質、南安太守鄧艾等進兵圍之，[15]斷其運道及城外流水。安等挑戰，不許，將士困窘，分糧聚雪以稽日月。維果來救，出自牛頭山，[16]與泰相對。泰曰：“兵法貴在不戰而屈人。[17]今絶牛頭，維無反道，則我之禽也。”敕諸軍各堅壘勿與戰，遣使白淮，欲自南渡白水，[18]循水而東，使淮趣牛頭，截其還路，可并取維，不惟安等而已。淮善其策，進率諸軍軍洮水。[19]維懼，遁走，安等孤縣，遂皆降。

淮薨，泰代爲征西將軍，假節、都督雍、涼諸軍事。[20]後年，[21]雍州刺史王經白泰，云姜維、夏侯霸欲三道向祁山、石營、金城，[22]求進兵爲翅，[23]使涼州軍至枹罕，[24]討蜀護軍向祁山。泰量賊勢終不能三道，且兵勢惡分，涼州未宜越境，報經：“審其定問，知所趣向，須東西勢合乃進。”時維等將數萬人至枹罕，趣狄道。[25]泰敕經進屯狄道，須軍到，乃規取之。泰進軍陳倉。[26]會經所統諸軍於故關與賊戰不利，[27]經輒渡洮。泰以經不堅據狄道，必有他變，並遣五營在前，泰率諸軍繼之。經已與維戰，大敗，以萬餘人還保狄道城，餘皆奔散。維乘勝圍狄道。泰軍上邽，[28]分兵守要，晨夜進前。鄧艾、胡奮、王祕亦到，即與艾、祕等分爲三軍，進到隴西。[29]艾等以爲“王經精卒破魏於西，賊眾大盛，乘勝之兵既不可當，而將軍以烏合之卒，繼敗軍之後，將士失氣，隴右傾蕩。[30]古人有言：‘蝮蛇螫手，[31]壯士解其腕。’[32]《孫子》曰：‘兵有所不擊，[33]地有所不守。’蓋小有所失而大有所全故也。今隴右之害，過於蝮蛇，狄道之地，非徒不守之謂。姜維之兵，是所辟之鋒。不如割險自保，觀釁待弊，然後進救，此計之得者也”。泰曰：“姜維提輕兵深入，正欲與我爭鋒原野，求一戰之利。王經當高壁深壘，挫其銳氣。今乃與戰，使賊得計，走破王經，封之狄道。若維以戰克之威，進兵東向，據櫟陽積穀之實，[34]放兵收降，招納羌胡，東爭關、隴，[35]傳檄四郡，[36]此我之所惡也。[37]而維以乘勝之兵，挫峻城之下，銳氣之卒，屈力致命，攻守勢殊，客主不同。兵書云‘脩櫓（橧楯）〔轒轀〕，[38]三月乃成，拒堙三月而後已’。誠非輕軍遠入，維之詭謀倉卒所辦。縣軍遠僑，糧穀不繼，是我速進破賊之時也，所謂疾雷不及掩耳，[39]自然之勢也。洮水帶其表，維等在其內，今乘高據勢，臨其項領，不戰必走。寇不可縱，圍不可久，君等何言如此？”遂進軍度高城嶺，[40]潛行，夜至狄道東南高山上，多舉烽火，鳴鼓角。狄道城中將士見救者至，皆憤踊。維始謂官救兵當須眾集乃發，而卒聞已至，謂有奇變宿謀，上下震懼。自軍之發隴西也，以山道深險，賊必設伏。泰詭從南道，維果三日施伏。[一]定軍潛行，[41]卒出其南，維乃緣山突至，泰與交戰，維退還。涼州軍從金城南至沃干阪。^[42]泰與經共密期，當共向其還路，維等聞之，遂遁，城中將士得出。經歎曰："糧不至旬，向不應機，舉城屠裂，覆喪一州矣。"^[43]泰慰勞將士，前後遣還，更差軍守，^[44]並治城壘，還屯上邽。

〔一〕臣松之案：此傳云"謂救兵當須眾集，而卒聞已至，謂有奇變，上下震懼"，此則救至出於不意。若不知救至，何故伏兵深險乃經三日乎？設伏相伺，非不知之謂。此皆語之不通也。^[45]

[1] 游擊將軍：官名。漢置，爲雜號將軍之一。魏、晋爲禁軍將領，與驍騎將軍等分領中虎賁，掌宿衛之任。第四品。

[2] 并州：刺史治所晋陽縣，在今山西太原市古城營西古城。

[3] 振威將軍：官名。東漢置，爲雜號將軍之一，掌統兵出征。魏、晋沿置，皆四品。

[4] 使持節：漢末三國，皇帝授予出征或出鎮的軍事長官的一種權力。至晋代，此種權力明確爲可誅殺二千石以下官員。若皇帝派遣大臣執行出巡或祭吊等事務時，加使持節，則表示權力和尊崇。

[5] 護匈奴中郎將：官名。東漢置，漢末罷。魏明帝太和五年（231）復置，仍監護南匈奴事務，多以并州刺史兼任，使持節或假節，第四品。晋亦沿置，仍四品。

[6] 夷民：趙幼文《校箋》謂《太平御覽》卷二五六引作"民夷"。

[7] 奴婢：殿本"奴"上有"匈"字，百衲本、盧弼《集解》本、校點本皆無。今從百衲本等。

[8] 尚書：官名。曹魏置吏部、左民、客曹、五兵、度支等五曹尚書，秩皆六百石，第三品。其中吏部職要任重，徑稱爲吏部尚書，其餘諸曹均稱尚書。

[9] 雍州：刺史治所長安縣，在今陝西西安市西北。

[10] 奮武將軍：官名。魏、晋皆爲四品。

[11] 衞將軍：各本皆作“大將軍”。盧弼《集解》謂本書卷四四《姜維傳》姜維延熙十年爲衞將軍，十二年與魏戰，正當嘉平初年；又本書《後主傳》亦謂延熙十二年衞將軍姜維出攻雍州，不克而還。《通鑑》卷七五魏邵陵厲公嘉平元年亦謂漢衞將軍姜維寇雍州。此作“大將軍”誤。今從盧説改“大將軍”爲“衞將軍”。衞將軍，東漢時位次大將軍、驃騎將軍、車騎軍，位亞三公。開府置官屬。蜀漢沿置。　率衆：趙幼文《校箋》謂《太平御覽》卷三三二引“衆”下有“侵魏”二字，《通典·兵十三》引同。按，《太平御覽》所引題曰《蜀志》。　麴山：在今甘肅岷縣東。

[12] 牙門將：官名。魏文帝黄初中置，爲統兵武職，位在禆將軍下。蜀漢、孫吳、兩晋亦置。魏、晋皆五品。　李韶：各本皆作“李歆”。趙幼文《校箋》謂《太平御覽》卷三三二、《册府元龜》卷三六八引“歆”字作“韶”。《通典·兵十三》同。考《蜀志·後主傳》正作“李韶”，當據正。今從趙説改。而宋本《册府元龜》卷三六二引又作“李歆”。

[13] 征西將軍：官名。秩二千石，第二品，位次三公。多授予都督雍、涼二州諸軍事，領兵屯駐長安。資深者爲征西大將軍。

[14] 而：盧弼《集解》本作“以”，百衲本、殿本、校點本作“而”。今從百衲本等。

[15] 討蜀護軍：官名。魏晋時沿襲曹操之制，護軍又爲統軍武職，地位稍低於將軍，常隨征伐目的而置號，討蜀護軍爲征討蜀國之統兵將領。　南安：郡名。治所獂（huán）道，在今甘肅隴西縣東南渭水東岸。

[16] 牛頭山：在今甘肅岷縣南。

[17] 不戰而屈人：《孫子兵法·謀攻篇》云：“不戰而屈人之兵，善之善者也。”

[18] 白水：即今四川、甘肅二省交界處嘉陵江支流白龍江。

[19] 洮水：即今甘肅黃河支流洮河。

[20] 都督雍涼諸軍事：官名。魏文帝黃初中置都督諸州軍事，或兼領刺史，或統領所督州之軍事（此即統領雍、涼二州之軍事）。無固定品級，多帶將軍名號。

[21] 後年：本書卷二六《郭淮傳》謂郭淮死於正元二年（255），卷四《高貴鄉公紀》亦載郭淮死於正元二年正月癸未，其後又載："八月辛亥，蜀大將軍姜維寇狄道，雍州刺史王經與戰洮西，經大敗。"又本書卷三三《後主傳》與卷四四《姜維傳》皆謂延熙十八年（即魏正元二年）姜維與王經大戰於洮西。此謂王經與姜維戰于郭淮死之"後年"，顯誤。盧弼《集解》謂"後年"當書爲"正元二年"，並移於"淮薨"上。

[22] 祁山：在今甘肅禮縣東。　石營：地名。在今甘肅武山縣西南。　金城：縣名。治所在今甘肅蘭州市西北黃河南岸。

[23] 爲翅：地名。胡三省云："據《郭淮傳》，麴山在翅上。翅，爲翅也。爲翅，要地也，魏兵守之。"（《通鑑》卷七五魏邵陵屬公嘉平元年注）據此，爲翅在今甘肅岷縣東。

[24] 涼州：刺史治所姑臧，在今甘肅武威市。（本吳增僅《三國郡縣表附考證》）　枹罕：縣名。治所在今甘肅臨夏縣西南枹罕鎮。

[25] 將數萬人：百衲本、殿本作"數將萬人"，盧弼《集解》本、校點本作"將數萬人"。今從《集解》本等。　狄道：縣名。治所在今甘肅臨洮縣。

[26] 陳倉：縣名。治所在今陝西寶雞市東渭水北岸。

[27] 故關：盧弼《集解》云："故關即河關也，在洮水西。"河關，縣名。治所在今甘肅臨夏縣西北。

[28] 上邽：縣名。治所在今甘肅天水市。

[29] 隴西：郡名。治所原在狄道（今甘肅臨洮縣），漢安帝永初五年（111）徙治所於襄武縣，在今甘肅隴西縣東南。

[30] 隴右：地區名。指隴山以西之地，約當今甘肅隴山、六盤山以西和黃河以東一帶。

[31] 蝮蛇：毒蛇之一種。又單稱蝮。《史記》卷九四《田儋傳》：“蝮螫手則斬手，螫足則斬足。何者？爲害於身也。”

[32] 壯士解其腕：趙幼文《校箋》謂《册府元龜》卷三六二引無“其”字。

[33] 兵有所不擊：《孫子兵法·九變篇》云：“軍有所不擊，城有所不攻，地有所不爭。”

[34] 櫟陽：胡三省云：“櫟陽縣，前漢屬左馮翊，後漢、魏省。余謂櫟陽在長安東北，維兵方至狄道，安得便可東據櫟陽？泰蓋言略陽耳。櫟音藥，藥略聲相近，因語訛而致傳寫字訛耳。”（《通鑑》卷七六魏高貴鄉公正元二年注）略陽，縣名。治所在今甘肅秦安縣東北。

[35] 關隴：指關中與隴右。

[36] 四郡：指隴右四郡，即隴西、南安、天水、廣魏四郡。天水郡治所冀縣，在今甘肅甘谷縣東。廣魏郡治所臨渭縣，在今甘肅秦安縣東南。

[37] 此我之所惡：趙幼文《校箋》謂《册府元龜》卷三六二引“惡”字作“患”。按，宋本《册府元龜》亦作“惡”。

[38] 兵書：此指《孫子兵法·謀攻篇》。 櫓：大盾。 轒（fén）轀（wēn）：各本皆作“櫕榅”，《通鑑》卷七六作“轒轀”，《孫子兵法·謀攻篇》亦作“轒轀”；校點本 1959 年第 1 版即據《通鑑》改爲“轒轀”，1982 年第 2 版的校勘記仍謂據《通鑑》改爲“轒轀”，不知何故正文卻作“轒榅”。今並據《通鑑》與《孫子》改爲“轒轀”。轒轀乃攻城用的四輪車。係用排木製作，外蒙牛皮，其中可容十人。用以運土填塞城壕，進而攻城。

[39] 疾雷不及掩耳：《淮南子·兵略訓》云：“疾雷不及掩耳，疾霆不暇掩目。”

[40] 高城嶺：山名。在今甘肅渭源縣西。

[41] 定：吳金華《校詁》謂“定”爲承接連詞，猶言比及。

[42] 沃干阪：山名。即沃干嶺。在今甘肅蘭州市西南。又按，

"干"字百衲本、殿本作"于"，盧弼《集解》本、校點本作"干"。今從《集解》本等。

[43] 州：指秦州。

[44] 差（chāi）：選擇。

[45] 語之不通：趙一清《注補》云："何（焯）云：（陳）少章云：維意集衆須時，又已設伏深險，先事遏截，則外救必不能達，城可拔耳。及泰至神速，而又從他道進兵，不墮其伏，乃若從天而下，其懼固宜，前後之言本不相礙。裴氏摘而論之，似未悉兵家之曲折矣。一清案：少章之論固當，然'三日設伏'之文，叙入'衆集乃發'之下，尤爲明曉也。"

初，泰聞經見圍，以州軍將士素皆一心，加得保城，非維所能卒傾。表上進軍晨夜速到還。衆議以"經奔北，城不足自固，維若斷涼州之道，兼四郡民夷，據關、隴之險，敢能没經軍而屠隴右。[1]宜須大兵四集，乃致攻討"。大將軍司馬文王曰：[2]"昔諸葛亮常有此志，卒亦不能。事大謀遠，非維所任也。且城非倉卒所拔，而糧少爲急，征西速救，[3]得上策矣。"泰每以一方有事，輒以虛聲擾動天下，故希簡白上事。驛書不過六百里。[4]司馬文王語荀顗曰："玄伯沈勇能斷，荷方伯之重，救將陷之城，而不求益兵，又希簡上事，必能辦賊故也。都督大將，不當爾邪！"

後徵泰爲尚書右僕射，典選舉，加侍中、光禄大夫。[5]吳大將孫峻出淮、泗。[6]以泰爲鎮軍將軍，[7]假節都督淮北諸軍事，詔徐州監軍已下受泰節度。[8]峻退，軍還，轉爲左僕射。[9]諸葛誕作亂壽春，[10]司馬文王率六軍軍丘頭，[11]泰總署行臺。[12]司馬景王、文王皆與泰親友，[13]及沛國武陔亦與泰善。[14]文王問陔曰：
"玄伯何如其父司空也?"陔曰："通雅博暢，能以天
下聲教爲己任者，不如也；明（統）〔練〕簡至，[15]
立功立事，過之。"泰前後以功增邑二千六百户，賜子
弟一人亭侯，二人關内侯。景元元年薨，[16]追贈司空，
謚曰穆侯。〔一〕子恂嗣。恂薨，無嗣。弟溫紹封。咸熙
中開建五等，[17]以泰著勳前朝，改封溫爲慎子。〔二〕[18]

　　〔一〕干寶《晋紀》曰：高貴鄉公之殺，司馬文王會朝臣謀
其故。[19]太常陳泰不至，使其舅荀顗召之。顗至，告以可否。泰
曰："世之論者，以泰方於舅，今舅不如泰也。"子弟内外咸共逼
之，垂涕而入。〔文〕王待之曲室，[20]謂曰："玄伯，卿何以處
我?"對曰："誅賈充以謝天下。"[21]文王曰："爲我更思其
次。"[22]泰曰："泰言惟有進於此，不知其次。"文王乃不更言。

　　《魏氏春秋》曰：帝之崩也，太傅司馬孚、尚書右僕射陳泰枕
帝尸於股，[23]號哭盡哀。時大將軍入于禁中，泰見之悲慟，大將
軍亦對之泣，謂曰："玄伯，[24]其如我何?"泰曰："獨有斬賈充，
少可以謝天下耳。"大將軍久之曰："卿更思其他。"泰曰："豈可
使泰復發後言。"遂嘔血薨。

　　臣松之案本傳，泰不爲太常，未詳干寶所由知之。孫盛改易
泰言，雖爲小勝。然檢盛言諸所改易，皆非別有異聞，率更自以
意制，多不如舊。凡記言之體，當使若出其口。辭勝而違實，固
君子所不取，況復不勝而徒長虚妄哉? 案《博物記》曰：太丘長
陳寔、寔子鴻臚紀、紀子司空羣、羣子泰四世，於漢、魏二朝並
有重名，而其德漸漸小減。時人爲其語曰："公慚卿，卿慚長。"

　　〔二〕案《陳氏譜》：[25]羣之後，名位遂微。[26]諶孫佐，官至
青州刺史。[27]佐弟坦，廷尉。[28]佐子準，太尉，[29]封廣陵郡

公。[30]準弟戴、徵及從弟堪，並至大位。準孫遠，字林道，有譽江左，[31]爲西中郎將，[32]追贈衛將軍。[33]

[1] 敢能：恐怕能够。

[2] 司馬文王：即司馬昭。

[3] 征西：指征西將軍陳泰。

[4] 驛書不過六百里：胡三省云：“狄道東至洛陽二千二百餘里，而驛書不過六百里，蓋傳入近里郡縣，使如常郵筒以達洛陽也。”（《通鑑》卷七六魏高貴鄉公正元二年注）

[5] 光禄大夫：官名。秩比二千石，第三品，位次三公。無定員，無固定職守，相當於顧問。諸公告老及在朝重臣加此銜以示優重。

[6] 淮泗：淮水與泗水。泗水源於今山東泗水縣東蒙山南麓，西流經泗水、曲阜、兗州等縣市，折南經濟寧市南魯鎮及魚臺縣東，轉東南流經江蘇沛縣及徐州市，此下略循廢黄河至淮陰市西南入淮河。此所云“孫峻出淮、泗”，即指從淮河逆流入泗水。

[7] 鎮軍將軍：官名。第三品。

[8] 監軍：官名。地方軍政長官。東漢末監軍或兼掌軍務，魏晉南北朝諸州或闕都督，則置監諸軍事，簡稱監軍，爲該地區軍政長官，位在都督諸軍事下，督諸軍事上，職掌略同。或有監數州諸軍事者。

[9] 左僕射：即尚書左僕射。

[10] 壽春：縣名。治所在今安徽壽縣。

[11] 丘頭：地名。在今河南沈丘縣東南，司馬昭敗諸葛誕後，又改名武丘。

[12] 行臺：官署名。曹魏置，爲皇帝出征時隨行執掌尚書臺職權的機構，由尚書臺部分主要官員組成，以便皇帝和執政大臣決定國家大事。

[13] 司馬景王：即司馬師。其弟司馬昭爲晉王後追尊他

爲景王。

[14] 沛國：王國名。治所相縣，在今安徽濉溪縣西北。

[15] 明練：各本皆作“明統”。盧弼《集解》云：“《世説》‘統’作‘練’。”吳金華《校詁》亦謂“明統”當爲“明練”之形訛。“明練”爲當時習語。今從吳、盧説改作“明練”。

[16] 景元：魏元帝曹奂年號（260—264）。

[17] 咸熙：魏元帝曹奂年號（264—265）。 五等：公、侯、伯、子、男五等封爵。

[18] 慎：縣名。治所在今安徽潁上縣江口集。

[19] 會朝臣：趙幼文《校箋》謂《世説新語·方正篇》注引“會”字作“召”。

[20] 文王：各本皆無“文”字。吳金華《校詁》謂，按《晉紀》文例當有“文”字。《世説新語·方正》注、《文選》袁宏《三國名臣序贊》注引此文皆作“文王”。今從吳説補“文”字。
曲室：密室。

[21] 誅賈充：趙幼文《校箋》謂《世説新語·方正篇》注引“誅”上有“可”字。按，賈充乃司馬昭之心腹，時率兵與高貴鄉公戰，並指揮成濟殺死高貴鄉公。見本書卷四《高貴鄉公紀》裴注引《漢晉春秋》與干寶《晉紀》。

[22] 我：百衲本、殿本作“吾”，盧弼《集解》本、校點本作“我”。按上言作“我”，此應同，故從《集解》本等。

[23] 太傅：官名。曹魏黃初七年（226）置，爲上公，位在三公上，第一品，掌善導，無常職。不常設。

[24] 玄伯：趙幼文《校箋》謂《太平御覽》卷九六引《晉書》“伯”下有“天下”二字，此脱，當補，與下文“少可以謝天下耳”相應。

[25] 陳氏譜：沈家本《三國志注所引書目》謂《隋書·經籍志》《舊唐書·經籍志》《新唐書·藝文志》皆不著録。

[26] 名位遂微：盧弼《集解》謂陳氏後輩亦多至大位，不得

云"微"。"位"字或爲"德"字之誤。

[27]青州：刺史治所臨淄縣，在今山東淄博市臨淄區。

[28]廷尉：官名。秩中二千石，第三品。掌司法刑獄。

[29]太尉：官名。魏晋時，仍列三公之首，第一品，爲名譽宰相。無實際職掌，多爲加官。

[30]廣陵郡：魏末、西晋治所淮陰縣，在今江蘇淮陰市西南甘羅城。（本吴增僅《三國郡縣表附考證》）

[31]江左：即江東。指東晋。

[32]西中郎將：官名。東晋、南朝時多兼豫州刺史，鎮歷陽（今安徽和縣），或持節都督司、豫、冀、并等州軍事，銀印青綬。

[33]衛將軍：官名。東晋、南朝時職任甚重，常以中書監、尚書令等權臣兼任，統兵出征。

陳矯字季弼，廣陵東陽人也。[1]避亂江東及東城，[2]辭孫策、袁術之命，還本郡。太守陳登請爲功曹，[3]使矯詣許，[4]謂曰："許下論議，待吾不足；[5]足下相爲觀察，還以見誨。"矯還曰："聞遠近之論，頗謂明府驕而自矜。"登曰："夫閨門雍穆，[6]有德有行，吾敬陳元方兄弟；[7]淵清玉絜，[8]有禮有法，吾敬華子魚；[9]清脩疾惡，有識有義，吾敬趙元達；[10]博聞彊記，奇逸卓犖，[11]吾敬孔文舉；[12]雄姿傑出，有王霸之略，吾敬劉玄德：[13]所敬如此，何驕之有！餘子瑣瑣，[14]亦焉足録哉？"登雅意如此，而深敬友矯。

郡爲孫（權）〔策〕所圍於匡奇，[15]登令矯求救於太祖。矯説太祖曰："鄙郡雖小，形便之國也，若蒙救援，使爲外藩，則吴人剉謀，徐方永安，[16]武聲遠震，仁愛滂流，未從之國，望風景附，崇德養威，此王業也。"太祖奇矯，[17]欲留之。矯辭曰："本國倒縣，本奔走告急，縱無申胥之效，[18]敢忘弘演之義乎?"〔一〕太祖乃遣赴救。吳軍既退，登多設閒伏，勒兵追奔，大破之。

〔一〕劉向《新序》曰：齊桓公求婚於衞，衞不與，而嫁於許。衞爲狄所伐，桓公不救，至於國滅君死。懿公屍爲狄人所食，惟有肝在。懿公有臣曰弘演，適使反，致命於肝曰："君爲其內，臣爲其外。"乃刳腹內肝而死。齊桓公曰："衞有臣若此而尚滅，寡人無有，亡無日矣!"乃救衞，定其君。

[1]東陽：縣名。治所在今江蘇盱眙縣東南東陽集。

[2]東城：縣名。治所在今安徽定遠縣東南。

[3]太守陳登：據本書卷四六《孫策傳》裴注引《江表傳》，陳登爲廣陵太守，治所在射陽縣，在今江蘇寶應縣東北射陽鎮。

[4]許：縣名。治所在今河南許昌市東。

[5]不足：各本作"不足"。盧弼《集解》云："何焯校'足'字下補'者'字。"趙幼文《校箋》謂《太平御覽》卷二六四引有"者"字。吳金華《〈三國志集解〉箋記》謂"不足"是當時俗語，專指有關評價、待遇等方面使人感到不滿。不應補"者"字。

[6]雍穆：和穆肅敬。

[7]兄弟：趙幼文《校箋》謂《太平御覽》卷四四六引《華陽國志》作"父子"。按，《册府元龜》卷六八七引亦作"兄弟"。

[8]淵清：趙幼文《校箋》謂《太平御覽》引"淵"字作"冰"。按，《册府元龜》卷六八七引亦作"淵"。

[9]華子魚：華歆字子魚。

[10]趙元達：趙昱字元達。見《後漢書》卷七三《陶謙傳》，

事又見本書卷八《陶謙傳》裴注引謝承《後漢書》。

　　[11] 奇逸：趙幼文《校箋》謂《册府元龜》卷六八七引“逸”字作“異”。按，宋本《册府元龜》亦作“逸”。

　　[12] 孔文舉：孔融字文舉。見本書卷一二《崔琰傳》裴注及注引《續漢書》。

　　[13] 劉玄德：劉備字玄德。

　　[14] 瑣瑣：細小卑微的樣子。

　　[15] 孫策：各本皆作“孫權”。盧弼《集解》據本書卷七《呂布附陳登傳》裴注引《先賢行狀》，謂當作“孫策”。今從盧氏説改。　　匡奇：本書卷七《陳登傳》裴注引《先賢行狀》作“匡琦”。趙一清《注補》謂即當塗。詳見《先賢行狀》“匡琦城”注。當塗縣治所在今安徽懷遠縣東南。又按，當塗屬九江郡，據陳登所治射陽縣較遠，甚爲可疑，但尚無新據，暫從趙説。

　　[16] 徐方：即徐州。廣陵郡屬徐州。

　　[17] 太祖：殿本作“太子”，百衲本、盧弼《集解》本、校點本皆作“太祖”。今從百衲本等。

　　[18] 申胥：即申包胥，春秋時楚大夫。吳王闔閭九年（前506），用伍子胥計，攻破楚國，楚昭王出逃。申包胥遂到秦國求救，而秦國不許。包胥遂立於秦廷，晝夜哭泣，七日七夜不絕其聲。終於感動秦哀公，秦發兵五百乘救楚，擊敗吳軍，楚昭王得以復國。（見《史記》卷六六《伍子胥列傳》）

　　太祖辟矯爲司空掾屬，除相令，[1]征南長史，[2]彭城、樂陵太守，[3]魏郡西部都尉。[4]曲周民父病，[5]以牛禱，[6]縣結正棄市。[7]矯曰：“此孝子也。”表赦之。遷魏郡太守。時繫囚千數，至有歷年。矯以爲周有三典之制，[8]漢約三章之法，[9]今惜輕重之理，而忽久繫之患，可謂謬矣。悉自覽罪狀，一時論決。大軍東征，入爲丞相長史。[10]軍還，復爲魏郡，[11]轉西曹屬。[12]從征漢中，[13]還爲尚書。行前未到鄴，太祖崩洛陽，羣臣拘常，以爲太子即位，當須詔命。[14]矯曰：“王薨于外，天下惶懼。太子宜割哀即位，以繫遠近之望。且又愛子在側，[15]彼此生變，則社稷危矣。”即具官備禮，一日皆辦。明旦，以王后令，策太子即位，大赦蕩然。文帝曰：“陳季弼臨大節，明略過人，信一時之俊傑也。”帝既踐阼，轉署吏部，[16]封高陵亭侯，遷尚書令。明帝即位，進爵東鄉侯，邑六百戶。車駕嘗卒至尚書門，矯跪問帝曰：“陛下欲何之？”帝曰：“欲案行文書耳。”矯曰：“此自臣職分，非陛下所宜臨也。若臣不稱其職，則請就黜退。陛下宜還。”帝慚，回車而反。其亮直如此。〔一〕加侍中光禄大夫，遷司徒。[17]景初元年薨，謚曰貞侯。〔二〕

〔一〕《世語》曰：劉曄以先進見幸，因譖矯專權。矯懼，以問長子本，本不知所出。次子騫曰：“主上明聖，大人大臣，今若不合，不過不作公耳。”後數日，帝見矯，矯又問二子，騫曰：“陛下意解，故見大人也。”既入，盡日，帝曰：“劉曄構君，朕有以迹君；[18]朕心故已了。”以金五餅授之，矯辭。帝曰：“豈以爲小惠？君已知朕心，顧君妻子未知故也。”帝憂社稷，問矯：“司馬公忠正，[19]可謂社稷之臣乎？”矯曰：“朝廷之望；社稷，未知也。”

〔二〕《魏氏春秋》曰：矯本劉氏子，[20]出嗣舅氏而婚于本族。[21]徐宣每非之，庭議其闕。太祖惜矯才量，欲擁全之，乃下令曰：“喪亂已來，風教彫薄，謗議之言，難用襃貶。自建安五年已前，一切勿論。其以斷前誹議者，以其罪罪之。”

［1］相：縣名。治所在今安徽濉溪縣西北。

［2］征南長史：征南將軍府之長史，總理征南將軍幕府事。曹仁於建安十三年（208）、二十三年兩爲行征南將軍，二十四年又爲征南將軍。

［3］彭城：郡名。治所彭城縣，在今江蘇徐州市。　樂陵：郡名。治所厭次縣，在今山東惠民縣東桑落堡。

［4］魏郡：治所鄴縣，在今河北臨漳縣西南鄴鎮東一里半。都尉：官名。西漢時郡置都尉，輔佐郡守並掌本郡軍事。東漢廢除，僅在邊郡或關塞之地置都尉及屬國都尉，並漸漸分縣治民，職如太守。建安十八年曹操分魏郡爲東西兩部，亦分別置都尉以治之。

［5］曲周：縣名。治所在今河北曲周縣東北。

［6］以牛禱：殺牛祀禱。

［7］結正：結案判定。

［8］三典：《周禮・秋官・大司寇》：“大司寇之職，掌建邦之三典，以佐王刑邦國，詰四方：一曰，刑新國用輕典；二曰，刑平國用中典；三曰，刑亂國用重典。”

［9］約三章之法：漢高祖劉邦入關滅秦後，與民約法三章：“殺人者死，傷人及盜抵罪。”（《史記》卷八《高祖本紀》）

［10］丞相長史：官名。秩千石，丞相府幕僚之長，協助丞相署理相府諸曹，監領府事。曹操爲丞相，權位加重，遂分置左、右長史。若丞相出征，則置行軍長史掌軍旅行伍；又置留府長史掌留守事。位皆崇重。

［11］魏郡：百衲本無“郡”字，殿本、盧弼《集解》本、校點本有“郡”字。今從殿本等。趙幼文《校箋》則云：“‘郡’字當衍，爲魏西朝（當作曹）屬謂爲魏王之西朝屬也。”按，“復爲魏郡”，謂復爲魏郡太守，因上文已言“遷魏郡太守”。

［12］西曹屬：官名。漢魏諸公府置有西曹，掌府吏署用事。

長官爲掾，次官爲屬；掾闕，則屬爲長官。此指丞相府西曹屬。

[13] 漢中：郡名。治所南鄭縣，在今陝西漢中市東。

[14] 當須詔命：胡三省云：“謂須待漢帝詔命也。”（《通鑑》卷六九魏文帝黃初元年注）

[15] 愛子：盧弼《集解》云：“胡三省曰：愛子謂鄢陵侯彰也。”趙幼文《校箋》謂《文選》陸士衡《弔魏武帝文》云：“持姬女而指季豹以示四子，曰以累汝，因泣下。”據本書卷一五《賈逵傳》注引《魏略》，曹操病於洛陽，時曹丕尚在鄴，曹彰自長安未到，當時在洛者惟曹植耳。植爲操之第四子，四子當謂曹植。陳矯所謂愛子，亦指曹植（曹操愛植，見植本傳）。

[16] 吏部：指吏部尚書，尚書省吏部長官，主管官吏銓選考課等，第三品，位居列曹尚書之上。

[17] 司徒：官名。曹魏恢復三公制，改相國爲司徒，仍與太尉、司空並爲三公，共同行使宰相職能，位次太尉。本職掌民政，第一品。

[18] 迹：考覈。

[19] 司馬公：指司馬懿。

[20] 劉氏子：《晉書》卷三五《陳騫傳》：“矯本廣陵劉氏，爲外祖陳氏所養，因而改焉。”

[21] 婚于本族：《晉書》卷四六《劉頌傳》：“初，頌嫁女臨淮陳矯，矯本劉氏子，與頌近親，出養於姑，改姓陳氏。”

子本嗣，歷位郡守、九卿。[1] 所在操綱領，舉大體，能使羣下自盡。有統御之才，不親小事，不讀法律而得廷尉之稱，優於司馬岐等，[2] 精練文理。遷鎮北將軍，[3] 假節、都督河北諸軍事。薨，子粲嗣。本弟騫，咸熙中爲車騎將軍。〔一〕[4]

〔一〕案《晋書》曰:[5]騫字休淵,爲晋佐命功臣,至太傅,[6]封高平郡公。[7]

[1]九卿:周代以少師、少傅等九個中央高級官職爲九卿。後亦泛稱諸卿爲九卿,數量則不一定爲九。曹魏九卿即十人:太常、光禄勳、衛尉、太僕、廷尉、大鴻臚、宗正、大司農、少府、執金吾等。(本洪飴孫《三國職官表》)

[2]司馬岐:司馬芝之子,齊王曹芳時爲廷尉。見本書卷一二《司馬芝傳》。

[3]鎮北將軍:官名。魏時二品,位次四征將軍,領兵如征北將軍。多爲持節都督,出鎮方面。

[4]車騎將軍:官名。東漢時位比三公,常以貴戚充任。出掌征伐,入參朝政,漢靈帝時常作贈官。魏、晋時位次驃騎將軍,在諸名號將軍上,多作爲軍府名號,加授大臣、重要州郡長官,無具體職掌,二品。開府者位從公,一品。

[5]晋書:潘眉《考證》云:“裴注所引《晋書》,乃虞預《晋書》。”

[6]太傅:官名。魏、晋時位上公,在三公上,一品。西晋時常與太宰、太保並掌朝政,開府置僚屬,爲宰相之任。

[7]高平郡:西晋泰始元年(265)以山陽郡改名,治所昌邑縣,在今山東巨野縣南。

初,矯爲郡功曹,使過泰山。[1]泰山太守東郡薛悌異之,[2]結爲親友。戲謂矯曰:“以郡吏而交二千石,[3]鄰國君屈從陪臣游,[4]不亦可乎!”悌後爲魏郡及尚書令,皆承代矯云。〔一〕

〔一〕《世語》曰:悌字孝威。年二十二,以兖州從事爲泰山太守。[5]初，太祖定冀州，[6]以悌及東平王國爲左右長史，[7]後至中領軍，並悉忠貞練事，爲世吏表。

［１］泰山：郡名。治所奉高縣，在今山東泰安市東。

［２］東郡：治所濮陽縣，在今河南濮陽縣西南。

［３］二千石：指郡太守。太守秩爲二千石。

［４］屈從：趙幼文《校箋》謂《太平御覽》卷二六四引無“屈”字。　陪臣：古代諸侯之大夫對天子自稱陪臣。郡太守相當於諸侯，功曹則爲陪臣。

［５］從事：官名。漢代州牧刺史的佐吏，有別駕從事史、治中從事史、兵曹從事史、部從事史等，均可簡稱爲從事。

［６］冀州：東漢末，州牧刺史治所常設在鄴，在今河北臨漳縣西南鄴鎮東一里半。

［７］東平：王國名。治所無鹽縣，在今山東東平縣東。　長史：官名。漢代三公府設有長史，以輔助三公。將軍府之屬官亦有長史，以總理幕府。曹操平冀州時，爲司空兼車騎將軍，故設有左、右長史。

徐宣字寶堅，廣陵海西人也。[1]避亂江東，又辭孫策之命，還本郡。與陳矯並爲綱紀，[2]二人齊名而私好不協，然俱見器於太守陳登，與登並心於太祖。海西、淮浦二縣民作亂，[3]都尉衞彌、令梁習夜奔宣家，密送免之。太祖遣督軍扈質來討賊，[4]以兵少不進。宣潛見責之，示以形勢，質乃進破賊。太祖辟爲司空掾屬，除東緡、發干令，[5]遷齊郡太守，[6]入爲門下督，[7]從到壽春。會馬超作亂，大軍西征，太祖見官屬曰：“今當遠征，而此方未定，以爲後憂，宜得清公大德以鎮統之。"乃以宣爲左護軍,[8]留統諸軍。還,爲丞相東曹掾,[9]出爲魏郡太守。太祖崩洛陽,羣臣入殿中發哀。或言可易諸城守,用譙、沛人。[10]宣厲聲曰:"今者遠近一統,人懷效節,何必譙、沛,而沮宿衞者心。"文帝聞曰:"所謂社稷之臣也。"帝既踐阼,爲御史中丞,賜爵關內侯,徙城門校尉,[11]旬月遷司隸校尉,[12]轉散騎常侍。[13]從至廣陵,六軍乘舟,風浪暴起,帝船回倒,[14]宣(病)〔船〕在後,[15]陵波而前,羣寮莫先至者。帝壯之,遷尚書。

明帝即位,封津陽亭侯,邑二百户。中領軍桓範薦宣曰:"臣聞帝王用人,度世授才,爭奪之時,以策略爲先,分定之後,以忠義爲首。故晋文行舅犯之計而賞雍季之言,〔一〕高祖用陳平之智而託後於周勃也。[16]竊見尚書徐宣,體忠厚之行,秉直亮之性;清雅特立,不拘世俗;確然難動,有社稷之節;歷位州郡,所在稱職。今僕射缺,[17]宣行掌後事;腹心任重,莫宜宣者。"帝遂以宣爲左僕射,後加侍中、光禄大夫。車駕幸許昌,總統留事。帝還,主者奏呈文書。[18]詔曰:"吾省與僕射何異?"[19]竟不視。尚方令坐猥見考竟,[20]宣上疏陳威刑大過,又諫作宫殿窮盡民力,帝皆手詔嘉納。宣曰:"七十有縣車之禮,[21]今已六十八,可以去矣。"乃固辭疾遜位,帝終不許。青龍四年薨,遺令布衣疏巾,斂以時服。詔曰:"宣體履至實,直内方外,歷在三朝,公亮正色,有託孤寄命之節,可謂柱石臣也。常欲倚以台輔,[22]未及登之,惜乎大命不永！其追贈車騎將軍，葬如公禮。”諡曰貞侯。子欽嗣。

〔一〕《呂氏春秋》曰：[23]昔晉文公將與楚人戰於城濮，召咎犯而問曰：[24]“楚眾我寡，奈何而可？”咎犯對曰：“臣聞繁禮之君，不足於文，繁戰之君，不足於詐，君亦詐之而已。”文公以咎犯言告雍季，雍季曰：“竭澤而漁，豈不得魚，[25]而明年無魚。焚藪而田，豈不得獸，[26]而明年無獸。詐偽之道，雖今偷可，後將無復，非長術也。”文公用咎犯之言，而敗楚人於城濮。反而爲賞，雍季在上。左右諫曰：“城濮之功，咎犯之謀也。君用其言而後其身，[27]或者不可乎！”文公曰：“雍季之言，百代之利也；[28]咎犯之言，一時之務也。焉有以一時之務，先百代之利乎？”

[1] 海西：縣名。治所在今江蘇灌南縣東南。

[2] 綱紀：對郡府主要屬吏功曹、主簿等之別稱。

[3] 淮浦：縣名。治所在今江蘇漣水縣西。

[4] 督軍：官名。建安中曹操置，統兵，權任較重，位在郡守之上。

[5] 東緡：縣名。治所在今山東金鄉縣。　發干：縣名。治所在今山東冠縣東南。

[6] 齊郡：治所臨淄縣，在今山東淄博市臨淄區。

[7] 門下督：官名。漢代郡縣官府置門下督，主盜賊事，亦稱門下督盜賊。東漢末丞相府、將軍府亦置。

[8] 左護軍：官名。建安中曹操、孫權皆置，統諸軍。

[9] 丞相東曹掾：官名。丞相府屬吏，秩比四百石，掌二千石長吏遷除及軍吏。

[10] 譙沛人：胡三省云：“曹氏沛國譙人，小見者以鄉人爲可信也。”（《通鑑》卷六九魏文帝黃初元年注）

〔11〕城門校尉：官名。秩比二千石，第四品。掌洛陽十二城門。

〔12〕司隸校尉：官名。秩比二千石，第三品。掌糾察京師百官違法者，並治所轄各郡，相當於州刺史。

〔13〕散騎常侍：官名。秩比二千石，第二品。爲門下重職，侍從皇帝左右，諫諍得失，應對顧問，與侍中等共平尚書奏事，有異議得駁奏。

〔14〕回倒：梁章鉅《旁證》云：“何焯曰：‘回即桅也。古字通耳。’邵晉涵亦同此説。竊謂回倒，不過回旋顛倒之意。以回通桅，未見所出；且以舟中挂帆之木爲桅，本係俗稱，初不知所據也。《説文》：‘桅，黃木可染者。’與舟木何涉乎？”

〔15〕船：各本皆作“病”。趙幼文《校箋》謂《太平御覽》卷七一、卷二五〇引“病”字作“船”，是也。《事類賦》卷一六引作“舟”，“船”“舟”義同，“病”字實誤。按《太平御覽》卷七一引實作“病”，卷二五〇引作“船”。而以此上下文觀之，應作“船”，故從趙説改。

〔16〕“高祖”句：漢高祖劉邦在征戰與建立漢王朝過程中，多用陳平之智謀，而臨終前呂后問蕭何、曹參後誰可託，劉邦曰：“王陵可。然陵少戆，陳平可以助之。陳平智有餘，然難以獨任。周勃重厚少文，然安劉氏者必勃也，可令爲太尉。”（《史記》卷八《高祖本紀》）

〔17〕僕射：指尚書僕射。

〔18〕主者：胡三省云：“尚書諸曹各有主者。”（《通鑑》卷七一魏明帝太和四年注）

〔19〕僕射：盧弼《集解》云：“《通鑑》‘僕射’下有‘省’字。”

〔20〕尚方令：官名。曹魏有中、左、右三尚方署，各置令一人，秩皆六百石，第七品。掌製造供帝王所用器物。　考竟：《釋名·釋喪制》云：“獄死曰考竟。考得其情，竟其命於獄也。”

[21] 縣車：即懸車，謂停車不用，不再做官。《白虎通·致仕》："臣七十懸車致仕者，臣以執事趨走爲職，七十陽道極，耳目不聰明，跂踦之屬，是以退去避賢者，所長廉恥也。懸車，示不用也；致仕者，致其事於君。君不使自去者，尊賢者也。故《曲禮》'大夫七十而致仕'。"

[22] 台輔：指宰相。謂位列三台，職居宰輔。

[23] 呂氏春秋：以下所引見《義賞篇》。

[24] 咎犯：即上文之"舅犯"，晋文公之舅父狐偃。

[25] 得魚：今本《呂氏春秋》作"獲得"。

[26] 得獸：今本《呂氏春秋》作"獲得"。

[27] 而後其身：今本《呂氏春秋》作"而賞後其身"。

[28] 百代之利也：盧弼《集解》本無"也"字，百衲本、殿本、校點本、今本《呂氏春秋》皆有"也"字。今從百衲本等。又今本《呂氏春秋》"百代"作"百世"。

衛臻字公振，陳留襄邑人也。[1]父兹，有大節，不應三公之辟。太祖之初至陳留，兹曰："平天下者，必此人也。"太祖亦異之，數詣兹議大事。從討董卓，戰于滎陽而卒。[2]太祖每涉郡境，輒遣使祠焉。〔一〕夏侯惇爲陳留太守，舉臻計吏，[3]命婦出宴，臻以爲"末世之俗，非禮之正"。惇怒，執臻，既而赦之。後爲漢黃門侍郎。[4]東郡朱越謀反，引臻。太祖令曰："孤與卿君同共舉事，[5]加欽令問。始聞越言，固自不信。及得荀令君書，[6]具亮忠誠。"會奉詔命，聘貴人于魏，[7]因表留臻參丞相軍事。追錄臻父舊勳，賜爵關內侯，轉爲户曹掾。[8]文帝即王位，爲散騎常侍。及踐阼，封安國亭侯。時羣臣並頌魏德，多抑損前朝。臻獨明禪授之義，稱揚漢美。帝數目臻曰："天下之珍，當與山陽共之。"[9]遷尚書，轉侍中、吏部尚書。帝幸廣陵，行中領軍，從。征東大將軍曹休表得降賊辭"孫權已在濡須口"。[10]臻曰："權恃長江，未敢亢衡，[11]此必畏怖僞辭耳。"考核降者，果守將詐所作也。

〔一〕《先賢行狀》曰：兹字子許。不爲激詭之行，不徇流俗之名；明慮淵深，規略宏遠。爲車騎將軍何苗所辟，[12]司徒楊彪再加旌命。[13]董卓作亂，漢室傾蕩，太祖到陳留，始與兹相見，遂同盟，計興武事。兹答曰："亂生久矣，非兵無以整之。"且言"兵之興者，自今始矣"。深見廢興，首讚弘謀。合兵三千人，從太祖入滎陽，力戰終日，失利，身殁。

《郭林宗傳》曰：[14]兹弱冠與同郡圈文生俱稱盛德。林宗與二人共至市，子許買物，隨價酬直，文生訾呵，減價乃取。林宗曰："子許少欲，文生多情，此二人非徒兄弟，乃父子也。"後文生以穢貨見捐，[15]兹以烈節垂名。

[1] 陳留：郡名。治所陳留縣，在今河南開封市東南。　襄邑：縣名。治所在今河南睢縣。

[2] 戰于滎陽：此事詳見本書卷一《武帝紀》初平元年。又按，滎陽，百衲本、殿本作"熒陽"，盧弼《集解》本、校點本作"滎陽"。今從《集解》本等。王先謙《漢書補注》則謂熒陽以熒澤而得名，熒澤之"熒"從"火"，作"滎"，乃後人改。

[3] 計吏：官名。漢代郡國遣吏至京都向朝廷呈上計簿，彙報本郡國的户口、錢糧、獄訟、盜賊等情況，稱爲上計。所遣之吏稱爲計吏或上計吏。

[4] 黃門侍郎：官名。即給事黃門侍郎。東漢時秩六百石。掌侍從左右，關通中外。初無員數，漢獻帝定爲六員，與侍中俱出入

禁中，近侍帷幄，省尚書奏事。

[5] 卿君：你的父親。曹操對衛臻敬稱其父衛兹。

[6] 荀令君：荀彧。時荀彧守尚書令。

[7] 貴人：妃嬪之稱號。漢光武帝始置，位次皇后。此貴人指曹操之三女曹憲、曹節、曹華。

[8] 戶曹掾：官名。漢代三公府置戶曹，掌民戶、祠祀、農桑事，掾爲長官。

[9] 山陽：指漢獻帝劉協。魏文帝曹丕代漢後，封劉協爲山陽公。

[10] 濡須口：古濡須水在今安徽境，源出巢湖，東南流，經今無爲縣東南入長江。入長江處稱濡須口。

[11] 亢：百衲本、殿本、盧弼《集解》本、《通鑑》皆作"亢"。胡三省云："'亢'與'抗'同。"（《通鑑》卷七〇魏文帝黃初五年注）校點本作"抗"。今從百衲本等。

[12] 車騎將軍：官名。東漢時位比三公，常以貴戚充任。出掌征伐，入參朝政，漢靈帝時常作贈官。

[13] 旌命：表揚徵召。

[14] 郭林宗傳：沈家本《三國志注所引書目》謂《隋書·經籍志》《舊唐書·經籍志》《新唐書·藝文志》皆不著録。

[15] 捐：百衲本作"捐"，殿本、盧弼《集解》本、校點本作"損"。盧弼《集解》云："監本'損'作'捐'。盛德以貨賄見損，則盛德直虛聲耳。"趙幼文《校箋》則云："疑作'捐'字是。見捐謂爲世所棄也。'損''捐'形近致誤。"按趙説有理，今從百衲本。

明帝即位，進封康鄉侯，後轉爲右僕射，典選舉，如前加侍中。中護軍蔣濟遺臻書曰："漢祖遇亡虜爲上將，[1]周武拔漁父爲太師；[2]布衣廝養，[3]可登王公，何必守文，試而後用？”臻答曰：“古人遺智慧而任度量，須考績而加黜陟；今子同牧野於成、康，[4]喻斷虵於文、景，[5]好不經之舉，開拔奇之津，[6]將使天下馳騁而起矣。”諸葛亮寇天水，臻奏：“宜遣奇兵入散關，[7]絕其糧道。”乃以臻爲征蜀將軍，[8]假節、督諸軍事，到長安，[9]亮退。還，復職，加光禄大夫。是時，帝方隆意於殿舍，臻數切諫。及殿中監擅收蘭臺令史，[10]臻奏案之。詔曰：“殿舍不成，吾所留心，卿推之何？”臻上疏曰：“古制侵官之法，[11]非惡其勤事也，誠以所益者小，所墮者大也。臣每察校事，[12]類皆如此，懼羣司將遂越職，以至陵遲矣。”亮又出斜谷；征南上：[13]“朱然等軍已過荆城。”[14]臻曰：“然，吳之驍將，[15]必下從權，且爲勢以綴征南耳。”權果召然入居巢，[16]進攻合肥。[17]帝欲自東征，臻曰：“權外示應亮，[18]內實觀望。且合肥城固，不足爲慮。車駕可無親征，以省六軍之費。”帝到尋陽而權竟退。[19]

　　幽州刺史毌丘儉上疏曰：[20]“陛下即位已來，未有可書。吳、蜀恃險，未可卒平，聊可以此方無用之士克定遼東。”[21]臻曰：“儉所陳皆戰國細術，非王者之事也。吳頻歲稱兵，[22]寇亂邊境，而猶案甲養士，未果（尋）致討者，[23]誠以百姓疲勞故也。且淵生長海表，[24]相承三世，[25]外撫戎夷，內脩戰射，而儉欲以偏軍長驅，朝至夕卷，知其妄矣。”儉行軍遂不利。

　　臻遷爲司空，徙司徒。正始中，進爵長垣侯，[26]邑千户，封一子列侯。初，太祖久不立太子，而方奇貴臨菑侯。[27]丁儀等爲之羽翼，勸臻自結，臻以大義拒之。及文帝即位，東海王霖有寵，帝問臻："平原侯何如?"[28]臻稱明德美而終不言。曹爽輔政，使夏侯玄宣指，欲引臻入守尚書令，及爲弟求婚，皆不許。固乞遜位。詔曰："昔干木偃息，[29]義壓彊秦；留侯頤神，[30]不忘楚事。讜言嘉謀，望不吝焉。"賜宅一區，位特進，[31]秩如三司。薨，追贈太尉，謚曰敬侯。子烈嗣，咸熙中爲光禄勳。[一][32]

〔一〕臣松之案《舊事》及《傅咸集》[33]，烈終於光禄勳。烈二弟京、楷，皆二千石。楷子權，字伯輿。晋大司馬汝南王亮輔政，[34]以權爲尚書郎。[35]傅咸與亮牋曰："衛伯輿貴妃兄子，誠有才章，應作臺郎，[36]然未得東宮官屬。東宮官屬，前患楊駿，親理塞路，今有伯輿，復越某作郎。一犬吠形，羣犬吠聲，懼於羣吠，遂至回聽。"[37]權作左思《吴都賦》敍及注，[38]敍粗有文辭，至於爲注，了無所發明，直爲塵穢紙墨，不合傳寫也。

[1]亡虜：指韓信。韓信初投項梁，項梁敗，屬項羽。項羽不能用之，遂逃亡歸劉邦。劉邦亦不能大用，又逃亡，賴蕭何追回極薦，劉邦方以之爲大將。（見《史記》卷九二《淮陰侯列傳》）

[2]漁父：指吕尚。殷商末，吕尚垂釣於渭濱，遇周西伯（文王），與語，大悦，請與俱歸，立爲師。周文王死，武王即位，稱之曰師尚父。吕尚遂助武王滅殷商。（見《史記》卷三二《齊太公世家》）

[3]廝養：指幹雜活的卑賤者。《史記》卷八九《張耳陳餘列傳》"有廝養卒謝其舍中"，《集解》引如淳曰："廝，賤者也。"又引韋昭曰："析薪爲廝，炊烹爲養。"

　　〔4〕牧野：周武王起兵伐紂，大敗殷軍於商郊牧野（今河南淇縣以南、衛輝市以北之地）。　成康：指周成王、周康王。成、康之時，是周代之升平時期。

　　〔5〕斷蛇：指漢高祖劉邦建立漢朝之事。秦末，劉邦爲亭長，爲縣押送役徒至驪山。途中役徒多逃亡，劉邦遂全釋之。願隨從劉邦者十餘人。後於途中遇大蛇當道，劉邦斬之前行。以後起兵反秦，建立漢朝。（見《史記》卷八《高祖本紀》）　文景：指漢文帝、漢景帝。漢文、景時，是漢朝之承平時期。

　　〔6〕津：盧弼《集解》本作“律”，百衲本、殿本、校點本作“津”。今從百衲本等。

　　〔7〕散關：關隘名。亦名大散關。在今陝西寶雞市西南的大散嶺上，形勢險要，古爲軍事重地。

　　〔8〕征蜀將軍：官名。曹魏置，第三品。

　　〔9〕長安：縣名。治所在今陝西西安市西北。

　　〔10〕殿中監：官名。曹魏置，第七品。掌殿中張設監護之事，並領禁兵。　蘭臺令史：官名。東漢始置，屬御史中丞，掌書奏及印，工文書，秩六百石。魏、晉沿置，掌監察刑獄文書，第九品。

　　〔11〕侵官：越職侵犯他官的職權。《左傳·成公十六年》：欒鍼曰：“侵官，冒也；失官，慢也；離局，姦也。有三罪焉，不可犯也。”

　　〔12〕校事：官名。建安中曹操置，以身邊地位較低的親信充任，負責監察百官及吏民，直接隸屬於曹操，威權甚大。曹魏沿置，亦稱撫軍校事。

　　〔13〕征南上：謂征南將軍上表。魏征南將軍，秩二千石，第二品。位次三公，領兵屯新野，統荆、豫二州刺史，資深者爲大將軍。

　　〔14〕荆城：地名。在今湖北鍾祥市西南。

　　〔15〕吳：百衲本作“吾”，殿本、盧弼《集解》本、校點本作“吳”。今從殿本等。

［16］居巢：縣名。治所在今安徽巢湖市東北。

［17］合肥：縣名。魏時治所在今安徽合肥市西北。

［18］權外示應亮：《通鑑》卷七二魏明帝青龍二年云：“（諸葛）亮悉大衆十萬，由斜谷入寇，遣使約吳同時大舉。”

［19］尋陽：縣名。治所在今湖北黃梅縣西南。

［20］幽州：刺史治所薊縣，在今北京城西南。

［21］遼東：郡名。治所襄平縣，在今遼寧遼陽市老城區。

［22］吳頻歲稱兵：盧弼《集解》引趙一清曰：“上云吳蜀恃險，此不得單舉吳，疑脱‘蜀’字。”又引李慈銘曰：“‘吳’下當有‘蜀’字。”盧弼按：“《通鑑》無‘蜀’字。”

［23］未果致討者：各本“未果”下有“尋”字。盧弼《集解》引趙一清謂“尋”字衍；又引李慈銘謂“尋”字當衍。盧弼又謂《通鑑》亦無“尋”字。今從諸家説删“尋”字。

［24］淵：指據遼東之公孫淵。

［25］三世：指公孫度、公孫康、公孫淵。

［26］長垣：縣名。治所在今河南長垣縣東北。

［27］臨菑侯：曹植。

［28］平原侯：曹叡。

［29］干木：段干木。戰國初魏人，至西河，求學於子夏。居魏，守道不仕。魏文侯甚尊之，乘車過其家門，必伏軾致敬。魏人因而誦曰：“吾君好正，段干木之敬；吾君好忠，段干木之隆。”不久，秦國欲起兵攻魏，大夫司馬唐諫秦君曰：“段干木賢者也，而魏禮之，天下莫不聞，無乃不可加兵乎！”秦君遂按兵不發。（見《吕氏春秋·開春論·期賢》）　偃息：謂在家不出仕。

［30］留侯：即漢高祖劉邦之謀臣張良。張良歸從劉邦後，因多病，僅能爲謀劃之臣。劉邦爲帝後，淮南王黥布謀反，劉邦率兵親征，張良病甚，强起送劉邦，曰：“臣宜從，病甚。楚人剽疾，願上無與楚人争鋒。”（《史記》卷五五《留侯世家》）　頤神：養神。

［31］特進：官名。漢制，凡諸侯大臣功德優盛，朝廷所敬異者，加位特進，朝會時位在三公下，車服俸祿仍從本官。魏、晉沿襲之。

［32］光祿勳：官名。秩中二千石，第三品。掌宿衛宮殿門戶，朝會則皆禁止，及主諸郎之在殿中侍衛者。

［33］舊事：《隋書・經籍志》史部舊事類著録《漢、魏、吳、蜀舊事》八卷，無撰人姓名。《舊唐書・經籍志》《新唐書・藝文志》亦同。此所引當爲《魏舊事》。　傅咸集：《隋書・經籍志》著録"晉司隸校尉《傅咸集》十七卷，梁三十卷，録一卷"。《舊唐書・經籍志》又著録《傅咸集》三十卷。《新唐書・藝文志》同。

［34］大司馬：官名。晉爲八公之一，居三公之上，三師之下，開府置僚屬，但無具體職司，多爲大臣加官。

［35］尚書郎：官名。西晉尚書省置殿中、祠部、儀曹等三十五郎曹，設二十三尚書郎分領之，或一曹數郎，或數曹一郎，均視具體曹而定。

［36］臺郎：尚書郎之別稱。

［37］回聽：盧弼《集解》謂《晉書・傅咸傳》載傅咸與汝南王亮書，無"衛伯興貴妃兄子"以下數語，而有"一犬吠形"以下數語，"回聽"作"叵聽"。趙幼文《校箋》則云："《漢書・禮樂志》注：'回，亂也。'《晉書》'回'作'叵'。叵，不可也。疑非傅意。'回''叵'或形近而誤。"

［38］左思：晉武帝時曾爲秘書郎，善辭賦，著《三都賦》成，"豪貴之家競相傳寫，洛陽爲之紙貴"。（《晉書》卷九二《左思傳》）《左思傳》又謂《三都賦》成，"張載爲注《魏都》，劉逵注《吳》《蜀》而序之"，"陳留衛權又爲思賦作《略解》"云云。又《隋書・經籍志》集部總集類謂梁有張載及晉侍中劉逵、晉懷令衛權注左思《三都賦》三卷，亡。

盧毓字子家，涿郡涿人也。[1]父植，有名於世。〔一〕
毓十歲而孤，遇本州亂，二兄死難。當袁紹、公孫瓚
交兵，幽冀饑荒，養寡嫂孤兄子，以學行見稱。文帝
爲五官將，[2]召毓署門下賊曹。[3]崔琰舉爲冀州主
簿。[4]時天下草創，多逋逃，故重士亡法，[5]罪及妻
子。亡士妻白等，始適夫家數日，未與夫相見，大理
奏棄市。[6]毓駁之曰：“夫女子之情，以接見而恩生，
成婦而義重。故《詩》云‘未見君子，[7]我心傷悲；[8]
亦既見止，[9]我心則夷’。[10]又《禮》‘未廟見之婦而
死，[11]歸葬女氏之黨，以未成婦也’。今白等生有未見
之悲，死有非婦之痛，而吏議欲肆之大辟，[12]則若同
牢合卺之後，[13]罪何所加？且《記》曰‘附從輕’，[14]
言附人之罪，以輕者爲比也。又《書》云‘與其殺不
辜，[15]寧失不經’，[16]恐過重也。苟以白等皆受禮聘，
已入門庭，刑之爲可。殺之爲重。”太祖曰：“毓執之
是也。[17]又引經典有意，使孤歎息。”由是爲丞相法曹
議令史，[18]轉西曹議令史。[19]

〔一〕《續漢書》曰：植字子幹。少事馬融，[20]與鄭玄同門相
友。植剛毅有大節，常愾然有濟世之志，不苟合取容，不應州郡
命召。建寧中，[21]徵博士，[22]出補九江太守，[23]以病去官。作
《尚書章句》《禮記解詁》。[24]稍遷侍中、尚書。張角起，以植爲
北中郎將征角，[25]失利抵罪。頃之，復以爲尚書。張讓劫少帝奔
小平津，[26]植手劍責數讓等，讓等皆放兵，垂泣謝罪，遂自殺。
董卓議欲廢帝，眾莫敢對，植獨正言，語在《卓傳》。植以老病去
位，[27]隱居上谷軍都山，[28]初平三年卒。[29]太祖北征柳城，[30]過

[31] "故北中郎將盧植，名著海內，學爲儒宗，士之楷模，乃國之楨幹也。[32]昔武王入殷，封商容之閭，[33]鄭喪子產而仲尼隕涕。[34]孤到此州，嘉其餘風。《春秋》之義，賢者之後，有異於人。[35]敬遣丞掾脩墳墓，[36]并致薄醊，[37]以彰厥德。"植有四子，毓最小。

[1] 涿郡：治所涿縣，在今河北涿州市。

[2] 五官將：即五官中郎將。漢代主管五官郎，職掌宿衛殿門，出充車騎，屬光禄勳，不置僚屬，秩比二千石。漢末曹丕爲此官，置僚屬，並爲丞相之副。

[3] 門下賊曹：官名。爲賊曹長官之省稱。漢代郡縣置，因與長官關係親近，冠以"門下"，爲門下五吏之一，掌盜賊警衛事。東漢末之將軍府亦有置者。曹丕爲五官中郎將能置僚屬，故亦置此官。

[4] 主簿：官名。漢代中央及州、郡、縣官府皆置此官，以典領文書，辦理事務。

[5] 士：指士兵。曹魏實施士家制（又稱世兵制），士家有單獨之兵籍，不與民籍相混，社會地位低下。士家子弟世代爲兵，没有政府特許，不得脱離兵籍。

[6] 大理：官名。即漢之廷尉，魏國建立後改稱大理，掌司法刑獄。 棄市：死刑。於鬧市執行死刑，並暴屍街頭。

[7] 詩：此詩見《詩·召南·草蟲》。

[8] 我心傷悲：鄭箋："維父母思己，故己亦傷悲。"

[9] 亦既見止：鄭箋："既見，謂已同牢而食也。"同牢，婚禮中新夫婦同食之儀式。

[10] 我心則夷：鄭箋："夷，平也。"

[11] 禮：此禮爲《禮記·曾子問》之節引。 廟見：謂新婦參拜祖廟。東漢之經師有兩種説法。《禮記·曾子問》孔穎達疏云：

"如鄭義，則從天子以下至於士，皆當夕成昏，舅姑没者，三月廟見"；"若賈（逵）、服（虔）之義，大夫以上，無問舅姑在否，皆三月見祖廟之後，乃始成昏"。

[12] 大辟：死刑。

[13] 合卺（jǐn）：婚禮中夫婦飲交杯酒。分瓠爲兩瓢稱卺，新婚夫婦各拿一瓢而飲稱合卺。

[14] 附從輕：見《禮記·王制》。鄭玄注："附，施刑也。"

[15] 書：此所引見《左傳·襄公二十六年》聲子所引《夏書》，杜預注爲"逸書"。作僞《古文尚書》者編入《大禹謨》。

[16] 寧失不經：謂寧可對罪人失於刑罰。

[17] 毓執之是也：趙幼文《校箋》謂《太平御覽》卷二六五引作"毓之所執是也"。

[18] 法曹議令史：官名。東漢末曹操丞相府所置，爲法曹屬吏。法曹掌郵驛科程事。

[19] 西曹議令史：官名。東漢末曹操丞相府所置，爲西曹屬吏。西曹掌署用府吏事。

[20] 馬融：東漢經學家。扶風茂陵（今陝西興平縣東北）人。曾爲校書郎、議郎等。去官後，以經學教諸生，諸生常有千數。（見《後漢書》卷六〇《馬融傳》）

[21] 建寧：漢靈帝劉宏年號（168—172）。

[22] 博士：官名。秩比六百石。名義上隸太常，掌教授經學，考覈人材，奉命出使等。

[23] 九江：郡名。東漢時治所陰陵縣，在今安徽定遠縣西北。

[24] 尚書章句：《後漢書》卷六四《盧植傳》謂盧植"作《尚書章句》《三禮解詁》"。《隋書·經籍志》僅著録《禮記》十卷，漢北中郎將盧植注。《舊唐書·經籍志》又著録《禮記》二十卷，盧植注。

[25] 北中郎將：官名。東漢末所置四中郎將之一，主帥軍征伐。

[26] 少帝：指劉辯。　小平津：津渡名。在今河南鞏義市西北黄河上。

[27] 去位：趙幼文《校箋》謂《册府元龜》卷一三七引"位"字作"官"。

[28] 上谷：郡名。治所沮陽縣，在今河北懷來縣東南。　軍都山：一名居庸山。在今北京昌平區西北。層巒叠嶂，形勢險要，爲太行八徑之一。

[29] 初平：漢獻帝劉協年號（190—193）。

[30] 柳城：西漢縣名。屬遼西郡。東漢省。治所在今遼寧朝陽市西南十二臺營子。（本《〈中國歷史地圖集〉釋文匯編（東北卷)》》

[31] 令告太守：《後漢書》卷六四《盧植傳》亦載此令，文字稍有差異。

[32] 乃：趙幼文《校箋》謂《藝文類聚》卷四〇引無"乃"字，張采《三國文》同。

[33] 商容：殷商末之賢者，被紂所貶。《史記》卷三《殷本紀》謂周武王滅紂後，"釋箕子之囚，封比干之墓，表商容之閭"。吳金華《〈三國志集解〉箋記》謂"封比干之墓，表商容之閭"是兩漢魏晉之習慣，頗疑此傳寫不慎，跳脱"比干之墓表"五字。

[34] 子産：春秋時鄭國之賢相。《左傳·昭公二十年》云："及子産卒，仲尼聞之，出涕曰：'古之遺愛也。'"

[35] 有異於人：《後漢書》卷六四《盧植傳》作"宜有殊禮"。《公羊傳·昭公二十年》："賢者子孫，故君子爲之諱也。"

[36] 敬遣：趙幼文《校箋》謂《藝文類聚》卷四〇、《太平御覽》卷四七四引"敬"字作"亟"。此蓋當時公文用語。

[37] 醊（zhuì)：祭祀時以酒灑地。

魏國既建，爲吏部郎。[1]文帝踐阼，徙黄門侍郎，出爲濟陰相，[2]梁、譙二郡太守。[3]帝以譙舊鄉，故大徙民充之，以爲屯田。[4]而譙土地墝瘠，百姓窮困，毓愍之，上表徙民於梁國就沃衍，[5]失帝意。雖聽毓所表，心猶恨之，遂左遷毓，使將徙民爲睢陽典農校尉。[6]毓心在利民，躬自臨視，擇居美田，百姓賴之。遷安平、廣平太守，[7]所在有惠化。

青龍二年，入爲侍中。先是，散騎常侍劉劭受詔定律，未就。毓上論古今科律之意，[8]以爲法宜一正，不宜有兩端，使姦吏得容情。及侍中高堂隆數以宮室事切諫，帝不悦，毓進曰：“臣聞君明則臣直，古之聖王恐不聞其過，故有敢諫之鼓。[9]近臣盡規，此乃臣等所以不及隆。隆諸生，名爲狂直，陛下宜容之。”在職三年，多所駁（爭）〔易〕。[10]詔曰：“官人秩才，聖帝所難，必須良佐，進可替否。侍中毓稟性貞固，心平體正，可謂明試有功，不懈于位者也。其以毓爲吏部尚書。”使毓自選代，曰：“得如卿者乃可。”毓舉常侍鄭沖，帝曰：“文和，[11]吾自知之，更舉吾所未聞者。”乃舉阮武、孫邕，帝於是用邕。

前此諸葛誕、鄧颺等馳名譽，有四窗八達之誚，[12]帝疾之。[13]時舉中書郎，[14]詔曰：“得其人與否，在盧生耳。選舉莫取有名，名如畫地作餅，[15]不可啖也。”毓對曰：“名不足以致異人，而可以得常士。常士畏教慕善，然後有名，非所當疾也。愚臣既不足以識異人，又主者正以循名案常爲職，[16]但當有以驗其後。故古者敷奏以言，[17]明試以功。今考績之法廢，而以毀譽相進退，故真偽渾雜，虛實相蒙。”帝納其言，即詔作考課法。會司徒缺，毓舉處士管寧，帝不能用。更問其次，毓對曰：“敦篤至行，則太中大夫韓暨；[18]亮直清方，則司隸校尉崔林；貞固純粹，則太常常林。”帝乃用暨。毓於人及選舉，先舉性行，而後言才。黃門李豐嘗以問毓，[19]毓曰：“才所以爲善也。故大才成大善，小才成小善。今稱之有才而不能爲善，是才不中器也。”[20]豐等服其言。

齊王即位，賜爵關內侯。時曹爽秉權，將樹其黨，徙毓僕射，以侍中何晏代毓。頃之，出毓爲廷尉，司隸畢軌又枉奏免官。衆論多訟之，乃以毓爲光禄勳。爽等見收，太傅司馬宣王使毓行司隸校尉，治其獄。復爲吏部尚書，加奉車都尉，[21]封高樂亭侯，轉爲僕射，故典選舉，加光禄大夫。高貴鄉公即位，進封大梁鄉侯。封一子（高）亭侯。[22]毌丘儉作亂，大將軍司馬景王出征，毓綱紀後事，加侍中。正元三年，[23]疾病，遜位。遷爲司空，固推驃騎將軍王昶、光禄大夫王觀、司隸校尉王祥。[24]詔使使者即授印綬，進爵封容城侯，[25]邑二千三百户。甘露二年薨，[26]謚曰成侯。孫藩嗣。毓子欽、琰，咸熙中欽爲尚書，琰泰山太守。〔一〕

〔一〕《世語》曰：欽字子若，琰字子笋。欽泰始中爲尚書僕射，[27]領選，咸寧四年卒，[28]追贈衛將軍，開府。

虞預《晉書》曰：欽少居名位，不顧財利，清虛淡泊，[29]動脩禮典。[30]同郡張華，[31]家單少孤，不爲鄉邑所知，惟欽貴異焉。

欽子浮，字子雲。

《晉諸公贊》曰：張華博識多聞，[32]無物不知。浮高朗經博，有美於華，起家太子舍人，[33]病疽，截手，遂廢。朝廷器重之，就家以爲國子博士，[34]遷祭酒。[35]永平中爲秘書監。[36]斑及子皓、志並至尚書。[37]志子諶，字子諒。溫嶠表稱諶清出有文思。[38]

《諶別傳》曰：[39]諶善著文章。洛陽傾覆，北投劉琨，琨以爲司空從事中郎。[40]琨敗，諶歸段末波。[41]元帝之初，累召爲散騎中書侍郎，不得南赴。永和六年，[42]卒於胡（胡）中，[43]子孫過江。妖賊帥盧循，諶之曾孫。

[1] 吏部郎：官名。尚書吏部曹之長官，屬吏部尚書，主管官吏選任銓敘調動事務，可建議任免五品以下官吏。秩四百石，第六品。

[2] 濟陰：王國名。治所定陶縣，在今山東定陶縣西北。

[3] 梁：郡名。治所睢陽縣，在今河南商丘縣南。

[4] 屯田：曹魏繼承曹操建安初年實施之屯田制，在屯田區組織農民耕種田地。屯田農民屬專設之屯田官管理。他們須將收獲物按規定比例交給國家。

[5] 梁國：盧弼《集解》云：“梁於太和六年始改郡爲國，上文言‘梁、譙二郡’，此言‘梁國’似有誤。”

[6] 睢陽：縣名。治所在今河南商丘市南。 典農校尉：官名。曹魏在郡國設置的屯田官，管理該屯田區的農業生產、民政和田租。地位相當於郡太守，但直屬中央大司農。秩比二千石，第六品。

[7] 安平：郡名。治所信都縣，在今河北冀縣。 廣平：郡名。治所曲梁縣，在今河北永年縣東北。

[8] 科律：盧弼《集解》謂《太平御覽》“科”作“制”。趙

幼文《校箋》謂見《太平御覽》卷二一九。

[9] 敢諫之鼓：《淮南子·主術訓》云："古者天子聽朝，公卿正諫，博士誦詩，瞽箴師誦，庶人傳語，史書其過，宰徹其膳，猶以爲未足也。故堯置敢諫之鼓，舜立誹謗之木。"

[10] 駁易：各本作"駁爭"。殿本《考證》謂《太平御覽》作"駁易"。趙幼文《校箋》謂《北堂書鈔》卷六〇，《太平御覽》卷二一四、卷二一九引"爭"字俱作"易"。今據趙引改。

[11] 文和：鄭沖字文和。

[12] 四窗：各本皆作"四窗"，本書卷二八《諸葛誕傳》裴注引《世語》作"四聰"，校點本即據以改"窗"爲"聰"。蕭常《續後漢書》亦據《通鑑》改"窗"爲"聰"。其實二字相通，不必更改。徐紹楨《質疑》云："《文選·東京賦》'八達九房'，薛注八達謂室有八窗也。是對'八達'而言，亦當作'四窗'。明堂八聰四達，正謂窗也。《釋名·釋宮室》云：'窗，聰也。於内窺外爲聰明也。'陳《志》作'四窗'，無煩改易。然《諸葛誕傳》注引《世語》亦作'四聰'，則二字古自通用矣。"今從徐説，仍作"四窗"。

[13] 帝疾之：趙幼文《校箋》謂《群書治要》卷二六引"疾"上有"深"字。

[14] 中書郎：官名。即中書侍郎。魏文帝黃初初，置中書監、令，下設通事郎，掌詔草，後又增設中書侍郎，亦稱中書郎，亦掌詔草。第五品。

[15] 名如：趙幼文《校箋》謂《初學記》卷一一、《太平御覽》卷二〇〇引"名"上有"有"字。

[16] 案常：趙幼文《校箋》謂《白孔六帖》卷四三引作"責實"。

[17] 敷奏以言：《尚書·堯典》："敷奏以言，明試以功。"孔傳："敷，陳；奏，進也。"

[18] 太中大夫：官名。秩千石，第七品。掌顧問應對，參謀

議政。

　　［19］黃門：即黃門侍郎。

　　［20］才不中器：呂思勉云：“物必成器，然後有用，才不中器，則直爲無用之材矣。”（呂思勉：《讀史札記》，上海古籍出版社1982年版，第727頁）

　　［21］奉車都尉：官名。秩比二千石，第六品，掌皇帝車輿。無定員，或爲加官。

　　［22］亭侯：各本皆作“高亭侯”。潘眉《考證》云：“‘高’字宜衍，‘高’‘亭’字相近，訛複也。”校點本即從潘説删“高”字。今從之。

　　［23］正元：魏少帝高貴鄉公曹髦年號（254—256）。

　　［24］驃騎將軍：官名。東漢時位比三公，地位尊崇。魏、晋沿置，居諸名號將軍之首，僅作爲將軍名號，加授大臣、重要州郡長官，無具體職掌，二品。開府者位從公，一品。

　　［25］進爵封：吳金華《〈三國志〉待質録》謂“爵封”兩字當有一衍。　容城：縣名。治所在今河北容城縣北。

　　［26］甘露：魏少帝高貴鄉公曹髦年號（256—260）。

　　［27］泰始：晋武帝司馬炎年號（265—274）。

　　［28］咸寧：晋武帝司馬炎年號（275—280）。

　　［29］淡泊：殿本“泊”字作“薄”，百衲本、盧弼《集解》本、校點本作“泊”。今從百衲本等。

　　［30］動：殿本作“勤”，百衲本、盧弼《集解》本、校點本作“動”。今從百衲本等。

　　［31］同郡張華：《晋書》卷三六《張華傳》云：“張華字茂先，范陽方城人也。父平，魏漁陽郡守。華少孤貧，自牧羊，同郡盧欽見而器之。”按，魏文帝黃初中改涿郡爲范陽郡，晋因之，故稱同郡。

　　［32］多聞：百衲本作“名聞”，殿本、盧弼《集解》本、校點本作“多聞”。今從殿本等。

[33] 太子舍人：官名。晋朝置十六員，第七品，職比散騎、中書侍郎，掌文章書記，初隸太子太傅、少傅，後隸太子詹事。

[34] 國子博士：學官名。西晋武帝咸寧中立國子學，置一員，以教授生徒儒學，取履行清淳、通明典義者爲之，若散騎常侍、中書侍郎、太子中庶子以上，乃得召試，並應對殿堂，備咨詢顧問，隸國子祭酒。地位高於太學博士。

[35] 祭酒：官名。此指國子祭酒，國子學之長官，掌教授生徒儒學，主管國子學，參議禮制，隸太常。

[36] 永平：晋惠帝司馬衷年號（291）。　秘書監：官名。魏文帝初，置爲秘書署長官，秩六百石，第三品。掌管藝文圖籍。初屬少府，魏明帝時王肅任此職，上表諫不應屬少府，後遂不屬。晋武帝以秘書併入中書省，罷此職。晋惠帝永平元年復置，爲秘書寺長官，綜理經籍，考校古今，課試署吏，統著作局，掌國史修撰並管理中外三閣圖書。仍爲三品。

[37] 尚書：官名。西晋初置吏部、三公、客曹、駕部、屯田、度支六曹尚書，秩皆六百石，第三品。其中吏部職要任重，徑稱吏部尚書，其餘諸曹均稱尚書。

[38] 清出：殿本作“清飭”，百衲本、盧弼《集解》本、校點本作“清出”。今從百衲本等。

[39] 諶別傳：沈家本《三國志注所引書目》謂《隋書·經籍志》《舊唐書·經籍志》《新唐書·藝文志》皆不著録。

[40] 從事中郎：官名。三國時三公府、將軍府皆置。爲屬吏。秩六百石，第六品。其職依時、依府而異，或爲主吏，或分掌諸曹，或掌機密，或參謀議，地位較高。員不定。晋制，領兵之公府置，故常帶將軍號，公及位從公以上加兵者置二人。

[41] 段末波：鮮卑人。屬聚居遼西地區的段部鮮卑。

[42] 永和：晋穆帝司馬聃年號（345—356）。

[43] 胡中：各本皆作“胡胡中”。梁章鉅《旁證》云：“兩‘胡’字，衍一字。”校點本即從梁說删一“胡”字。今從之。沈

家本《瑣言》又云："'卒于胡'句絕，'胡中'下屬，非衍。"此説亦通。

評曰：桓階識覩成敗，才周當世。陳羣動仗名義，有清流雅望；泰弘濟簡至，允克堂構矣。[1]魏世事統臺閣，重內輕外，故八座尚書，[2]即古六卿之任也。[3]陳、徐、衞、盧，久居斯位，矯、宣剛斷骨鯁，臻、毓規鑒清理，咸不忝厥職云。

[1] 允克堂構：謂陳泰能承繼其父祖之遺業。《尚書·大誥》："若考作室，既底法，厥子乃弗肯堂，矧肯構?"孔傳："以作室喻治政也。父已致法，子乃不肯爲堂基，況肯構立屋乎?"後因以堂構比喻祖先之遺業。

[2] 八座：東漢稱尚書令、僕射及六曹尚書爲八座，魏仍稱尚書令、左右僕射及五曹尚書爲八座。

[3] 古六卿：僞《古文尚書》以冢宰、司徒、宗伯、司馬、司寇、司空爲六卿，謂"六卿分職，各率其屬"。

三國志 卷二三

魏 書 二 十 三

和常楊杜趙裴傳第二十三

　　和洽字陽士，汝南西平人也。[1]舉孝廉，[2]大將軍辟，[3]皆不就。袁紹在冀州，[4]遣使迎汝南士大夫。洽獨以“冀州土平民彊，[5]英桀所利，四戰之地。本初乘資，[6]雖能彊大，然雄豪方起，[7]全未可必也。荊州劉表無他遠志，[8]愛人樂士，土地險阻，山夷民弱，易依倚也”。遂與親舊俱南從表，表以上客待之。[9]洽曰：“所以不從本初，辟爭地也。昏世之主，不可黷近，[10]久而阽危，〔一〕必有讒慝閒其中者。”遂南度武陵。[11]

　　〔一〕臣松之案《漢書·文紀》曰“阽於死亡”，《食貨志》曰“阽危若是”，注曰：“阽音鹽，如屋簷，近邊欲墮之意也。”[12]一曰“臨危曰阽”。

　　[1] 汝南：郡名。治所平輿縣，在今河北平輿縣北。　西平：

縣名。治所在今河南西平縣西。

[2] 孝廉：漢代選拔官吏的主要科目。孝指孝子，廉指廉潔之士。原本爲二科，後混同爲一科，也不再限於孝子和廉士。東漢後期定制爲不滿四十歲者不得察舉；被舉者先詣公府課試，以觀其能。郡國每年要向中央推舉一至二人。

[3] 大將軍：官名。東漢時常兼録尚書事，與太傅、太尉等共同主持政務。漢末位在三公上。

[4] 冀州：東漢末州牧刺史治所常設在鄴，在今河北臨漳縣西南鄴鎮東一里半。

[5] 民彊：殿本作“兵强”，百衲本、盧弼《集解》本、校點本作“民彊”。今從百衲本等。

[6] 本初：袁紹字本初。

[7] 方起：殿本作“四起”，百衲本、盧弼《集解》本、校點本作“方起”。今從百衲本等。

[8] 荆州：刺史治所本在漢壽縣，在今湖南常德市東北。劉表爲刺史，移治所於襄陽縣，在今湖北襄陽市。

[9] 上客：殿本“客”字作“賓”，今從百衲本、盧弼《集解》本、校點本作“客”。

[10] 黷：殿本作“乘”，今從百衲本、盧弼《集解》本、校點本作“黷”。

[11] 武陵：郡名。治所臨沅縣，在今湖南常德市。

[12] 欲：殿本作“易”，今從百衲本、盧弼《集解》本、校點本作“欲”。

　　太祖定荆州，辟爲丞相掾屬。[1]時毛玠、崔琰並以忠清幹事，其選用先尚儉節。洽言曰：“天下大器，在位與人，不可以一節（儉）〔檢〕也。[2]儉素過中，自以處身則可，以此節格物，[3]所失或多。今朝廷之議，吏有著新衣、乘好車者，謂之不清；長吏過營，[4]形容不飾，衣裘敝壞者，[5]謂之廉潔。至令士大夫故汙辱其衣，藏其輿服；朝府大吏，或自挈壺餐以入官寺。[6]夫立教觀俗，貴處中庸，[7]爲可繼也。今崇一概難堪之行以檢殊塗，勉而爲之，必有疲瘁。古之大教，務在通人情而已。凡激詭之行，則容隱僞矣。"〔一〕

〔一〕孫盛曰：昔先王御世，觀民設教，雖質文因時，損益代用，至於車服禮秩，貴賤等差，其歸一揆。魏承漢亂，風俗侈泰，誠宜仰思古制，訓以約簡，使奢不陵肆，儉足中禮，進無蜉蝣之刺，[8]退免採莫之譏；[9]如此則治道隆而頌聲作矣。夫矯枉過正則巧僞滋生，以克訓下則民志險隘，非聖王所以陶化民物，[10]閑邪存誠之道。和洽之言，於是允矣。

[1]丞相掾屬：官名。丞相府之屬吏。丞相府設有諸曹，如東曹、戶曹、金曹、兵曹等。掾爲曹長，屬爲副貳。

[2]檢：各本皆作"儉"。錢大昭《辨疑》云："下文云'今從一概難堪之行以檢殊塗'，即此意。'儉'當作'檢'。"校點本即據錢説改"儉"爲"檢"。今從之。

[3]此節：盧弼《集解》謂《通鑑》無"節"字。趙幼文《校箋》謂《群書治要》卷二六、《通典·選舉二》引俱無"節"字。考"此"字即指儉而言，無庸重贅"節"字也。 格物：糾正人之行爲。

[4]長吏：泛指上級長官。

[5]敝：百衲本作"獘"，殿本作"弊"，盧弼《集解》本、校點本作"敝"。按，三字同，今從《集解》本等。《玉篇·㡀部》："敝，壞也，敗也。或作'獘'。"

[6]壺餐：用壺盛的湯飯或其他熟食。

[7] 中庸：胡三省云："中者，正道；庸者，常道。程子曰：不偏之謂中，不易之謂庸。"（《通鑑》卷六六漢獻帝建安十四年注）

[8] 蜉蝣：《詩·曹風》篇名。其序云："蜉蝣，刺奢也。昭公國小而迫，無法以自守。好奢而任小人，將無所依焉。"

[9] 採莫：指《詩·魏風·汾沮洳》篇。其首章云："彼汾沮洳，言采其莫。"其序云："汾沮洳，刺儉也。其君儉以能勤，刺不得禮也。"

[10] 民物：趙幼文《校箋》謂《群書治要》卷二六引"民"字作"萬"。

魏國既建，爲侍中。[1]後有白毛玠謗毀太祖，太祖見近臣，怒甚。洽陳玠素行有本，求案實其事。罷朝，太祖令曰："今言事者白玠不但謗吾也，乃復爲崔琰觖望。[2]此（損）〔捐〕君臣恩義，[3]妄爲死友怨歎，[4]殆不可忍也。昔蕭、曹與高祖並起微賤，[5]致功立勳。高祖每在屈笮，[6]二相恭順，臣道益彰，所以祚及後世也。和侍中比求實之，所以不聽，欲重參之耳。"洽對曰："如言事者言，玠罪過深重，非天地所覆載。臣非敢曲理玠以枉大倫也，[7]以玠出羣吏之中，特見拔擢，顯在首職，[8]歷年荷寵，剛直忠公，爲衆所憚，不宜有此。然人情難保，要宜考覈，兩驗其實。今聖恩垂含垢之仁，不忍致之于理，更使曲直之分不明，疑自近始。"太祖曰："所以不考，欲兩全玠及言事者耳。"洽對曰："玠信有謗主之言，[9]當肆之市朝；[10]若玠無此，言事者加誣大臣以誤主聽；二者不加檢覈，臣竊不安。"太祖曰："方有軍事，安可受人言便考之邪？

狐射姑剌陽處父於朝，[11]此爲君之誡也。”

太祖克張魯，洽陳便宜以時拔軍徙民，可省置守之費。太祖未納，其後竟徙民棄漢中。[12]出爲郎中令。[13]文帝踐阼，爲光禄勳，[14]封安城亭侯。[15]明帝即位，進封西陵鄉侯，邑二百戶。

太和中，[16]散騎常侍高堂隆奏：[17]“時風不至，而有休廢之氣，[18]必有司不勤職事以失天常也。”詔書謙虛引咎，博諮異同。洽以爲“民稀耕少，浮食者多。[19]國以民爲本，民以穀爲命。故費一時之農，[20]則失育命之本。是以先王務躝煩費，以專耕農。自春夏以來，民窮於役，農業有廢，百姓囂然，時風不至，未必不由此也。消復之術，莫大於節儉。太祖建立洪業，奉師徒之費，供軍賞之用，吏士豐於資食，倉府衍於穀帛，由不飾無用之宮，絶浮華之費。方今之要，固在息省勞煩之役，損除他餘之務，[21]以爲軍戎之儲。三邊守禦，宜在備豫。料賊虛實，蓄士養眾，算廟勝之策，明攻取之謀，詳詢衆庶以求厥中。若謀不素定，輕弱小敵，軍人數舉，舉而無庸，[22]所謂‘悦武無震’，[23]古人之誡也。”

轉爲太常，[24]清貧守約，至賣田宅以自給。明帝聞之，加賜穀帛。薨，謚曰簡侯。子（禽）〔离〕嗣。[25]（禽）〔离〕音離。（禽）〔离〕弟（適）〔逌〕，[26]才爽開濟，官至廷尉、吏部尚書。〔一〕[27]

〔一〕《晋諸公贊》曰：和嶠字長輿，（適）〔逌〕之子也。

少知名，以雅重稱。[28]常慕其舅夏侯玄之爲人，厚自封植，巍然不羣。於黃門郎遷中書令，[29]轉尚書。[30]愍懷太子初立，[31]以嶠爲少保，[32]加散騎常侍。家産豐富，擬於王公，而性至儉吝。嶠同母弟郁，素無名，嶠輕侮之，以此爲損。卒於官，贈光禄大夫。[33]郁以公彊當世，致位尚書令。[34]

[1] 侍中：官名。秩比二千石。職掌門下衆事，侍從左右，顧問應對。漢靈帝時置侍中寺，不再隸屬少府。獻帝時定員六人，與給事黃門侍郎出入禁中，近侍帷幄，省尚書事。

[2] 觖（jué）望：怨望。因不滿而怨恨。《史記》卷九三《盧綰列傳》：“欲王盧綰，爲群臣觖望。”《索隱》：“服虔音決。觖望猶怨望也。”

[3] 捐：各本作“損”。盧弼《集解》云：“《通鑑》‘損’作‘捐’。”按，此見《通鑑》卷六七《漢紀》建安二十一年。趙幼文《校箋》云：“作‘捐’字是。捐，棄也。”今從盧、趙説據《通鑑》改。

[4] 死友：交情深厚，至死不變之朋友。

[5] 蕭曹：指蕭何、曹參。與漢高祖劉邦在秦末皆爲下級官吏。劉邦爲亭長，蕭何爲沛縣主吏，曹參爲獄掾。後隨劉邦起兵，皆有功，封侯。劉邦建立漢王朝後，蕭何、曹參又相繼爲相國。（見《史記》卷五四《曹相國世家》）

[6] 屈笮（zé）：困厄。

[7] 大倫：人與人關係之大準則。《孟子·公孫丑下》：“内則父子，外則君臣，人之大倫也。”

[8] 首職：此時毛玠爲尚書僕射。

[9] 謗主：殿本、校點本作“謗上”，百衲本、盧弼《集解》本作“謗主”。蕭常《續後漢書》亦作“謗主”。今從百衲本等。

[10] 肆之市朝：謂執行死刑後陳屍示衆，或陳於朝廷，或陳

於市集。

[11] 狐射（yè）姑：春秋時晉臣。《春秋·文公六年》：“晉殺其大夫陽處父。晉狐射姑出奔狄。”《公羊傳》：“君將使射姑將，陽處父諫曰：‘射姑，民衆不説，不可使將。’於是廢將。陽處父出，射姑入，君謂射姑曰：‘陽處父言：射姑，民衆不説，不可使將。’射姑怒，出刺陽處父於朝而走。”

[12] 漢中：郡名。治所南鄭縣，在今陝西漢中市東。

[13] 出：盧弼《集解》云：“和洽由侍中爲郎中令，仍居宿衛，不得云‘出’。” 郎中令：官名。秦朝置郎中令，漢初沿置，漢武帝時改稱光禄勳，爲九卿之一，秩中二千石。掌宿衛宮殿門户及侍從左右。建安十八年（213）曹操爲魏公建魏國，又置郎中令，黄初元年（220）又改稱光禄勳，第三品。

[14] 光禄勳：官名。秩中二千石，第三品。掌宿衛宮殿門户，朝會則皆禁止，及主諸郎之在殿中侍衛者。

[15] 亭侯：爵名。漢制，列侯大者食縣邑，小者食鄉、亭。東漢後期遂以食鄉、亭者稱爲鄉侯、亭侯。曹魏因之。

[16] 太和：魏明帝曹叡年號（227—233）。

[17] 散騎常侍：官名。秩比二千石，第三品。爲門下重職，侍從皇帝左右，諫諍得失，應對顧問，與侍中等共平尚書奏事，有異議得駁奏。

[18] 休廢：猶衰敗。

[19] 浮食：盧弼《集解》本作“人食”，百衲本、殿本、校點本作“浮食”。今從百衲本等。

[20] 費：殿本、盧弼《集解》本、校點本作“費”，百衲本作“廢”。今從殿本等。

[21] 他餘：吳金華《校詁》云：“猶今語‘其他’‘其餘’，同義之字平列。”又按此句之“損除”應作“捐除”，因無文獻依據，故不改字。

[22] 無庸：無功。

[23]悦武無震：徐紹楨《質疑》云："作'悦'者，蓋'閲'之假借，悦、閲並從兑聲，故可相通。《左傳·昭公七年》'南宫説'，《禮記·檀弓》作'南宫閲'，説、悦亦古通用。"按徐説有理。《國語·周語上》："先王耀德不觀兵。夫兵戢而時動，動則威，觀則玩，玩則無震。"閲武即觀兵。"悦武無震"，蓋概括《國語》之意。

[24]太常：官名。秩中二千石，第三品。掌禮儀祭祀，選試博士。

[25]离：各本皆作"禽"。梁章鉅《旁證》謂"禽"當作"离"，蓋字形相近而誤，注中音"離"可證。校點本即從梁説改。今從之。

[26]逌（yóu）：各本皆作"適"。陳景雲《辨誤》云："'適'當作'逌'，注同。《三少帝紀》甘露二年帝臨辟雍賦詩，侍中和逌等作詩稽留，即其人也。又《晉書·和嶠傳》亦可考。"校點本即從陳説改。今從之。

[27]廷尉：官名。秩中二千石，第三品。掌司法刑獄。　吏部尚書：官名。尚書臺（省）吏部曹長官，主管官吏銓選考課等，第三品，位居列曹尚書之上。

[28]雅重：趙幼文《校箋》謂《世説新語·方正篇》注引"重"字作"量"。

[29]黄門郎：官名。即給事黄門侍郎，秩六百石，第五品。掌侍從皇帝左右，關通中外，與侍中俱出入宫中，近侍帷幄，省尚書奏事。　中書令：官名。西晉承魏制，置中書令，仍三品，掌傳達皇帝旨意，貴重尤甚，雖資位遜於尚書令，實權則過之。入選者多文學之士，常以宰相、諸公兼領。

[30]尚書：官名。西晉初置吏部、三公、客曹、駕部、屯田、度支六曹尚書，其中吏部職要任重，徑稱吏部尚書，其餘諸曹均稱尚書。秩皆六百石，第三品。

[31]愍懷太子：司馬遹。晉惠帝長子。惠帝即位即立爲太子，後被賈后所廢，又加殺害。及賈后被廢後，册命遹復爲太子，諡曰

愍懷。（見《晉書》卷五三《愍懷太子傳》）

　　[32] 少保：官名。指太子少保。晉惠帝時置，爲東宮三少之一，尊稱“宮保”。位居太子少師、少傅下。職掌、品秩同少師，皆掌輔導太子，第三品。

　　[33] 光祿大夫：官名。西晉時位在諸卿上，第三品，多授予年老有病的致仕官員，無具體職掌。

　　[34] 尚書令：官名。曹魏時仍爲尚書臺長官，第三品，不再隸屬少府。仍掌奏、下尚書曹文書衆事，選用署置官吏；總典臺中綱紀法度，無所不統。後又綜理萬機，決策出令。

　　　洽同郡許混者，許劭子也。清醇有鑒識，明帝時爲尚書。[一][1]

　　[一] 劭字子將。《汝南先賢傳》曰：[2] 召陵謝子微，[3] 高才遠識，見劭年十八時，乃歎息曰：“此則希世出衆之偉人也。”劭始發明樊子昭於鬻幘之肆，出虞永賢於牧豎，[4] 召李淑才鄉閭之間，[5] 擢郭子瑜鞍馬之吏，援楊孝祖，舉和陽士，茲六賢者，皆當世之令懿也。其餘中流之士，或舉之於淹滯，或顯之乎童齒，莫不賴劭顧歎之榮。[6] 凡所拔育，顯成令德者，不可殫記。其探摘偽行，抑損虛名，則周之單襄，[7] 無以尚也。劭宗人許栩，沉没榮利，致位司徒。舉宗莫不葡匐栩門，承風而驅，官以賄成，惟劭不過其門。廣陵（徐孟本）[徐孟玉]來臨汝南，[8] 聞劭高名，請爲功曹。[9] 饕餮放流，絜士盈朝。袁紹公族好名，爲濮陽長，[10] 棄官來還，有副車從騎，將入郡界，紹乃歎曰：[11]“吾之輿服，豈可使許子將見之乎？”遂單車而歸。辟公府掾，[12] 拜鄢陵令，[13] 方正徵，[14] 皆不就。避亂江南，[15] 所歷之國，必翔而後集。[16] 終于豫章，[17] 時年四十六。有子曰混，顯名魏世。

[1] 尚書：官名。曹魏置吏部、左民、客曹、五兵、度支等五曹尚書，秩皆六百石，第三品。其中吏部職要任重，徑稱爲吏部尚書，其餘諸曹均稱尚書。

[2] 汝南先賢傳：《隋書·經籍志》史部雜傳類著錄《汝南先賢傳》五卷，魏周斐撰。《舊唐書·經籍志》則著錄《汝南先賢傳》三卷，周裴（當爲"斐"）撰。《新唐書·藝文志》又著錄周斐《汝南先賢傳》五卷。趙幼文《校箋》則謂《世説新語·賞譽篇》注引作"海內先賢傳"。

[3] 召陵：縣名。治所在今河南郾城縣東。

[4] 虞永賢：趙幼文《校箋》謂《世説新語·賞譽篇》注引"永"字作"承"。

[5] 淑：殿本、盧弼《集解》本作"叔"，百衲本、校點本作"淑"。今從百衲本等。

[6] 顧歆：盧弼《集解》本作"顧采"，百衲本、殿本、校點本作"顧歆"。今從百衲本等。

[7] 單襄：即單襄公。《國語·周語中》韋昭注謂單襄公即周卿士單朝。《國語·周語中》載，周定王使單襄公借道陳國去訪問楚國，在經陳國途中，單朝見到各種荒廢衰敗景象，回朝後向周定王説："陳侯如不遭凶災，國家也會滅亡。"並詳細分析其緣由。兩年後，陳靈公被夏徵舒殺害，次年楚國又攻入陳國。

[8] 廣陵：郡名。東漢治所廣陵縣，在今江蘇揚州市西北蜀岡上。 徐孟玉：各本皆作"徐孟來"。《後漢書》卷四八《徐璆傳》謂"徐璆字孟玉，廣陵海西人"；"遷汝南太守，轉東海相，所在化行"。校點本即據《徐璆傳》改"孟來"爲"孟玉"。今從之。

[9] 請爲功曹：《世説新語·賞譽篇》注引作"召功曹"。徐震堮《校箋》云："召，沈校本作'辟'，是。'召'蓋'辟'之壞字。"按，功曹，官名。漢代郡太守下設功曹史，簡稱功曹，爲郡太守之佐吏，除分掌人事外，並得參與一郡之政務。

[10] 濮陽：縣名。治所在今河南濮陽縣西南。

[11] 乃歎曰："歎曰"以下語，趙幼文《校箋》謂《世説新語·賞譽篇》注引作"許子將秉持清格，豈可以吾輿服見之邪"。

[12] 掾：官名。屬官之統稱。漢代三公府及其他重要官府皆置掾，分曹治事，掾爲曹長。

[13] 鄢陵：縣名。治所在今河南鄢陵縣西北。

[14] 方正：漢代選舉人才科目之一，多與賢良並稱爲賢良方正。

[15] 避亂：趙幼文《校箋》謂《世説新語·賞譽篇》注引"亂"字作"地"。

[16] 翔而後集：《論語·鄉黨》："色斯舉矣，翔而後集。"何晏《集解》："周曰：回翔審觀而後下止。"

[17] 豫章：郡名。治所南昌縣，在今江西南昌市。

常林字伯槐，河内温人也。[1]年七歲，有父黨造門，問林："伯先在否？[2]汝何不拜！"林曰："雖當下客，臨子字父，何拜之有？"於是咸共嘉之。〔一〕太守王匡起兵討董卓，[3]遣諸生於屬縣微伺吏民罪負，便收之，考責錢穀贖罪，稽遲則夷滅宗族，以崇威嚴。林叔父摘客，[4]爲諸生所白，匡怒收治。舉宗惶怖，不知所責多少，懼繫者不救。林往見匡同縣胡母彪曰："王府君以文武高才，[5]臨吾鄢郡。鄢郡表裏山河，土廣民殷，又多賢能，惟所擇用。今主上幼沖，賊臣虎據，[6]華夏震慄，雄才奮用之秋也。若欲誅天下之賊，扶王室之微，智者望風，應之若響，克亂在和，何征不捷？苟無恩德，任失其人，覆亡將至，何暇匡翼朝廷，崇立功名乎？君其藏之！"因説叔父見拘之意。彪即書責匡，匡原林叔父。林乃避地上黨，[7]耕種山阿。當時旱蝗，林獨豐收，盡呼比鄰，升斗分之。依故河間太守陳延壁。[8]陳、馮二姓，舊族冠冕。張楊利其婦女，貪其資貨。林率其宗族，爲之策謀。見圍六十餘日，卒全堡壁。

〔一〕《魏略》曰：林少單貧。雖貧，自非手力，不取之於人。[9]性好學，漢末爲諸生，帶經耕鉏。其妻常自〔擔〕餽餉之，[10]林雖在田野，其相敬如賓。

[1] 河內：郡名。治所懷縣，在今河南武陟縣西南。　溫：縣名。治所在今河南溫縣西南。

[2] 問林：趙幼文《校箋》謂《太平御覽》卷三八四、卷五四二引“林”下有“曰”字。　伯先：梁章鉅《旁證》云：“伯先是常林父字，其名無可考。”

[3] 王匡：其事見本書卷一《武帝紀》初平元年及裴注引《英雄記》、謝承《後漢書》。

[4] 客：投靠豪强的依附者。

[5] 府君：對太守之尊稱。

[6] 賊臣：指董卓。

[7] 上黨：郡名。漢代治所長子縣，在今山西長子縣西南。東漢末移治所於壺關，在今山西長治市北。

[8] 河間：郡名。治所樂成縣，在今河北獻縣東南。　壁：塢壁。用以防禦自衛的土障。東漢末戰亂時，豪强多聚族而居，築塢壁以自衛。

[9] 自非手力不取之於人：趙幼文《校箋》謂《北堂書鈔》卷九七引“力”下有“作”字，“不”下有“敢”字。按，《北堂書鈔》引實無“作”字與“敢”字。

[10] 自擔：各本皆無“擔”字。盧弼《集解》謂《北堂書

鈔》卷九七引"自"下有"擔"字。趙幼文《校箋》謂《太平御覽》卷四三二、卷四八九引"自"下有"擔"字。按，《北堂書鈔》引實無"擔"字。今從趙說增。

并州刺史高幹表爲騎都尉，[1]林辭不受。後刺史梁習薦州界名士林及楊俊、王淩、王象、荀緯，太祖皆以爲縣長。林宰南和，[2]治化有成，超遷博陵太守、幽州刺史，[3]所在有績。文帝爲五官將，[4]林爲功曹。[5]太祖西征，[6]田銀、蘇伯反，[7]幽、冀扇動。文帝欲親自討之，[8]林曰："昔忝博陵，又在幽州，賊之形勢，可料度也。北方吏民，樂安厭亂，服化已久，守善者多。銀、伯犬羊相聚，智小謀大，不能爲害。方今大軍在遠，外有彊敵，將軍爲天下之鎮也，[9]輕動遠舉，雖克不武。"文帝從之，遣將往伐，[10]應時克滅。

出爲平原太守、魏郡東部都尉，[11]入爲丞相東曹屬。[12]魏國既建，拜尚書。文帝踐阼，遷少府，[13]封樂陽亭侯，〔一〕轉大司農。[14]明帝即位，進封高陽鄉侯，徙光禄勳、太常。晋宣王以林鄉邑耆德，[15]每爲之拜。或謂林曰："司馬公貴重，君宜止之。"[16]林曰："司馬公自欲敦長幼之敍，爲後生之法。[17]貴非吾之所畏，拜非吾之所制也。"言者踧踖而退。〔二〕[18]時論以林節操清峻，欲致之公輔，而林遂稱疾篤。拜光禄大夫。[19]年八十三，薨，追贈驃騎將軍，[20]葬如公禮，謚曰貞侯。子旹嗣，[21]爲泰山太守，[22]坐法誅。旹弟靜紹封。〔三〕

　　〔一〕《魏略》曰：林性既清白，當官又嚴。少府寺與鴻臚對門，[23]時崔林爲鴻臚。[24]崔性閎達，[25]不與林同，數數聞林撾吏聲，不以爲可。林夜撾吏，不勝痛，[26]叫呼敎敎徹曙。明日，崔出門，與林車相遇，乃喟林曰："聞卿爲廷尉，爾邪？"林不覺，答曰："不也。"崔曰："卿不爲廷尉，昨夜何故考囚乎？"林大慚，然不能自止。

　　〔二〕《魏略》曰：初，林少與司馬京兆善。[27]太傅每見林，[28]輒欲跪。林止之曰："公尊貴矣，止也！"及司徒缺，[29]太傅有意欲以林補之。案《魏略》此語，與本傳反。臣松之以爲林之爲人，不畏權貴者也。論其然否，謂本傳爲是。

　　〔三〕案《晉書》，諸葛誕反，大將軍東征，[30]皆坐稱疾，爲司馬文王所誅。[31]

　　《魏略》以林及吉茂、沐並、時苗四人爲《清介傳》。

　　吉茂字叔暢，馮翊池陽人也，[32]世爲著姓。好書，不恥惡衣惡食，而恥一物之不知。建安初，[33]關中始平，[34]茂與扶風蘇則共入武功南山，[35]隱處精思數歲。州舉茂才，[36]除臨汾令，[37]居官清静，吏民不忍欺。轉爲武德侯庶子。[38]二十二年，[39]坐其宗人吉本等起事被收。先是科禁内學及兵書，[40]而茂皆有，匿不送官。及其被收，不知當坐本等，顧謂其左右曰："我坐書也。"會鍾相國證茂、本服第已絶，[41]故得不坐。後以茂爲武陵太守，不之官。轉酇相，[42]以國省，拜議郎。[43]景初中病亡。[44]自茂修行，從少至長，冬則被裘，夏則短褐，[45]行則步涉，食則茨藿，[46]臣役妻子，室如懸磬。[47]其或饋遺，一不肯受。雖不以此高人，亦心疾不義而貴且富者。先時國家始制九品，[48]各使諸郡選置中正，[49]差敍自公卿以下，至于郎吏，功德材行所任。茂同郡護羌校尉王琰，[50]前數爲郡守，不名爲清白。而琰子嘉仕歷諸縣，亦復爲通人。嘉時還爲散騎郎，[51]馮翊郡移嘉爲中正。嘉敍茂雖在上第，[52]而狀甚下，[53]云："德優能少。"茂愠曰："痛乎，我效汝父子冠幘劫人邪！"初，茂同產兄黃，以十二年中從公府掾爲長陵令。[54]是時科禁長吏擅去官，而黃聞司徒趙溫薨，自以爲故吏，違科奔喪，爲司隸鍾繇所收，[55]遂伏法。茂時爲白衣，始有清名於三輔，[56]以爲兄坐追義而死，怨怒不肯哭。至歲終，縣舉茂。議者以爲茂必不就，及舉既到而茂就之，故時人或以茂爲畏縣，或以茂爲髦士也。[57]

沐並字德信，河間人也。少孤苦，袁紹父子時，始爲名吏。[58]有志介，[59]嘗過姊，姊爲殺雞炊黍而不留也。然爲人公果，不畏彊禦，丞相召署軍謀掾。[60]黃初中，[61]爲成皋令。[62]校事劉肇出過縣，[63]遣人呼縣吏，求索棗穀。[64]是時蝗旱，官無有見。未辦之間，肇人從入並之閤下，呴呼罵吏。[65]並怒，因躡履提刀而出，[66]多從吏卒，[67]欲收肇。肇覺知驅走，具以狀聞。有詔："肇爲牧司爪牙吏，[68]而並欲收縛，無所忌憚，自恃清名邪？"遂收欲殺之。（肇）髡決，[69]減死，刑竟復吏，由是放散十餘年。至正始中，[70]爲三府長史。[71]時吳使朱然、諸葛瑾攻圍樊城，[72]遣船兵於峴山東斫材牂柯，[73]人兵作食，[74]有先熟者呼後熟者，言："共食來。"後熟者答言："不也。"呼者曰："汝欲作沐德信邪？"其名流布，播於異域如此。雖自華夏，[75]不知者以爲前世人也。爲長史八年，晚出爲濟陰太守，[76]召還，拜議郎。年六十餘，自慮身無常，豫作終制，戒其子以儉葬，曰："告雲、儀等：[77]夫禮者，生民之始教，而百世之中庸也。故力行者則爲君子，不務者終爲小人，然非聖人莫能履其從容也。是以富貴者有驕奢之過，而貧賤者譏於固陋，於是養生送死，苟竊非禮。[78]由斯觀之，陽虎璵璠，[79]甚於暴骨；桓魋石椁，[80]不如速朽。此言儒學撥亂反正、鳴鼓矯俗之大義也，未是夫窮理盡性、陶冶變化之實論也。[81]若能原始要終，以天地爲一區，萬物爲芻狗，[82]該覽玄通，求形景之宗，同禍福之素，一死生之命，吾有慕於道矣。夫道之爲物，惟恍惟忽，[83]壽爲欺魄，[84]夭爲鳬沒，[85]身淪有無，與神消息，含悅陰陽，甘夢太極。奚以棺槨爲牢，衣裳爲（纏）〔經〕？[86]屍繫地下，長幽桎梏，豈不哀哉！昔莊周闊達，無所適莫；[87]又楊王孫裸體，[88]貴不久（容）〔客〕耳。[89]至夫末世，緣生怨死之徒，乃有含珠鱗柙，[90]玉牀象衽，殺人以狗；壙穴之內，[91]錮以紵絮，藉以蜃炭，[92]千載僵燥，託類神仙。於是大教陵遲，競於厚葬，謂莊子爲放蕩，以王孫爲戮屍，豈復識古有衣薪之鬼，而野有狐狸之毀乎哉？[93]吾以材質滓濁，汙於清流。昔忝國恩，歷試宰守。所在無效，代匠傷指，[94]狼跋首尾，[95]無以雪恥。如不可求，從吾所好。今年過耳順，[96]奄忽無常，苟得獲沒，即以吾身襲於王孫矣。上冀以贖市朝之逋罪，下以親道化之靈祖。顧爾幼昏，未知臧否，若將逐俗，抑廢吾志，私稱從令，未必爲孝；而犯魏顆聽治之賢，[97]爾爲棄父之命，誰或矜之！使死而有知，吾將屍視。”至嘉平中，[98]病甚。臨困，又敕豫掘埳。[99]戒氣絕，令二人舉屍即埳，絕哭泣之聲，止婦女之送，禁弔祭之賓，無設搏治粟米之奠。[100]又戒後亡者不得入藏，不得封樹。妻子皆遵之。

　　時苗字德胄，鉅鹿人也。[101]少清白，爲人疾惡。建安中，入丞相府。出爲壽春令，[102]令行風靡。揚州治在其縣，時蔣濟爲治中。[103]苗以初至往謁濟，濟素嗜酒，適會其醉，不能見苗。苗恚恨還，刻木爲人，署曰“酒徒蔣濟”，置之牆下，[104]旦夕射之。州郡雖知其所爲不恪，然以其履行過人，[105]無若之何。又其始之官，乘薄軬音飯。車，[106]黃牸牛，[107]布被囊。居官歲餘，牛生一犢。及其去，[108]留其犢，謂主簿曰：[109]“令來時本無此犢，[110]犢是淮南所生有也。”[111]羣吏曰：“六畜不識父，自當隨母。”苗不聽，時人皆以爲激，然由此名聞天下。還爲太官令，[112]領其郡中正，定九品，於敍人才不能寬，[113]然紀人之短，雖在久遠，銜之不置。如所忿蔣濟者，仕進至太尉，[114]濟不以苗前毀己爲嫌，苗亦不以濟貴更屈意。爲令數歲，不肅而治。遷典農中郎將。[115]

年七十餘，以正始中病亡也。

[1] 并州：刺史治所晋陽縣，在今山西太原市西南古城營西古城。　騎都尉：官名。屬光禄勳，秩比二千石，掌羽林騎兵。

[2] 南和：縣名。治所在今河北南和縣。

[3] 博陵：郡名。治所博陵縣，在今河北蠡縣南。　幽州：刺史治所薊縣，在今北京城西南。

[4] 五官將：即五官中郎將。漢代，主管五官郎，職掌宿衛殿門，出充車騎，屬光禄勳，不置僚屬，秩比二千石，漢末曹丕爲此官，置僚屬，並爲丞相之副。

[5] 功曹：官名。魏、晋除郡縣置功曹外，不開府將軍、太子二傅等亦置功曹，爲其僚屬。

[6] 西征：曹操西征馬超等在建安十六年（211）。見本書卷一《武帝紀》。

[7] 田銀蘇伯反：田銀、蘇伯反事又見本書卷九《曹仁傳》、卷一一《國淵傳》等。

[8] 親自：趙幼文《校箋》謂《册府元龜》卷七二〇引無"自"字，《季漢書》同。

[9] 天下之鎮：胡三省云："謂留守鄴也。"（《通鑑》卷六六漢獻帝建安十七年注）

[10] 遣將：本書卷一四《程昱傳》裴注引《魏書》謂遣賈信。

[11] 平原：郡名。治所平原縣，在今山東平原縣西南。　魏郡：治所鄴縣，在今河北臨漳縣西南鄴鎮東一里半。　都尉：官名。西漢時郡置都尉，輔佐郡守並掌本郡軍事。東漢廢除，僅在邊郡或關塞之地置都尉及屬國都尉，並漸漸分縣治民，職如太守。建安十八年曹操分魏郡爲東西兩部，亦分別置都尉以治之。

[12] 丞相東曹屬：官名。丞相府之屬吏，秩二百石，佐東曹掾典選舉。

[13] 少府：官名。秩中二千石。東漢時，掌宮中御衣、寶貨、珍膳等。魏、晋沿之，主要管理宮廷手工業。三品。

[14] 大司農：官名。秩中二千石，第三品。掌國家財政收支及諸郡縣管理屯田之典農官。

[15] 晋宣王：司馬懿。魏元帝咸熙初其子司馬昭爲晋王，追尊他爲晋宣王。　鄉邑：司馬氏亦河內溫縣人。　耆德：《太平御覽》卷二二八引作"耆老"。

[16] 宜止之：趙幼文《校箋》謂《初學記》卷一二、《太平御覽》卷二二八引"宜"下有"且"字。

[17] 爲後生之法：趙幼文《校箋》謂《初學記》《太平御覽》引"爲"上有"以"字。

[18] 踧（cù）踖（jí）：恭敬而不安的樣子。

[19] 光祿大夫：官名。秩比二千石，第三品，位次三公。無定員，無固定職守，相當於顧問。諸公告老及在朝重臣加此銜以示優重。

[20] 驃騎將軍：官名。東漢時位比三公，地位尊崇。魏、晋沿置，居諸名號將軍之首，僅作爲將軍名號，加授大臣、重要州郡長官，無具體職掌，二品。開府者位從公，一品。

[21] 旹：古"時"字。

[22] 泰山：郡名。治所奉高縣，在今山東泰安市東。

[23] 鴻臚：指大鴻臚寺。

[24] 鴻臚：即大鴻臚。官名。漢列卿之一，秩中二千石。掌少數民族君長、諸侯王、列侯之迎送、接待、安排朝會、封授、襲爵及奪爵削土之典禮；諸侯王死，則奉詔護理喪事，宣讀誄策諡號；百官朝會，掌贊襄引導；兼管京都之郡國邸舍及郡國上計吏之接待；又兼管少數民族之朝貢使節及侍子。三國沿之，魏爲三品。

[25] 崔性：趙幼文《校箋》謂《藝文類聚》卷四九引無"崔"字。

[26] 林夜撾吏不勝痛：趙幼文《校箋》謂《藝文類聚》引作"林嘗撾吏吏不勝痛"。

[27] 司馬京兆：指司馬懿之父司馬防。東漢時司馬防曾爲京兆尹。詳見本書卷一五《司馬朗傳》裴注引司馬彪《序傳》。

[28] 太傅：指司馬懿。司馬懿在少帝齊王芳正始中曾爲太傅。

[29] 司徒：官名。曹魏恢復三公制，改相國爲司徒，仍與太尉、司空爲三公，共同行使宰相職能，位次太尉。本職掌民政，第一品。

[30] 大將軍：指司馬昭。

[31] 司馬文王：即司馬昭。　誅：盧弼《集解》本作"誅"，百衲本、殿本、校點本作"法"。趙幼文《校箋》云："考傳文云'坐法誅'，疑作'誅'字爲是。"今從《集解》本。

[32] 馮（píng）翊（yì）：郡名。即左馮翊，漢代所謂"三輔"之一。馮翊原治所在高陵縣，在今陝西高陵縣西南。東漢獻帝"建安初，關中始開，詔分馮翊西數縣爲左内史郡，治高陵；以東數縣爲本郡，治臨晉"。（見本書卷二三《裴潛傳》裴注引《魏略》）臨晉縣在今陝西大荔縣。　池陽：縣名。治所在今陝西涇陽縣西北。

[33] 建安：漢獻帝劉協年號（196—220）。

[34] 關中：地區名。指函谷關以西之地。包括今陝西和甘肅、寧夏、内蒙古的部分地區。

[35] 扶風：郡名。治所槐里縣，在今陝西興平市東南。　武功：縣名。治所在今陝西扶風縣東南。

[36] 茂才：即秀才，東漢人避光武帝劉秀諱改，爲漢代薦舉人材科目之一。東漢之制，州牧刺史歲舉一人。三國沿之，或稱秀才。

[37] 臨汾：縣名。治所在今山西新絳縣東北晉城村。

[38] 庶子：官名。漢代列侯之家臣，管理列侯家事務。魏、晉沿置，兼攝祠祭。王國則置世子庶子。

[39] 二十二年：本書卷一《武帝紀》、《後漢書》卷九《獻帝紀》均謂二十三年正月吉本、耿紀等起事。

［40］内學：指讖緯之學。

［41］鍾相國：即鍾繇，時爲魏國相國。　服第：百衲本
"第"字作"弟"，今從殿本、盧弼《集解》本、校點本作"第"。
服第，謂喪服次第。古喪服制度，以親疏關係爲次第，有斬衰、齊
衰、大功、小功、緦麻五種，稱爲五服。五服之内雖已有近親、遠
親之别，但總算有親屬關係。如五服以外，則關係甚遠，甚至祇是
同姓而不是親屬。

［42］酇：縣名。治所在今河北永城縣西北酇城鎮。按本書卷
二〇《武文世王公傳》中山恭王袞建安二十二年曾封爲贊侯，黄初
四年（223）又封爲贊王。　相：官名。王國相，由朝廷直接委派，
執掌王國行政大權，相當於郡太守。侯國相，亦由朝廷直接委派，
相當於縣令、長。

［43］議郎：官名。魏、晉時，不再參議諫諍，爲後備官員。
秩六百石，第七品。品秩雖低，名義清高，即三品將軍、九卿亦有
拜之者。

［44］景初：魏明帝曹叡年號（237—239）。

［45］短褐：百衲本、殿本作"短褐"，盧弼《集解》本、校
點本作"裋褐"。今從百衲本等。《墨子·非樂上》："萬人不可衣
短褐。"孫詒讓《閒詁》："短褐，即'裋褐'之借字。"短褐，粗
布短衣。

［46］茨藿：粗食。茨、藿皆草名。

［47］懸磬：形容空無所有，極其貧窮。《國語·魯語上》：
"室如懸磬，野無青草。"

［48］九品：指曹魏施行之九品中正制，亦稱九品官人法。即
每郡設中正一人，負責品評本郡之士人，然後向吏部推薦，由吏部
任以官職。中正例由本郡之中央官兼任。其評人物品第共分九級，
即從一品至九品，類别僅分兩類，二品以上爲上品，三品及以下爲
卑品。詳情可參本書卷二一《傅嘏傳》"品狀"條注。

［49］選置：百衲本"選"字作"撰"，殿本、盧弼《集解》

本、校點本作"選"。按二字義通，今從殿本等。

[50] 護羌校尉：官名。東漢章帝以後常置，秩比二千石，多以邊郡太守、都尉轉任。除監護內附羌人各部落外，亦常以羌兵協同作戰，戍衛邊塞。魏、晉沿置。

[51] 散騎郎：即散騎侍郎。官名。曹魏置，第五品。與散騎常侍、侍中、黃門侍郎等侍從皇帝左右，顧問應對，諫諍拾遺，共平尚書奏事。西晉沿置。

[52] 上第：即上品。

[53] 狀：中正官品評人物內容之一，即對人物德和才的概括評語，一般祇有一兩句。

[54] 長陵：縣名。治所在今陝西咸陽市東北。

[55] 司隸：即司隸校尉。官名。秩比二千石，第三品。掌糾察京師百官違法者，並治所轄各郡，相當於州刺史。

[56] 三輔：地區名。西漢都城在長安，遂以長安為中心置京兆尹、右扶風、左馮（yì）翊，合稱三輔。東漢定都洛陽，以三輔陵廟所在，不改其號，仍稱三輔。轄區在今陝西渭水流域。

[57] 髦士：盧弼《集解》云："李慈銘曰：'髦士'疑'冒仕'之音誤。"趙幼文《校箋》云："竊疑'髦'借為'冒'。《釋名·釋形體》：'髦，冒也。''髦''冒'一聲之轉。《左傳·襄公四年》'冒于原獸'杜注：'冒，貪也。''士'與'仕'同，是則冒士猶貪仕也。"

[58] 名吏：趙幼文《校箋》謂《太平御覽》卷四二五、卷八四七引作"吏名"。

[59] 志介：志氣與節操。

[60] 軍謀掾：官名。東漢末曹操置為司空、丞相府之僚屬，以參議軍政。

[61] 黃初：魏文帝曹丕年號（220—226）。

[62] 成皋：縣名。治所在今河南滎陽市西北汜水鎮。趙幼文《校箋》謂《北堂書鈔》卷七八引《魏略》"成皋令"下有"在位

有清名，爲衆所許”九字，應補，能與下文“自恃清名邪”相應。

[63] 校事：官名。建安中曹操置，以身邊地位較低的親信充任，負責監察百官及吏民，直接隸屬於曹操，威權甚大。曹魏沿置，亦稱撫軍校事。

[64] 槀：百衲本、殿本作“槁”，盧弼《集解》本、校點本作“槀”。今從《集解》本等。

[65] 呴（hǒu）呼：同“吼呼”，怒聲呼喚。

[66] 躧（xǐ）履：曳鞋而行。

[67] 吏卒：百衲本“卒”字作“並”，殿本、盧弼《集解》本、校點本作“卒”。今從殿本等。

[68] 牧司：監督，檢舉。

[69] 髡：百衲本、殿本、盧弼《集解》本皆作“肇髡”，趙一清《注補》云：“‘肇’字衍，下云‘刑竟復吏’，謂並被刑也，何與於肇？”校點本即從趙説删“肇”字，今從之。

[70] 正始：魏少帝齊王曹芳年號（240—249）。

[71] 三府：三公府。　長史：官名。漢代三公府設有長史，以輔助三公。將軍府之屬官亦有長史，以總理幕府。

[72] 樊城：在襄陽縣北，與襄陽隔漢水相對，在今湖北襄陽市樊城區。

[73] 峴山東斫材牂牁：按，峴山，在今湖北襄陽市南漢水西岸。又牂牁，盧弼《集解》本作“牂柯”，百衲本、殿本、校點本作“牂牁”。按，二者通，今從百衲本等。潘眉《考證》云：“‘斫材’下疑脱‘爲’字。牂牁，繫船弋也。”趙幼文《校箋》謂“斫材牂牁”，《太平御覽》卷七七一引作“斫牂牁材”。《玉篇》：“牂牁，繫船大杙也。”《廣韻》云：“船纜所繫也。”故牂牁於此非郡名，當時牂牁郡屬蜀，吳軍安得有牂牁兵？

[74] 人兵：趙幼文《校箋》謂《太平御覽》卷七七一引無“人”字。

[75] 雖自：趙幼文《校箋》謂《太平御覽》引無“自”字。

[76] 濟陰：郡名。治所定陶縣，在今山東定陶縣西北。

[77] 雲、儀：皆沐並之子。

[78] 竊：百衲本作“切”，殿本、盧弼《集解》本、校點本作“竊”。今從殿本等。

[79] 陽虎：春秋時魯國季孫氏之家臣。《左傳·定公五年》：“六月，季平子行東野，還，未至，丙申，卒于房。陽虎將以璵璠斂。”杜預注：“璵璠，美玉，君所佩。”又《呂氏春秋·孟冬紀·安死》云：“魯季孫有喪，孔子往弔之，入門而左，從客也。主人以璵璠收。孔子徑庭而趨，歷級而上曰：‘以寶玉收，譬之猶暴骨中原也。’”

[80] 桓魋（tuí）：春秋時宋國司馬。《禮記·檀弓上》：“昔者夫子居於宋，見桓司馬自爲石椁，三年而不成。夫子曰：‘若是其靡也，死不如速朽之愈也。’”石椁，墓中置棺之石室。

[81] 未是：殿本《考證》謂“是”字《册府元龜》作“臻”。

[82] 芻狗：草狗。《老子》第五章：“天地不仁，以萬物爲芻狗。”

[83] 忽：即“惚”。《老子》第二十一章：“道之爲物，惟恍惟惚。”

[84] 欺魄：古代用以求雨的土偶。《列子·仲尼》：“見南郭子，果若欺魄焉。”張湛注：“欺魄，土人也。”河上公注：“天地生萬物，人最爲貴，天地視之如芻草狗畜。”

[85] 鳧（fú）：野鴨。

[86] 纆：各本作“纏”。盧弼《集解》云：“‘纏’疑作‘纆’。‘纆’音墨，繩索也。”吳金華《〈三國志〉管窺》謂“纏”字失韻，應據明吳琯所刻西爽堂本改作“纆”。今從吳説改。

[87] 適（dí）莫：猶厚薄。《論語·里仁》：“君子之於天下也，無適也，無莫也。”邢昺疏：“適，厚也；莫，薄也。”

[88] 楊王孫：《漢書》卷六七《楊王孫傳》：“楊王孫者，孝

武時人也。學黄老之術，家業千金，厚自奉養生，亡所不致。及病且終，先令其子，曰：‘吾欲裸葬，以反吾真，必亡易吾意。死則爲布囊盛屍，入地七尺，既下，從足引脱其囊，以身親土。”顔師古注：“裸者，不爲衣衾棺椁者也。”

［89］久客：各本作“久容”。盧弼《集解》謂“容”字當作“客”。吳金華《〈三國志集解〉箋記》謂盧説極是。“久客”謂長久不歸，是漢世常語。宋本《册府元龜》卷九〇七引即作“客”。今據《册府元龜》改。

［90］含珠鱗柙（xiá）：漢代用珠玉製作的壽服，又稱爲“珠襦玉柙”，亦即現代考古發現的“金縷玉衣”。大概漢代之制，腰以上用珠，腰以下用玉片，又以金縷連綴，有似鎧甲。詳釋見周一良《魏晋南北朝史札記·珠襦玉匣及其他》。

［91］壙穴：墓穴。

［92］蜃（shèn）炭：《左傳·成公二年》：“宋文公卒，始厚葬，用蜃炭。”楊伯峻注：“‘蜃’即用蜃燒成之灰，即生石灰，‘炭’乃木炭。以此二物置於墓穴，用以吸收潮濕。”蜃，蚌殼。

［93］胔（zì）：腐肉。

［94］代匠傷指：《老子》第七十四章：“夫代大匠斲者，希有不傷其手矣。”

［95］狼跋：比喻進退兩難。《詩·豳風·狼跋》：“狼跋其胡，載疐其尾。”毛傳：“老狼有胡，進則躐其胡，退則跲其尾，進退有難。”

［96］耳順：謂六十歲。見《論語·爲政》。

［97］魏顆：春秋時晉國大夫魏武子之子。《左傳·宣公十五年》：“初，魏武子有嬖妾，無子。武子疾，命顆曰：‘必嫁是。’疾病，則曰：‘必以爲殉！’及卒，顆嫁之，曰：‘疾病則亂，吾從其治。’”

［98］嘉平：魏少帝齊王曹芳年號（249—254）。

［99］埳（kǎn）：坑穴。

［100］摶：盧弼《集解》本作"搏"，今從百衲本、殿本、校點本作"摶"。趙幼文《校箋》謂此"摶"字乃聚集之義。《管子·霸言篇》"不摶不聽"，注："摶，聚也。"

［101］鉅鹿：郡名。東漢治所廮陶縣，在今河北寧晉縣西南。

［102］壽春：縣名。治所在今安徽壽縣。

［103］治中：即治中從事。官名。州牧刺史的主要屬吏，居中治事，主眾曹文書。

［104］置之牆下：趙幼文《校箋》謂《白孔六帖》卷一五、《太平御覽》卷四九七引作"豎之於牆下"。按《白帖》引實作"立於牆下"。

［105］過人：盧弼《集解》本作"過競"，百衲本、殿本、校點本作"過人"。今從百衲本等。

［106］薄軬（fàn）車：薄篷車。軬，車篷。《廣雅·釋器》："篷，軬也。"

［107］牸（zì）：母牛。

［108］及其去：趙幼文《校箋》謂《北堂書鈔》卷三八、卷七八、《藝文類聚》卷九四、《白孔六帖》卷七七引"及"下俱無"其"字。

［109］主簿：官名。漢代中央及州郡縣官府皆置此官，以典領文書，辦理事務。

［110］來時：百衲本無"時"字，殿本、盧弼《集解》本、校點本有。今從殿本等。

［111］所生有：趙幼文《校箋》謂《北堂書鈔》卷五五、《藝文類聚》卷九四引"生"下無"有"字。

［112］太官令：官名。掌宮廷膳食，屬少府。

［113］於敘人才不能寬：梁章鉅《旁證》云："《太平御覽》卷二百六十五引《魏略》作'至於敘人才不能寬大'。"

［114］太尉：官名。曹魏後期，仍列三公之首，第一品，為名譽宰相。無實際職掌，多為加官。

[115] 典農中郎將：官名。建安初曹操設置的屯田官。曹操施行民屯制度，在郡國設置典農中郎將（秩二千石）或典農校尉（秩比二千石），管理該屯田區的農業生產、民政和田租，地位相當於郡太守，但直屬中央大司農。

　　楊俊字季才，河內獲嘉人也。[1] 受學陳留邊讓，[2] 讓器異之。俊以兵亂方起，而河內處四達之衢，必爲戰場，乃扶持老弱詣京、密山間，[3] 同行者百餘家。俊振濟貧乏，通共有無。宗族知故爲人所略作奴僕者凡六家，俊皆傾財贖之。司馬宣王年十六七，與俊相遇，俊曰：“此非常之人也。”[4] 又司馬朗早有聲名，其族兄芝，衆未之知，惟俊言曰：“芝雖風望不及朗，[5] 實理但有優耳。”俊轉避地并州。本郡王象，[6] 少孤特，爲人僕隸，年十七八，見使牧羊而私讀書，[7] 因被箠楚。[8] 俊嘉其才質，[9] 即贖象著家，[10] 聘娶立屋，然後與別。

　　太祖除俊曲梁長，[11] 入爲丞相掾屬，舉茂才，安陵令，[12] 遷南陽太守。[13] 宣德教，立學校，吏民稱之。徙爲征南軍師。[14] 魏國既建，遷中尉。[15] 太祖征漢中，魏諷反於鄴，俊自劾詣行在所。俊以身方罪免，[16] 賤辭太子。太子不悦，曰：“楊中尉便去，何太高遠邪！”[17] 遂被書左遷平原太守。文帝踐阼，復（在）〔守〕南陽。[18] 時王象爲散騎常侍，薦俊曰：“伏見南陽太守楊俊，秉純粹之茂質，履忠肅之弘量，體仁足以育物，篤實足以動衆，克長後進，惠訓不倦，外寬內直，仁而有斷。自初彈冠，[19] 所歷垂化，再守南陽，恩德流著，殊鄰異黨，襁負而至。今境守清静，無所展其智能，宜還本朝，宣力輦轂，[20]熙帝之載。"[21]

俊自少及長，以人倫自任。[22]同郡審固、陳留衛恂本皆出自兵伍，俊資拔獎致，咸作佳士；後固歷位郡守，恂御史、縣令，[23]其明鑒行義多此類也。初，臨菑侯與俊善，[24]太祖適嗣未定，[25]密訪羣司。俊雖並論文帝、臨菑才分所長，不適有所據當，然稱臨菑尤美，[26]文帝常以恨之。黄初三年，[27]車駕至宛，以市不豐樂，發怒收俊。尚書僕射司馬宣王、常侍王象、荀緯請俊，[28]叩頭流血，帝不許。俊曰："吾知罪矣。"遂自殺。衆冤痛之。〔一〕

〔一〕《世語》曰：俊二孫：[29]覽字公質，汝陰太守；[30]猗字公彥，尚書：晉東海王越舅也。覽子沈，字宣弘，散騎常侍。

《魏略》曰：王象字義伯。既爲俊所知拔，果有才志。建安中，與同郡荀緯等俱爲魏太子所禮待。及王粲、陳琳、阮瑀、路粹等亡後，新出之中，惟象才最高。魏有天下，拜象散騎侍郎，遷爲常侍，封列侯。[31]受詔撰《皇覽》，使象領秘書監。[32]象從延康元年始撰集，[33]數歲成，藏於秘府，合四十餘部，部有數十篇，通合八百餘萬字。象既性器和厚，又文采温雅，用是京師歸美，稱爲儒宗。車駕南巡，未到宛，有詔百官不得干豫郡縣。及車駕到，而宛令不解詔旨，閉市門。帝聞之，忿然曰："吾是寇邪？"乃收宛令及太守楊俊。詔問尚書："漢明帝殺幾二千石？"時象見詔文，知俊必不免。乃當帝前叩頭，流血竟面，請俊減死一等。帝不答，欲釋入禁中。[34]象引帝衣，帝顧謂象曰："我知楊俊與卿本末耳。今聽卿，是無我也。卿寧無俊邪？無我邪？"象以帝言切，乃縮手。帝遂入，決俊法，然後乃出。象自恨不能濟俊，遂發病死。

[1] 獲嘉：縣名。治所在今河南新鄉縣西南。

[2] 陳留：郡名。治所陳留縣，在今河南開封市東南。　邊讓：事見本書卷一《武帝紀》建安二十五年裴注引《曹瞞傳》及卷六《袁紹傳》裴注引《魏氏春秋》等。

[3] 京：縣名。治所在今河南滎陽市東南。　密：縣名。治所在今河南密縣東南。《續漢書·郡國志》謂密縣有大騩山、梅山、陘山。

[4] 非常之人：趙幼文《校箋》謂《太平御覽》卷四四二引"常"下無"之"字。

[5] 風望：殿本、盧弼《集解》本、校點本作"凤望"，百衲本作"風望"。趙幼文《校箋》謂《册府元龜》卷八四二引"凤"字亦作"風"。今從百衲本。風望，謂聲名威望。

[6] 本郡：趙幼文《校箋》謂《藝文類聚》卷九四、《太平御覽》卷三八四、卷四四二、卷八三三引"本"字俱作"同"。

[7] 見使：百衲本無"見"字，殿本、盧弼《集解》本、校點本皆有。今從殿本等。

[8] 被：趙幼文《校箋》謂《藝文類聚》卷九四、《太平御覽》卷三八四、卷六一一引作"獲"。

[9] 嘉：趙幼文《校箋》謂《藝文類聚》卷九四、《太平御覽》卷三八四、卷四四二、卷六一一作"美"，卷八三三作"嘉美"。

[10] 著家：趙幼文《校箋》謂《太平御覽》卷四四二、卷六一一引"家"下有"中"字。

[11] 曲梁：縣名。治所在今河北永年縣東南。

[12] 安陵：縣名。治所在今陝西咸陽市東北。

[13] 南陽：郡名。治所宛縣，在今河南南陽市。

[14] 征南軍師：官名。征南將軍府之軍師，主管軍務。時曹

仁爲征南將軍。

　　〔15〕中尉：官名。漢代諸侯王國之軍事長官，秩二千石。掌王國治安，督察軍吏。建安十八年（213）魏國亦置。

　　〔16〕罪免：趙幼文《校箋》謂《北堂書鈔》卷七〇（當作七一）引作"免罪"。按《北堂書鈔》引實作"罪免"。

　　〔17〕太高遠：趙幼文《校箋》謂《北堂書鈔》引"遠"下有"罪"字。按《北堂書鈔》引實無"罪"字。

　　〔18〕復守：各本"守"字作"在"。趙幼文《校箋》謂蕭常《續後漢書》"在"字作"守"。考下文有"再守南陽"之句，疑"在"字應作"守"。按趙説是，今據蕭書改。

　　〔19〕彈冠：指出來作官。

　　〔20〕輦轂：指皇帝。

　　〔21〕熙帝之載：光大皇帝之事業。《尚書·堯典》："有能奮庸，熙帝之載。"孔傳：載，事也。有能起發其功，廣堯之事者。

　　〔22〕人倫：此謂識別拔舉人才。

　　〔23〕御史：官名。魏晉時，侍御史、治書侍御史、督軍糧御史、殿中侍御史、監國御史等皆可簡稱御史。

　　〔24〕臨菑侯：即曹植。

　　〔25〕適（dí）：通"嫡"。

　　〔26〕尤：百衲本、殿本、校點本作"猶"，盧弼《集解》本作"尤"。趙幼文《校箋》引錢儀吉曰："志祖按：'猶'當作'尤'。"今從《集解》本。

　　〔27〕三年：殿本、盧弼《集解》本作"二年"，百衲本、校點本作"三年"。按，本書卷二《文帝紀》謂文帝黄初三年"十一月辛丑行幸宛"。今從百衲本等。

　　〔28〕尚書僕射（yè）：官名。魏、晋時爲尚書省次官，秩六百石，第三品。或單置，或並置左、右。左、右並置時，左僕射居右僕射上。輔助尚書令執行政務，參議大政，諫諍得失，監察糾彈百官，可封還詔旨，常受命主管官吏選舉。　常侍：此指散騎常

侍。　荀緯：事見本書卷二一《王粲傳》與裴注引荀勖《文章叙録》。

[29] 二孫：殿本“二”字作“三”，百衲本、盧弼《集解》本、校點本皆作“二”。今從百衲本等。

[30] 汝陰：郡名。治所汝陰縣，在今安徽阜陽市。

[31] 列侯：爵名。漢代二十級爵之最高者。金印紫綬，有封邑，食租税。功大者食縣，小者食鄉、亭。曹魏初亦沿襲有列侯。

[32] 秘書監：官名。魏文帝初，置爲秘書署長官，秩六百石，第三品。掌管藝文圖籍。初屬少府，魏明帝時王肅任此職，上表諫不應屬少府，後遂不屬。

[33] 延康：漢獻帝劉協年號（220）。

[34] 釋人：趙幼文《校箋》謂郝經《續後漢書》無“釋”字。

　　杜襲字子緒，潁川定陵人也。[1]曾祖父安，祖父根，著名前世。〔一〕襲避亂荊州，劉表待以賓禮。同郡繁欽數見奇於表，[2]襲喻之曰：“吾所以與子俱來者，徒欲龍蟠幽藪，待時鳳翔。豈謂劉牧當爲撥亂之主，而規長者委身哉？子若見能不已，非吾徒也。吾其與子絶矣！”欽慨然曰：“請敬受命。”襲遂南適長沙。[3]

　　〔一〕《先賢行狀》曰：安年十歲，名稱鄉黨。至十三，[4]入太學，號曰神童。既名知人，清高絶俗。洛陽令周紆數候安，[5]安常逃避不見。時貴戚慕安高行，多有與書者，輒不發，以慮後患，常鑿壁藏書。後諸與書者果有大罪，推捕所與交通者，吏至門，安乃發壁出書，印封如故，當時皆嘉其慮遠。三府並辟，公車特徵，[6]拜宛令。先是宛有報讎者，其令不忍致理，將與俱亡。縣中豪彊有告其處者，致捕得。安深疾惡之，到官治戮，肆之於市。[7]懼有司繩彈，遂自免。後徵拜巴郡太守，[8]率身正下，以禮化俗。以病卒官，時服薄斂，素器不漆，子自將車。州郡賢之，表章墳墓。根舉孝廉，除郎中。[9]時和熹鄧后臨朝，外戚橫恣，安帝長大，猶未歸政。根乃與同時郎上書直諫，鄧后怒，收根等伏誅。誅者皆絹囊盛，於殿上撲地。[10]執法者以根德重事公，黙語行事人，使不加力。誅訖，車載城外，根以撲輕得蘇息，遂閉目不動搖。經三日，乃密起逃竄，爲宜城山中酒家客，[11]積十五年，酒家知其賢，常厚敬待。鄧后崩，安帝謂根久死。以根等忠直，普下天下，録見誅者子孫。根乃自出，徵詣公車，拜符節令。[12]或問根：“往日遭難，天下同類知故不少，何至自苦歷年如此？”根答曰：“周旋人間，非絶迹之處。邂逅發露，禍及親知，故不爲也。”遷濟陰太守，以德讓爲政，風移俗改。年七十八以壽終，棺不加漆，斂以時服。長吏下車，常先詣安、根墓致祠。

[1] 潁川：郡名。治所陽翟縣，在今河南許昌市東。　定陵：縣名。治所在今河南舞陽縣北舞陽渡。

[2] 繁（pó）欽：事見本書卷二〇《王粲傳》及裴引《典略》。

[3] 長沙：郡名。治所臨湘縣，在今湖南長沙市。

[4] 十三：百衲本作“十五”，殿本、盧弼《集解》本、校點本作“十三”。今從殿本等。

[5] 洛陽：縣名。治所在今河南洛陽市東北白馬寺東。

[6] 公車：官署名。公車司馬之省稱，漢朝及三國均置，以令主之，屬衛尉。掌宮中司馬門警衛，並接待臣民上書及徵召。

[7] 肆：執行死刑後陳屍示衆。

[8] 巴郡：治所江州縣，在今重慶渝中區。

[9] 郎中：官名。秩比三百石。東漢時，分隸五官、左、右三署中郎將，名義上備宿衛，實爲後備官吏人材。

[10] 撲地：謂抛於地再擊殺之。《後漢書》卷五七《杜根傳》作"於殿上撲殺之"。

[11] 宜城：縣名。治所在今湖北宜城縣南。 酒家客：酒家之傭工。《後漢書·杜根傳》作"酒家保"。李賢注："《廣雅》云：'保，使也。'言爲人傭力保任而使也。"

[12] 符節令：官名。東漢秩六百石，位次御史中丞，掌銅虎符、竹使符，遣使授節等，職任頗重。

建安初，太祖迎天子都許。[1]襲逃還鄉里，太祖以爲西鄂長。[2]縣濱南境，寇賊縱橫。時長吏皆斂民保城郭，[3]不得農業。野荒民困，倉庾空虚。襲自知恩結於民，乃遣老弱各分散就田業，留丁彊備守，吏民歡悦。會荆州出步騎萬人來攻城，襲乃悉召縣吏民任拒守者五十餘人，與之要誓。其親戚在外欲自營護者，恣聽遣出；皆叩頭願致死。於是身執矢石，率與戮力。吏民感恩，咸爲用命。臨陣斬數百級，而襲衆死者三十餘人，其餘十八人盡被創，賊得入城。襲帥傷痍吏民決圍得出，死喪略盡，而無反背者。遂收散民，徙至摩陂營，[4]吏民慕而從之如歸。〔一〕

〔一〕《九州春秋》曰：建安六年，劉表攻西鄂，西鄂長杜子緒帥縣男女嬰城而守。時南陽功曹柏孝長亦在城中，聞兵攻聲，恐懼，入室閉户，牽被覆頭。相攻半日，稍敢出面。其明，側立而聽。二日，往出户問消息。至四五日，乃更負楯親鬭，語子緒曰："勇可習也。"

[1] 許：縣名。治所在今河南許昌市東。

［2］西鄂：縣名。治所在今河南南陽市北。

［3］長吏：此指縣長。

［4］摩陂：地名。在今河南郟縣東南。

司隸鍾繇表拜議郎參軍事。[1]荀彧又薦襲，太祖以爲丞相軍祭酒。[2]魏國既建，爲侍中，與王粲、和洽並用。粲彊識博聞，[3]故太祖游觀出入，多得驂乘，[4]至其見敬不及洽、襲。襲嘗獨見，[5]至于夜半。粲性躁競，起坐曰："不知公對杜襲道何等也？"洽笑答曰："天下事豈有盡邪？卿晝侍可矣，悒悒於此，[6]欲兼之乎！"後襲領丞相長史，[7]隨太祖到漢中討張魯。太祖還，拜襲駙馬都尉，[8]留督漢中軍事。綏懷開導，百姓自樂出徙洛、鄴者，[9]八萬餘口。夏侯淵爲劉備所没，軍喪元帥，將士失色。襲與張郃、郭淮糾攝諸軍事，權宜以郃爲督，以一衆心，三軍遂定。太祖東還，當選留府長史，鎮守長安。主者所選多不當，[10]太祖令曰："釋騏驥而不乘，[11]焉皇皇而更索？"[12]遂以襲爲留府長史，駐關中。

時將軍許攸擁部曲，[13]不附太祖而有慢言。太祖大怒，先欲伐之。[14]羣臣多諫："可招懷攸，共討彊敵。"太祖橫刀於膝，作色不聽。襲入欲諫，太祖逆謂之曰："吾計以定，[15]卿勿復言。"襲曰："若殿下計是邪，臣方助殿下成之；若殿下計非邪，雖成宜改之。[16]殿下逆臣，令勿言之，[17]何待下之不闡乎？"[18]太祖曰："許攸慢吾，如何可置乎？"[19]襲曰："殿下謂許攸何如人邪？"太祖曰："凡人也。"襲曰："夫

'惟賢知賢，惟聖知聖'，凡人安能知非凡人邪？方今
豺狼當路而狐狸是先，人將謂殿下避彊攻弱，進不爲
勇，退不爲仁。臣聞千鈞之弩不爲鼷鼠發機，[20]萬石
之鍾不以莛撞起音，[21]今區區之許攸，何足以勞神武
哉？"太祖曰："善。"遂厚撫攸，攸即歸服。時夏侯
尚暱於太子，情好至密。襲謂尚非益友，不足殊待，
以聞太祖。文帝初甚不悦，後乃追思。語在《尚傳》。
其柔而不犯，皆此類也。

　　文帝即王位，賜爵關内侯。[22]及踐阼，爲督軍糧
御史，[23]封武平亭侯，更爲督軍糧執法，[24]入爲尚書。
明帝即位，進封平陽鄉侯。諸葛亮出秦川，[25]大將軍
曹真督諸軍拒亮，[26]徙襲爲大將軍軍師，[27]分邑百户
賜兄基爵關内侯。真薨，司馬宣王代之，襲復爲軍師，
增邑三百，[28]并前五百五十户。以疾徵還，拜太中大
夫。[29]薨，追贈少府，諡曰定侯。子會嗣。

　　[1]議郎：官名。郎官之一種，屬光禄勳，秩六百石。不入直
宿衛，得參預朝政議論。
　　[2]丞相軍祭酒：官名。即丞相府之軍師祭酒，爲參謀軍
事之官。
　　[3]粲：殿本、盧弼《集解》本無此"粲"字，百衲本、校
點本有。今從百衲本等。
　　[4]驂（cān）乘：陪乘。
　　[5]襲：殿本、盧弼《集解》本無此"襲"字，百衲本、校
點本有。今從百衲本等。
　　[6]悒（yì）悒：憂悶不快的樣子。
　　[7]丞相長史：官名。秩千石。丞相府幕僚之長，協助丞相署

理相府諸曹，監領府事。曹操爲丞相，權位加重，遂分置左、右長史。若丞相出征，則置行軍長史掌軍旅行伍；又置留府長史掌留守事。位皆崇重。

　　[8] 駙馬都尉：官名。秩比二千石。掌皇帝副車之馬。曹魏時第六品，無定員，或爲加官。

　　[9] 洛鄴：洛陽與鄴。

　　[10] 多不當：殿本“多”字作“皆”，百衲本、盧弼《集解》本、校點本作“多”。今從百衲本等。

　　[11] 騏驥：駿馬。

　　[12] 皇皇：同“遑遑”。急速、匆忙的樣子。

　　[13] 許攸：胡三省云：“又一許攸，非自袁紹來奔之許攸也。”（《通鑑》卷六八漢獻帝建安二十四年注）趙幼文《校箋》則謂《太平御覽》卷四五三、卷四八三引“攸”字作“遊”。　部曲：此指私人軍隊。

　　[14] 伐之：趙幼文《校箋》謂《群書治要》卷二六、《太平御覽》卷四五三、卷四八三引“伐”字俱作“討”。

　　[15] 以：通“已”。

　　[16] 改之：趙幼文《校箋》謂《太平御覽》卷四五三引“改”字作“敗”。按，《太平御覽》卷四八三亦作“敗”，而《群書治要》卷二六又作“改”。

　　[17] 言之：趙幼文《校箋》謂《群書治要》卷二六、《太平御覽》卷四五三、卷四八三引“言”下俱無“之”字。

　　[18] 闓：大度。《廣韻·獮韻》：“闓，大也。”趙幼文《校箋》則謂《册府元龜》卷七二三引“闓”字作“閎”。

　　[19] 如何可置乎：趙幼文《校箋》謂《太平御覽》卷四五三引作“何言可致乎”。

　　[20] 鈞：胡三省云：“三十斤爲鈞。千鈞之弩，言其重也。鼷鼠，小鼠也。”（《通鑑》卷六八漢獻帝建安二十四年注）

　　[21] 石：趙幼文《校箋》謂《群書治要》卷二六、《太平御

覽》卷四五三、卷四五八（當作四八三）引"石"字作"鈞"。
按，《群書治要》及《太平御覽》所引之上句已作"石"，此句故
作"鈞"。總之，"石""鈞"二字應分別用於兩句，不應兩句同用
一詞。胡三省云："四鈞爲石。石，百二十斤。莛，草莖也。東方
朔曰'以莛撞鐘'。皆言力勢重者，不以輕觸而發動也。"（《通鑑》
卷六八漢獻帝建安二十四年注）東方朔語見《漢書》卷六五《東
方朔傳》載《答客難》。

　　[22] 關內侯：爵名。漢制二十級爵之十九級，次於列侯，祇
有封戶收取租稅而無封地。魏文帝定爵制爲十等，關內侯在亭侯
下，仍爲虛封，無食邑。

　　[23] 督軍糧御史：官名。曹魏置，掌出征時督運軍糧。第六
品。隸御史臺。

　　[24] 督軍糧執法：官名。曹魏置，掌出征時督運軍糧。第六
品。隸御史臺。

　　[25] 秦川：地區名。指今陝西、甘肅秦嶺以北渭水平原一帶。

　　[26] 大將軍：曹魏時爲上公，一品。

　　[27] 軍師：官名。曹魏時，大司馬、大將軍、三公、諸征鎮
將軍等府皆置，主管軍務。第五品。

　　[28] 三百：殿本、盧弼《集解》本"百"下有"戶"字，百
衲本、校點本無。今從百衲本等。

　　[29] 太中大夫：官名。秩千石，第七品。掌顧問應對，參謀
議政。

　　趙儼字伯然，潁川陽翟人也。避亂荊州，與杜襲、
繁欽通財同計，合爲一家。太祖始迎獻帝都許，儼謂
欽曰："曹鎮東應期命世，[1] 必能匡濟華夏，吾知歸
矣。"建安二年，年二十七，遂扶持老弱詣太祖，太祖
以儼爲朗陵長。[2] 縣多豪猾，無所畏忌。儼取其尤甚

者，收縛案驗，皆得死罪。儼既囚之，乃表府解放，自是威恩並著。時袁紹舉兵南侵，遣使招誘豫州諸郡，[3]諸郡多受其命。惟陽安郡不動，[4]而都尉李通急錄戶調。[5]儼見通曰：「方今天下未集，諸郡並叛，懷附者復收其綿絹，小人樂亂，能無遺恨！且遠近多虞，不可不詳也。」通曰：「紹與大（將）軍相持甚急，[6]左右郡縣背叛乃爾。[7]若綿絹不調送，觀聽者必謂我顧望，有所須待也。」儼曰：「誠亦如君慮；然當權其輕重，小緩調，當爲君釋此患。」乃書與荀彧曰：「今陽安郡當送綿絹，道路艱阻，必致寇害。百姓困窮，鄰城並叛，易用傾蕩，乃一方安危之機也。且此郡人執守忠節，在險不貳。微善必賞，則爲義者勸。善爲國者，藏之於民。以爲國家宜垂慰撫，所斂綿絹，皆俾還之。」彧報曰：「輒白曹公，公文下郡，綿絹悉以還民。」上下歡喜，郡內遂安。

入爲司空掾屬、主簿。[一][8]時于禁屯潁陰，[9]樂進屯陽翟，張遼屯長社，[10]諸將任氣，多共不協。使儼并參三軍，每事訓喻，遂相親睦。太祖征荊州，以儼領章陵太守，[11]徙都督護軍，[12]護于禁、張遼、張郃、朱靈、李典、路招、馮楷七軍。復爲丞相主簿，[13]遷扶風太守。太祖徙出故韓遂、馬超等兵五千餘人，使平難將軍殷署等督領，[14]以儼爲關中護軍，[15]盡統諸軍。羌虜數來寇害，儼率署等追到新平，[16]大破之。屯田客呂並自稱將軍，聚黨據陳倉，[17]儼復率署等攻之，賊即破滅。

〔一〕《魏略》曰：太祖北拒袁紹，時遠近無不私遺牋記，通意於紹者。儼與領陽安太守李通同治，通亦欲遣使。儼爲陳紹必敗意，通乃止。及紹破走，太祖使人搜閱紹記室，[18]惟不見通書疏，陰知儼必爲之計，乃曰："此必趙伯然也。"

臣松之案《魏武紀》：破紹後，得許下軍中人書，皆焚之。若故使人搜閱，知其有無，則非所以安人情也。疑此語爲不然。

[1] 曹鎮東：指曹操。建安元年（196）曹操爲鎮東將軍。

[2] 朗陵：縣名。治所在今河南確山縣西南。

[3] 豫州：刺史治所譙縣，在今安徽亳州市。

[4] 陽安郡：陽安本爲縣，治所在今河南確山縣東北。趙一清《注補》卷一八《李通傳》引《讀史方輿紀要》卷五〇云："曹操分汝南置陽安都尉，以朗陵縣屬焉，亦曰陽安郡。尋罷。"又按，後文裴注引《魏略》謂趙儼與李通同治，則陽安郡治所應在朗陵縣。

[5] 都尉：官名。西漢時郡置都尉，輔佐郡守並掌本郡軍事。東漢廢除，僅在邊郡或關塞之地置都尉及屬國都尉，並漸漸分縣治民，職如太守。陽安與朗陵既非邊地，亦非邊塞之地，蓋劃此二縣爲郡，僅以都尉稱其長官（即太守）。　户調：曹操在建安中施行的租稅徵收制度。租，按畝徵收穀物，稅，按户徵收絹綿。建安九年令規定："其收田租畝四升，户出絹二匹，綿二斤而已，他不得擅興發。"（見本書卷一《武帝紀》建安九年裴注引《魏書》）

[6] 大軍：各本皆作"大將軍"。趙一清《注補》云："'將'字衍。"趙幼文《校箋》云："《御覽》卷八百一十七引'大'下無'將'字。按，大軍，指曹操所率與袁紹在官渡對抗之軍隊。"按，本書《武帝紀》，建安元年九月雖然曹操做過大將軍，但十月因袁紹之反對，曹操便改任司空、行車騎將軍。建安五年不得再稱曹操爲大將軍。趙氏謂"將"字衍文，《太平御覽》引又無"將"字，

故從二趙説删"將"字。《通鑑》卷六三漢獻帝建安五年載此句爲"公與袁紹相持甚急",但《通鑑》本是改寫之文,不一定全録原文,一般不足以據改。

[7] 背叛:趙幼文《校箋》謂《太平御覽》卷八一七引"背"字作"皆"。

[8] 司空掾屬:官名。司空府之屬吏。東漢時司空府有掾、屬二十九人。曹操爲司空置有西曹、東曹、户曹、倉曹,等等。單稱掾、屬者,未知何曹。　主簿:官名。此爲司空府之屬吏,主管文書,辦理事務。

[9] 潁陰:縣名。治所在今河南許昌市。

[10] 長社:縣名。治所在今河南長葛縣東北。

[11] 章陵:郡名。東漢末置,治所章陵縣,在今湖北棗陽市南。

[12] 都督護軍:官名。魏晋時軍事要鎮之長官,第五品。

[13] 丞相主簿:官名。曹操爲丞相後,於丞相府置主簿四人,皆省録衆事。

[14] 平難將軍:官名。建安中曹操置,魏爲第三品。

[15] 關中護軍:官名。監督關中諸軍之官。

[16] 新平:郡名。治所漆縣,在今陝西彬縣。

[17] 陳倉:縣名。治所在今陝西寶雞市東渭水北岸。

[18] 紹記室:校點本 1982 年 7 月第 2 版誤作"紀記室"。

　　時被書差千二百兵往助漢中守,署督送之。行者卒與室家别,皆有憂色。署發後一日,儼慮其有變,乃自追至斜谷口,[1]人人慰勞,又深戒署。還宿雍州刺史張既舍。[2]署軍復前四十里,兵果叛亂,未知署吉凶。而儼自隨步騎百五十人,皆與叛者同部曲,[3]或婚姻,得此問,[4]各驚,被甲持兵,不復自安。儼欲還,既等以爲“今本營黨已擾亂，一身赴之無益，可須定問”。儼曰：“雖疑本營與叛者同謀，要當聞行者變，乃發之。又有欲善不能自定，宜及猶豫，促撫寧之。且爲之元帥，既不能安輯，身受禍難，命也。”遂去。行三十里止，放馬息，盡呼所從人，喻以成敗，慰勵懇切。皆慷慨曰：“死生當隨護軍，不敢有二。”前到諸營，各召料簡諸姦結叛者八百餘人，[5]散在原野，惟取其造謀魁率治之，餘一不問。郡縣所收送，皆放遣，乃即相率還降。儼密白：“宜遣將詣大營，[6]請舊兵鎮守關中。”太祖遣將軍劉柱將二千人，[7]當須到乃發遣，而事露，諸營大駭，不可安喻。儼謂諸將曰：“舊兵既少，東兵未到，[8]是以諸營圖爲邪謀。若或成變，爲難不測。因其狐疑，當令早決。”遂宣言當差留新兵之溫厚者千人鎮守關中，其餘悉遣東。便見主者，[9]內諸營兵名籍，案累重，立差別之。[10]留者意定，與儼同心。其當去者亦不敢動，儼一日盡遣上道，因使所留千人，分布羅落之。[11]東兵尋至，乃復脅喻，并徙千人，令相及共東，凡所全致二萬餘口。[一]

〔一〕孫盛曰：盛聞爲國以禮，民非信不立。周成不棄桐葉之言，[12]晋文不違伐原之誓，[13]故能隆刑措之道，[14]建一匡之功。儼既詐留千人，使效心力，始雖權也，宜以信終。兵威既集，而又逼徙。信義喪矣，何以臨民？[15]

[1] 斜（yé）谷：斜谷在今陝西眉縣西南，爲古褒斜道之北口。古褒斜道，北起斜谷，南至褒谷（在今漢中市褒城鎮北），總

計四百七十里，爲秦蜀間險要之道。

　　〔2〕雍州：刺史治所長安縣，在今陝西西安市西北。

　　〔3〕部曲：此指軍隊之編制單位。《續漢書・百官志》謂大將軍統營五部，部下有曲，曲下有屯。

　　〔4〕問：消息。

　　〔5〕料簡：料理揀擇。

　　〔6〕遣將：遣送。　大營：指原來之大本營。

　　〔7〕二千人：殿本《考證》云："'二千人'下《通鑑》有'往'字。"

　　〔8〕東兵：指劉柱所帶之兵。因從東來，故稱東兵。

　　〔9〕主者：主管士兵名籍者。

　　〔10〕差別：分別。謂分別留守者與送回者。

　　〔11〕分布：謂分布于東還者之中。　羅落：即"羅絡"。謂警戒控制。

　　〔12〕周成：周成王。《史記》卷三九《晋世家》："成王與叔虞戲，削桐葉爲珪以與叔虞，曰：'以此封若。'史佚因請擇日立叔虞。成王曰：'吾與之戲耳。'史佚曰：'天子無戲言。言則史書之，禮成之，樂歌之。'於是遂封叔虞於唐。"

　　〔13〕晋文：春秋時晋文公。《左傳・僖公二十五年》："晋侯圍原，命三日之糧。原不降，命去之。諜出，曰：'原將降矣。'軍吏曰：'請待之。'公曰：'信，國之寶也，民之所庇也。得原失信，何以庇之？所亡滋多。'退一舍而原降。"原，小國名。在今河南濟源縣西北。

　　〔14〕刑措：《史記》卷四《周本紀》："成、康之際，天下安寧，刑錯四十餘年不用。"《集解》應劭曰："錯，置也。民不犯法，無所置刑。"

　　〔15〕民：盧弼《集解》本作"衆"，百衲本、殿本、校點本作"民"。今從百衲本等。

關羽圍征南將軍曹仁於樊。[1]儼以議郎參仁軍事南行,（遷）〔與〕平寇將軍徐晃俱前。[2]既到,羽圍仁遂堅,餘救兵未到,晃所督不足解圍,而諸將呵責晃促救。[3]儼謂諸將曰:“今賊圍素固,水潦猶盛。我徒卒單少,而仁隔絶不得同力,此舉適所以弊內外耳。當今不若前軍偪圍,遣諜通仁,使知外救,以勵將士。計北軍不過十日,尚足堅守。然後表裏俱發,破賊必矣。如有緩救之戮,[4]余爲諸軍當之。”[5]諸將皆喜,便作地道,箭飛書與仁,[6]消息數通,北軍亦至,并勢大戰。羽軍既退,舟船猶據沔水,[7]襄陽隔絶不通,而孫權襲取羽輜重,羽聞之,即走南還。仁會諸將議,咸曰:“今因羽危懼,必可追禽也。”儼曰:“權邀羽連兵之難,[8]欲掩制其後,顧羽還救,恐我承其兩疲,故順辭求效,[9]乘釁因變,以觀利鈍耳。[10]今羽已孤迸,[11]更宜存之以爲權害。若深入追北,權則改虞於彼,[12]將生患於我矣。王必以此爲深慮。”仁乃解嚴。太祖聞羽走,恐諸將追之,果疾敕仁,如儼所策。

文帝即王位,爲侍中。頃之,拜駙馬都尉,領河東太守,[13]典農中郎將。黃初三年,贈爵關內侯。孫權寇邊,征東大將軍曹休統五州軍禦之,[14]徵儼爲軍師。權衆退,軍還,封宜土亭侯,轉爲度支中郎將,[15]遷尚書。從征吳,到廣陵,復留爲征東軍師。明帝即位,進封都鄉侯。[16]邑六百戶,監荊州諸軍事,假節。[17]會疾,不行,復爲尚書,出監豫州諸軍事,轉大司馬軍師,入爲大司農。齊王即位,以儼監雍、涼諸軍事，[18]假節，轉征蜀將軍，[19]又遷征西將軍[20]，都督雍、涼。正始四年，老疾求還，徵爲驃騎將軍，[一]遷司空。[21]薨，謚曰穆侯。子亭嗣。初，儼與同郡辛毗、陳羣、杜襲並知名，號曰辛、陳、杜、趙云。

〔一〕《魏略》曰：舊故四征有官廚財籍，[22]遷轉之際，無不因緣。而儼又手上車，[23]發到霸上，[24]忘持其常所服藥。雍州聞之，乃追送雜藥材數箱，儼笑曰：“人言語殊不易，我偶問所服藥耳，何用是爲邪？”遂不取。

[1] 征南將軍：官名。秩二千石，第二品。黃初中位次三公。領兵屯新野，統荆、豫二州刺史。資深者爲大將軍。趙幼文《校箋》謂《太平御覽》卷三二八引“征”上有“行”字。按，本書卷九《曹仁傳》，曹仁在破侯音前屯樊，爲行征南將軍，在破侯音後還屯樊，即拜征南將軍，關羽圍樊時，曹仁已爲征南將軍。

[2] 與：各本皆作“遷”。盧弼《集解》引陳景雲說，《册府元龜》“遷”作“與”，《通志》同，當從之。校點本即從陳說改“遷”爲“與”。今從之。

[3] 呵：《通鑑》作“呼”。（卷六八漢獻帝建安二十四年）

[4] 緩救：盧弼《集解》本作“緩急”，百衲本、殿本、校點本作“緩救”。今從百衲本等。

[5] 諸軍：殿本《考證》謂《通鑑》作“諸君”，較合文義。

[6] 箭飛書：殿本《考證》云：“‘箭’上《太平御覽》多‘射’字。”趙幼文《校箋》謂此見《太平御覽》卷三二八。

[7] 沔水：即漢水。

[8] 邀：胡三省云：“‘邀’當作‘徼’，幸也。難，謂與曹仁連兵。（《通鑑》卷六八漢獻帝建安二十四年注）

[9] 求效：胡三省云：“求效，猶言求自效也。”（《通鑑》卷六八漢獻帝建安二十四年注）

[10] 利鈍：校點本 1982 年 7 月第 2 版誤作“利純”。

[11] 孤迸：胡三省云：“言羽失根本而勢孤奔迸也。”（《通鑑》卷六八漢獻帝建安二十四年注）

[12] 改虞：胡三省云：“虞，度也，防也。謂度羽不能爲害，則改其防羽之心而防操，則必爲操之患矣。”（《通鑑》卷六八漢獻帝建安二十四年注）

[13] 河東：郡名。治所安邑縣，在今山西夏縣西北禹王城。

[14] 征東大將軍：官名。秩二千石。黃初中位次三公，第二品，資輕者爲征東將軍。

[15] 度支中郎將：官名。秩二千石，第六品。掌諸軍兵田，與典農之職相近。典農主屯田，度支主調遣，故其設官略同。隸屬大司農。

[16] 都鄉侯：爵名。列侯食邑爲都鄉（近城之鄉）者，稱都鄉侯，位次於縣侯，高於鄉侯。

[17] 假節：漢末三國時期，皇帝賜予臣下的一種權力。至晉代，此種權力明確爲因軍事可殺犯軍令者。

[18] 涼：州名。刺史治所姑臧，在今甘肅武威市。（本吳增僅《三國郡縣表附考證》）

[19] 征蜀將軍：官名。曹魏置，第三品。

[20] 征西將軍：官名。秩二千石，第二品，位次三公。多授予都督雍、涼二州諸軍事，領兵屯駐長安。資深者爲征西大將軍。

[21] 司空：官名。曹魏後期，第一品，爲名譽宰相，無實際職掌，多爲大臣加官。

[22] 舊故：趙幼文《校箋》謂《北堂書鈔》卷六四、《册府元龜》卷四〇六引“故”下有“事”字。　四征：指四征將軍。即征東、征西、征南、征北等將軍。

[23] 無不因緣而儼叉手上車：趙幼文《校箋》謂《北堂書

鈔》卷三八引作“無不因緣取之趙儼自征西徵爲驃騎叉手上車”。按，《北堂書鈔》引實無“緣”字。

[24] 霸上：地名。在今陝西西安市東白鹿原北首。

　　裴潛字文行，河東聞喜人也。〔一〕[1] 避亂荊州，劉表待以賓禮。[2] 潛私謂所親王粲、司馬芝曰：“劉牧非霸王之才，乃欲西伯自處，[3] 其敗無日矣。”遂南適長沙。[4] 太祖定荊州，以潛參丞相軍事，[5] 出歷三縣令，入爲倉曹屬。[6] 太祖問潛曰：“卿前與劉備俱在荊州，卿以備才略何如？”潛曰：“使居中國，能亂人而不能爲治也。若乘閒守險，[7] 足以爲一方主。”

　　〔一〕《魏略》曰：潛世爲著姓。父茂，仕靈帝時，歷縣令、郡守、尚書。建安初，以奉使率導關中諸將討李傕有功，封列侯。潛少不脩細行，由此爲父所不禮。

　　[1] 聞喜：縣名。治所在今山西聞喜縣。

　　[2] 劉表待以賓禮：趙幼文《校箋》謂《世說新語·識鑒篇》注引作“劉表待之賓客禮”。

　　[3] 乃欲西伯自處：趙幼文《校箋》謂《世說新語·識鑒篇》注引作“而欲以西伯自處”。西伯，周文王。殷商末，周文王爲西伯，即西方諸侯之長。

　　[4] 南適：趙幼文《校箋》謂《世說新語·識鑒篇》注引“南”下有“渡”字。

　　[5] 參丞相軍事：官名。丞相府之屬吏，職責是參與丞相府之軍事謀議。

　　[6] 倉曹屬：官名。此指丞相府之倉曹屬，爲倉曹掾之副，主管倉穀事。趙幼文《校箋》則謂《册府元龜》卷七二六引“曹”

下有"掾"字。按，宋本《册府元龜》亦無"掾"字。

　　[7] 乘間：趙幼文《校箋》謂《世説新語・識鑒篇》注引"間"字作"邊"。按，趙氏所引乃《世説新語》之文，非劉孝標注引之文。又按，此兩段曹操與裴潛之問對，俱見《世説新語・識鑒篇》，趙幼文《校箋》多注其異字，若不影響語意，本注不再引録。

　　時代郡大亂，[1]以潛爲代郡太守。烏丸王及其大人，凡三人，[2]各自稱單于，專制郡事。前太守莫能治正，太祖欲授潛精兵以鎮討之。潛辭曰："代郡户口殷衆，士馬控弦，動有萬數。單于自知放橫日久，内不自安。今多將兵往，必懼而拒境；少將則不見憚。宜以計謀圖之，不可以兵威迫也。"遂單車之郡。單于驚喜。潛撫之以静。單于以下脱帽稽顙，[3]悉還前後所掠婦女、器械、財物。潛案誅郡中大吏與單于爲表裏者郝温、郭端等十餘人，北邊大震，百姓歸心。在代三年，還爲丞相理曹掾，[4]太祖褒稱治代之功，潛曰："潛於百姓雖寬，於諸胡爲峻。今計者必以潛爲理過嚴，[5]而事加寬惠。彼素驕恣，過寬必弛，既弛又將攝之以法，此訟争所由生也。[6]以勢料之，代必復叛。"於是太祖深悔還潛之速。後數十日，三單于反問至，乃遣鄢陵侯彰爲驍騎將軍征之。[7]

　　潛出爲沛國相，[8]遷兗州刺史。[9]太祖次摩陂，歎其軍陳齊整，特加賞賜。文帝踐阼，入爲散騎常侍。出爲魏郡、潁川典農中郎將，奏通貢舉，比之郡國，由是農官進仕路泰。遷荆州刺史，[10]賜爵關内侯。明

帝即位，入爲尚書。出爲河南尹，[11]轉太尉軍師、大
司農，封清陽亭侯，邑二百户。入爲尚書令，[12]奏正
分職，料簡名實，出事使斷官府者百五十餘條。喪父
去官，拜光禄大夫。[13]正始五年薨，追贈太常，謚曰
貞侯。[一]子秀嗣。遺令儉葬，墓中惟置一坐，瓦器數
枚，其餘一無所設。秀，咸熙中爲尚書僕射。[二][14]

　　〔一〕《魏略》曰：時遠近皆云當爲公，會病亡。始潛自感所
生微賤，無舅氏，又爲父所不禮，即折節仕進，雖多所更歷，清
省恪然。每之官，不將妻子。妻子貧乏，織藜芘以自供。[15]又潛
爲兗州時，嘗作一胡牀，[16]及其去也，留以掛柱。又以父在京師，
出入薄牽車；輩弟之田廬，常步行；家人小大或并日而食；其家
教上下相奉，事有似於石奮。[17]其履檢校度，自魏興少能及者。
潛爲人材博，有雅（要）容，[18]然但如此而已，終無所推進，故
世歸其絜而不宗其餘。

　　〔二〕《文章敍録》曰：秀字季彦。弘通博濟，八歲能屬文，
遂知名。大將軍曹爽辟。喪父服終，推財與兄弟。年二十五，遷
黄門侍郎。爽誅，以故吏免。遷衛國相，[19]累遷散騎常侍、尚書
僕射令、光禄大夫。咸熙中，晋文王始建五等，[20]命秀典爲制度，
封廣川侯。[21]晋室受禪，進左光禄大夫，[22]改封鉅鹿公，遷司空。
著《易》及《樂》論，又畫《地域圖》十八篇，[23]傳行於世。
《盟會圖》及《典治官制》皆未成。年四十八，泰始七年薨，[24]
謚元公，配食宗廟。少子顗，字逸民，襲封。

　　荀綽《冀州記》曰：顗爲人弘雅有遠識，[25]博學稽古，[26]履
行高整，自少知名。歷位太子中庶子、侍中、尚書。[27]元康
末，[28]爲尚書左僕射。趙王倫以其望重，畏而惡之，知其不與賈
氏同心，猶被枉害。

臣松之案陸機《惠帝起居注》稱“顏雅有遠量，當朝名士也”，又曰“民之望也”。顏理具淵博，[29]瞻於論難，著《崇有》《貴無》二論，[30]以矯虛誕之弊，文辭精富，爲世名論。子嵩，字道文。荀綽稱嵩有父祖風。爲中書郎，[31]早卒。顏從父弟邈，字景聲，有儁才，爲太傅司馬越從事中郎，[32]假節監中外營諸軍事。[33]

潛少弟徽，字文季，冀州刺史。有高才遠度，善言玄妙。事見荀粲、傅嘏、王弼、管輅諸傳。[34]徽長子黎，字伯宗，一名演，游擊將軍。[35]次康，字仲豫，太子左衞率。[36]次楷，字叔則，侍中、中書令、光祿大夫、開府。[37]次綽，字季舒，黃門侍郎，[38]早卒，追贈長水校尉。[39]康、楷、綽皆爲名士，而楷才望最重。

《晉諸公贊》曰：康有弘量，綽以明達爲稱，楷少與琅邪王戎俱爲掾發名，[40]鍾會致之大將軍司馬文王曰：“裴楷清通，王戎簡要。”文王即辟爲掾，[41]進歷顯位。謝鯤爲《樂廣傳》，稱楷儁朗有識具，當時獨步。黎子苞，秦州刺史。[42]康子純，黃門侍郎。次盾，徐州刺史。[43]次郃，有器望。晉元帝爲安東將軍，[44]郃爲長史，侍中王曠與司馬越書曰：“裴郃在此，雖不治事，然識量弘淹，此下人士大敬附之。”次廓，中壘將軍。[45]楷子瓚，中書郎。次憲，豫州刺史。[46]綽子遐，太傅主簿。瓚、遐並有盛名，早卒。

《晉諸公贊》稱憲有清識。

《魏略列傳》以徐福、嚴幹、李義、張既、游楚、梁習、趙儼、裴潛、韓宣、黃朗十人共卷，其既、習、儼、潛四人自有傳，徐福事在《諸葛亮傳》，游楚事在《張既傳》。餘幹等四人載之於後。[47]

嚴幹字公仲，[48]李義字孝懿，皆馮翊東縣人也。[49]馮翊東縣舊無冠族，故二人並單家，[50]其器性皆重厚。當中平末，[51]同年二十餘，幹好擊劍，義好辦護喪事。馮翊甲族桓、田、吉、郭及故侍中鄭文信等，[52]頗以其各有器實，共紀識之。會三輔亂，人多流宕，而幹、義不去，與諸知故相浮沈，採樵自活。逮建安初，關中始開。詔分馮翊西數縣爲左內史郡，治高陵；[53]以東數縣爲本郡，治臨晉。義於縣分當西屬，義謂幹曰：“西縣兒曹，不可與爭坐席，今當共作方牀耳。”遂相附結，皆仕東郡爲右職。司隸辟幹，[54]不至。歲終，郡舉幹孝廉，義上計掾。[55]義留京師，爲平陵令，[56]還宛從僕射，[57]遂歷顯職。逮魏封十郡，請義以爲軍祭酒，又爲魏尚書左僕射。及文帝即位，拜諫議大夫、執金吾、衞尉，[58]卒官。義子豐，字宣國，[59]見《夏侯玄傳》。幹以孝廉拜蒲阪令，[60]病，去官。復舉至孝，[61]爲公車司馬令。[62]爲州所請，詔拜議郎，還參州事。會以建策捕高幹，又追錄前討郭援功，封武鄉侯，遷弘農太守。[63]及馬超反，幹郡近超，民人分散。超破，爲漢陽太守。[64]遷益州刺史，[65]以道不通，黃初中，轉爲五官中郎將。[66]明帝時，遷永安太僕，[67]數歲卒。始李義以直道推誠於人，故于時陳羣等與之齊好。雖無他材力，而終仕進不頓躓。幹從破亂之後，更折節學問，特善《春秋公羊》。司隸鍾繇不好《公羊》而好《左氏》，謂《左氏》爲太官，[68]而謂《公羊》爲賣餅家，故數與幹共辯析長短。[69]繇爲人機捷，善持論，而幹訥口，臨時屈無以應。繇謂幹曰：“公羊高竟爲左丘明服矣。”[70]幹曰：“直故吏爲明使君服耳，[71]公羊未肯也。”

韓宣字景然，勃海人也。[72]爲人短小。建安中，丞相召署軍謀掾，[73]宛散在鄴。嘗於鄴（出）〔步〕入宮，[74]於東掖門內與臨菑侯植相遇。時天新雨，地有泥潦。宣欲避之，閡潦不得去。乃以扇自障，住於道邊。植嫌宣既不去，又不爲禮，乃駐車，使其常從問宣何官。宣云：“丞相軍謀掾也。”植又問曰：“應得唐突列侯否？”宣曰：“《春秋》之義，王人雖微，[75]列于諸侯之上，未聞宰士而爲下土諸侯禮也。”[76]植又曰：“即如所言，爲人父吏，見其子應有禮否？”宣又曰：“於禮，臣、子一例也，而宣年又長。”植知其枝柱難窮，[77]乃釋去，具爲太子言，以爲辯。黃初中，爲尚書郎，[78]嘗以職事當受罰於殿前，已縛，束杖未行。文帝輦過，問：“此爲誰?”[79]左右對曰：[80]“尚書郎勃海韓宣也。”帝追念前臨菑侯所說，乃寤曰：“是子建所道韓宣邪!”特原之，遂解其縛。時天大寒，宣前以當受杖，豫脫袴，纏禪面縛；[81]及其原，禪腰不下，乃趨而去。帝目而送之，笑曰：“此家有瞻諦之士也。”[82]後出爲清河、東郡太守。[83]明帝時，爲尚書、大鴻臚，數歲卒。宣前後當官，在能否之間，然善以己恕人。始南陽韓暨以宿德在宣前爲大鴻臚，暨爲人賢，及宣在後亦稱職，[84]故鴻臚中爲之語曰：“大鴻臚，小鴻臚，前後治行曷相如。”案本志，宣名都不見，惟《魏略》有此傳，而《世語》列於名臣之流。

　　黄朗字文達，沛郡人也。爲人弘通有性實。父爲本縣卒，朗感其如此，抗志游學，由是爲方國及其郡士大夫所禮異。特與東平右姓王惠陽爲碩交，[85]惠陽親拜朗母於牀下。朗始仕黄初中，爲長吏，[86]遷長安令，[87]會喪母不赴，[88]復爲魏令，[89]遷襄城典農中郎將、涿郡太守。[90]以明帝時疾病卒。始朗爲君長，[91]自以父故，常忌不呼鈴下、伍伯，[92]而呼其姓字，至於忿怒，亦終不言。朗既仕至二千石，而惠陽亦歷長安令、酒泉太守。[93]故時人謂惠陽外似麤疏而內堅密，能不顧朗之本末，事朗母如己母，爲通度也。

　　魚豢曰：世稱君子之德其猶龍乎，蓋以其善變也。昔長安市儈有劉仲始者，[94]一爲市吏所辱，乃感激，蹋其尺折之，遂行學問，經明行脩，流名海內。後以有道徵，[95]不肯就，衆人歸其高。余以爲前世偶有此耳，而今徐、嚴復參之，若皆非似龍之志也，其何能至於此哉？李推至道，張工度主，韓見識異，黄能拔萃，各著根於石上，而垂陰乎千里，亦未爲易也。游翁慷慨，展布腹心，全軀保郡，見延帝王，又放陸生，優游宴戲，亦一賢也。[96]梁、趙及裴，雖張、楊不足，至于檢己，老而益明，亦難能也。

　　[1] 代郡：東漢治所高柳縣，在今山西陽高縣西北。曹魏移治所於代縣，在今河北蔚縣東北。

　　[2] 三人：本書卷一《武帝紀》建安十二年、二十一年謂代郡烏丸行單于普富盧至朝廷朝賀，又本書卷三〇《烏丸鮮卑傳》謂代郡烏丸首領有能臣氏與修武盧。

　　[3] 稽（qǐ）顙：古人最隆重的禮節。跪拜時叩頭至地，並稍事停留。

　　[4] 理曹掾：官名。建安十九年（214）曹操於丞相府置理曹掾屬，典司法刑獄。

　　[5] 今計者必以潛爲理過嚴：盧弼《集解》云："《通鑑》‘計’作‘繼’，‘理’作‘治’，均是。"

　　[6] 此訟爭所由生也：盧弼《集解》云："《通鑑》‘訟爭’作‘怨叛’。"趙幼文《校箋》謂《册府元龜》卷七九六引作"此怨讟之所由生也"。按，宋本《册府元龜》仍作"此訟爭所由生也"。

　　[7] 驍騎將軍：官名。東漢爲雜號將軍，統兵出征，事迄即罷。魏置爲中軍將領，有營兵，遂常設，以功高者任之。第四品。

　　[8] 沛國：王國名。治所相縣，在今安徽濉溪縣西北。

　　[9] 兗州：刺史治所昌邑縣，在今山東金鄉縣西北。

　　[10] 荊州：魏初荊州刺史治所宛縣，在今河南南陽市。

　　[11] 河南尹：官名。秩二千石。東漢建都洛陽，將京都附近二十一縣合爲一行政區，稱河南尹。相當於一郡；河南尹的長官亦稱河南尹，地區名與官名相同。魏晉因之，第三品。

　　[12] 尚書令：官名。曹魏時仍爲尚書臺長官，第三品，不再隸屬少府。仍掌奏、下尚書曹文書衆事，選用署置官吏；總典臺中綱紀法度，無所不統。後又綜理萬機，決策出令。

　　[13] 光禄大夫：趙幼文《校箋》謂郝經《續後漢書》"光"上有"右"字。

　　[14] 咸熙：魏元帝曹奂年號（264—265）。

[15] 藜（lí）芘（bì）：藜，百衲本、盧弼《集解》本作"蔾"，殿本、校點本作"藜"。按，二字同。《說文》："藜，草也。"朱駿聲《通訓定聲》："字亦作莉、作蔾。"今從殿本等。芘，通"庇"，蔭蔽。《集韻·至韻》："芘，覆也。或作庇。"藜芘，即藜草編織的壁障。

[16] 胡牀：一種可以折叠的輕便坐具，因從胡地傳入，故名。後世又稱交牀、交椅。

[17] 石奮：漢景帝初爲九卿。其四子爲官皆二千石，一門共爲萬石，故當時號石奮爲萬石君。《漢書》卷四六《石奮傳》云："萬石君家以孝謹聞乎郡國，雖齊魯諸儒質行，皆自以爲不及也。"

[18] 雅容：各本皆作"雅要容"。殿本《考證》云："'要'字疑衍。"校點本即從刪"要"字。今從之。趙幼文《校箋》則謂《通志》"要"字作"姿"。

[19] 衛國：侯國名。治所在今河南清豐縣東南。

[20] 五等：公、侯、伯、子、男五等封爵。

[21] 廣川：侯國名。治所在今河北景縣西南廣川鎮。

[22] 左光禄大夫：官名。西晉時無職掌，假金章紫綬，禄賜、班位、冠幘、車服、佩玉、置吏卒及諸所賜予與特進同。二品。

[23] 地域圖：《晉書》卷三五《裴秀傳》作《禹貢地域圖》。

[24] 泰始：晉武帝司馬炎年號（265—274）。

[25] 弘雅有遠識：趙幼文《校箋》謂《世說新語·言語篇》注引作"弘濟有清識"。

[26] 博學稽古：趙幼文《校箋》謂《世說新語·言語篇》注引"稽古"下有"善言名理"四字。

[27] 太子中庶子：官名。東宮官屬，晉置四員，與中舍人共掌文翰。

[28] 元康：晉惠帝司馬衷年號（291—299）。

[29] 理具淵博：趙幼文《校箋》謂《世說新語·賞譽篇》注引"具"字作"甚"。

［30］崇有：《晋書》卷三五《裴秀附頠傳》載有《崇有論》。

［31］中書郎：官名。即中書侍郎。魏文帝黄初初，置中書監、令，下設通事郎，掌詔草，後又增設中書侍郎，亦稱中書郎，亦掌詔草。第五品。晋沿置，設四員。

［32］從事中郎：官名。三國時，三公府、將軍府皆置爲屬吏。秩六百石，第六品。其職依時、依府而定，或爲主吏，或分掌諸曹，或掌機密，或参謀議，地位較高。員不定。

［33］監中外營諸軍事：蓋指監督京城内外（包括宮中）之宿衛諸軍。

［34］荀粲：按，本書無《荀粲傳》。《荀粲傳》乃何劭所撰，見本書卷一〇《荀彧傳》裴注引。其中亦言及裴徽。　傅嘏：本書卷二一《傅嘏傳》亦未言及裴徽，而裴注引《傅子》有裴徽事。

王弼：本書亦無《王弼傳》。《王弼傳》乃何劭所撰，見本書卷二八《鍾會傳》裴注引。其中亦言及裴徽事。　管輅：本書卷二九《管輅傳》及裴注引《管輅別傳》皆言及裴徽事。

［35］游擊將軍：官名。漢代爲雜號將軍之一。魏、晋爲禁軍將領，與驍騎將軍等分領中虎賁，掌宿衛之任。第四品。

［36］太子左衛率：官名。晋武帝泰始五年（269）分太子衛率置左、右衛率，各領一軍，宿衛東宮，亦任征伐，地位頗重。

［37］開府：開設府署，辟置僚屬。漢代許三公、大將軍開府。魏晋以後範圍擴大，同一官銜而開府者，地位較高。

［38］黄門侍郎：官名。即給事黄門侍郎，東漢時，秩六百石。掌侍從左右，給事禁中，關通中外。初無員數，漢獻帝定爲六員，與侍中出入禁中，近侍帷幄，省尚書奏事。三國沿置，魏定爲五品，西晋因之。

［39］長水校尉：官名。魏時秩比二千石，第四品。掌宿衛兵。晋沿置。

［40］琅邪：郡名。治所開陽縣，在今山東臨沂市北。

［41］即辟：趙幼文《校箋》謂《世説新語·德行篇》注引

"即"下有"俱"字。

〔42〕秦州：晋武帝泰始五年置，刺史治所冀縣，在今甘肅甘谷縣東。太康三年（282）廢，七年復置，治所移至上邽縣，在今甘肅天水市。

〔43〕徐州：刺史治所彭城縣，在今江蘇徐州市。

〔44〕安東將軍：官名。爲出鎮地方的軍事長官，或爲州刺史兼理軍務的加官。魏、晋時皆第三品。

〔45〕中壘將軍：官名。第四品，掌宿衛兵。

〔46〕豫州：西晋豫州刺史治所陳縣，在今河南淮陽縣。

〔47〕餘幹：百衲本、校點本作"餘韓"，殿本、盧弼《集解》本作"餘幹"。盧弼《集解》云："馮本、監本作'徐韓'，宋本、元本作'餘韓'，均誤。"又殿本《考證》盧明楷曰："按此即指下嚴幹、李義、韓宣、黄朗等四人也。且上文已云徐福事在《諸葛亮傳》，不應又云'徐韓'。"今從殿本等。

〔48〕嚴幹：盧弼《集解》謂《北堂書鈔》卷九五作"嚴韓"，《太平御覽》卷五四二（當作三四二）引作"嚴翰"。趙幼文《校箋》謂《白孔六帖》卷八八，《太平御覽》卷三四二、卷六〇一（當作六一〇）俱作"嚴翰"。按，《北堂書鈔》實引作"嚴漢"。

〔49〕東縣：趙一清《注補》云："東縣，即臨晋以東之縣。"臨晋縣治所在今陝西大荔縣。

〔50〕單家：孤寒人家。與豪族大姓相對而言。

〔51〕中平：漢靈帝劉宏年號（184—189）。

〔52〕田：百衲本作"甲"，殿本、盧弼《集解》本、校點本作"田"。今從殿本等。

〔53〕高陵：縣名。治所在今陝西高陵縣西南。

〔54〕司隸：即司隸校尉。

〔55〕上計掾：官名。東漢郡國遣吏至京都向朝廷呈上計簿，彙報本郡國的户口、錢糧、獄訟、盜賊等情況。此事稱爲上計，所遣之吏稱爲上計掾或上計吏。

［56］平陵：縣名。治所在今陝西咸陽市西北。

［57］宂從僕射（yè）：官名。即中黃門宂從僕射。東漢置，秩六百石。統領中黃門宂從，掌宿衛宮禁，直守門户，皇帝出行則騎從，夾乘輿車。名義上隸少府。

［58］諫議大夫：官名。秩六百石，第七品。掌議論，無定員。執金吾：官名。建安十八年（213）魏國置中尉，黃初元年（220）改爲執金吾，秩中二千石，第三品，掌宮外及京都警衛，皇帝出行，則充任護衛及儀仗。　衛尉：官名。秩中二千石，第三品，掌宮門及宮中警衛。

［59］宜國：本書卷九《夏侯玄傳》裴注引《魏略》作“安國”。

［60］蒲阪：縣名。治所在今山西永濟縣西南蒲州鎮。

［61］至孝：漢代察舉人才科目之一。漢武帝時，初令郡國舉孝、廉各一人，即孝子、廉吏各一人。至孝爲孝子科。後孝廉連用，混爲一科，不再區分。此蓋特設。

［62］公車司馬令：官名。秩六百石，第六品。掌皇宮南闕門，凡吏民上章，四方貢獻及徵詣公車者，均由公車司馬令呈達。

［63］弘農：郡名。治所弘農縣，在今河南靈寶市東北。

［64］漢陽：殿本作“濮陽”，今從百衲本、盧弼《集解》本、校點本作“漢陽”。漢陽，郡名。治所冀縣，在今甘肅甘谷縣東。

［65］益州：刺史治所成都縣，在今四川成都市舊東、西城區。按，當時益州已爲劉備所據。

［66］五官中郎將：官名。漢代五官中郎將主管五官郎，掌宿衛殿門，出充車騎，屬光禄勳，不置僚屬，秩比二千石。漢末曹丕爲此官，置僚屬，並爲丞相之副。曹丕代漢之初未置此官，未詳何時復置。復置後仍屬光禄勳，似無郎署。

［67］永安太僕：官名。魏太后置衛尉、太僕、少府三卿，皆隨太后宮爲號，本在九卿上，魏改漢制，在九卿下。魏明帝即位後，尊文帝郭皇后爲太后，稱永安宮。

[68] 太官：趙幼文《校箋》謂《北堂書鈔》卷九六（當作九五）、《太平御覽》卷六一〇引“官”下有“厨”字。

[69] 故數與：趙幼文《校箋》謂《太平御覽》卷四六四引“故”下有“常”字。

[70] 公羊高：戰國時齊人，子夏弟子。傳說爲《公羊傳》之作者，而《公羊傳》成書於漢景帝時。（見《公羊傳》何休《解詁序》徐彦疏引戴宏説）

[71] 明使君：對州郡長官之尊稱。鍾繇爲司隸校尉，相當於刺史，故李義如此稱繇。

[72] 勃海：郡名。治所南皮縣，在今河北南皮縣東北。

[73] 建安中：趙幼文《校箋》謂《北堂書鈔》卷六八引“中”下有“太祖爲”三字。　署：殿本作“置”，百衲本、盧弼《集解》本、校點本作“署”。今從百衲本等。

[74] 步入：各本作“出入”。趙幼文《校箋》謂《北堂書鈔》卷六〇引“出”字作“步”；《太平御覽》卷七〇二引亦作“步”，又卷四六三引作“步行入”。疑“出”爲“步”之殘誤。而“步入”語意已備，著“行”反贅矣。今從趙説改“出”爲“步”。

[75] 王人：謂王室之官。《春秋·僖公八年》：“王正月，公會王人、齊侯、宋公、衛侯、許男、曹伯、陳世子款盟于洮。”《公羊傳》：“王人者何？微者也。曷爲序乎諸侯之上？先王命也。”

[76] 宰士：周王之冢宰，掌管王家内外事務，相當秦漢的宰相，漢代又尊稱宰相之僚屬爲宰士。《漢書》卷八四《翟方進傳》“以宰士督察天子奉使命大夫”，顏師古注：“謂丞相掾史爲宰士者，言其宰相之屬官，而位爲士也。”　下土：百衲本、殿本、盧弼《集解》本均作“下土”，校點本作“下士”。今從百衲本等。

[77] 枝柱：抵觸，不順從。

[78] 尚書郎：官名。東漢之制，取孝廉之有才能者入尚書臺，初入臺稱守尚書郎中，滿一年稱尚書郎，三年稱侍郎，統稱尚書郎。曹魏襲之，而分曹有異。曹魏有殿中、吏部、駕部、度支等等

二十五郎，秩皆四百石，第六品，主文書起草。

[79] 此爲誰：趙幼文《校箋》謂《北堂書鈔》卷六〇、《太平御覽》卷二一五引作“是誰”。

[80] 左右對：趙幼文《校箋》謂《北堂書鈔》《太平御覽》引作“左右以實對”。

[81] 褌（kūn）：滿襠的內褲稱褌，無襠的套褲稱褲。

[82] 瞻諦：吳金華《校詁》云：“‘瞻諦’乃古人成語，形容性氣剛志，志不可奪。”

[83] 清河：郡名。治所清河縣，在今山東臨清市東北。　東郡：治所濮陽縣，在今河南濮陽縣西南。

[84] 在後：趙幼文《校箋》謂《北堂書鈔》卷五四、《太平御覽》卷二三二引“後”字作“官”。

[85] 東平：王國名。治所無鹽縣，在今山東東平縣東。

[86] 長吏：百衲本“吏”字作“史”，殿本、盧弼《集解》本、校點本作“吏”。今從殿本等。

[87] 長安：縣名。治所在今陝西西安市西北。

[88] 赴：百衲本作“對”，殿本、盧弼《集解》本、校點本作“赴”。今從殿本等。

[89] 魏：縣名。治所在今河北大名縣西南。

[90] 襄城：縣名。治所在今河南襄城縣。　涿郡：治所涿縣，在今河北涿州市。

[91] 君長：謂郡縣之長。

[92] 鈴下：吏名。漢朝官府的侍從小吏，因其在鈴閣之下，有警則掣鈴以呼，故名。魏、晉或作爲門吏之代稱。　伍伯：官府侍從小吏，職在導引、問事。

[93] 酒泉：郡名。治所福禄縣，在今甘肅酒泉市。

[94] 市儈：買賣的中間介紹人。

[95] 有道：漢代選舉人才科目之一。

[96] 賢：百衲本、盧弼《集解》本、校點本作“實”，今從

殿本作"賢"。按，此游翁指游楚，其事迹見本書卷一五《張既傳》裴注引《魏略》。《玉篇·貝部》："賢，能也。"以游楚之行事看，實爲能幹之郡守。

評曰：和洽清和幹理，常林素業純固，楊俊人倫行義，杜襲温粹識統，趙儼剛毅有度，裴潛平恒貞幹，皆一世之美士也。至林能不繫心於三司，以大夫告老，美矣哉！

三國志 卷二四

魏書二十四

韓崔高孫王傳第二十四

　　韓曁字公至，南陽堵陽人也。[一][1]同縣豪右陳茂，
譖曁父兄，幾至大辟。[2]曁陽不以爲言，[3]庸賃積資，
陰結死士，遂追（呼）尋禽茂，[4]以首祭父墓，由是
顯名。舉孝廉，[5]司空辟，[6]皆不就。乃變名姓，隱居
避亂魯陽山中。[7]山民合黨，欲行寇掠。曁散家財以供
牛酒，請其渠帥，爲陳安危。山民化之，終不爲害。
避袁術命召，徙居山都之山。[8]荆州牧劉表禮辟，[9]遂
遁逃，南居孱陵界，[10]所在見敬愛，而表深恨之。曁
懼，應命，除宜城長。[11]

　　〔一〕《楚國先賢傳》曰："曁，韓王信之後。[12]祖術，河東
太守。[13]父純，南郡太守。[14]"

　　[1] 南陽：郡名。治所宛縣，在今河南南陽市。　　堵陽：縣

名。治所在今河南方城縣東。

〔2〕大辟：死刑。

〔3〕陽：同"佯"，假裝。

〔4〕遂追尋禽茂：各本"追"下有"呼"字。趙幼文《校箋》謂《太平御覽》卷四八一引無"呼"字，《册府元龜》卷八九六引作"遂尋禽茂"。按，宋本《册府元龜》亦作"遂追尋禽茂"。今從趙説及宋本《册府元龜》删"呼"字。

〔5〕孝廉：漢代選拔官吏的主要科目。孝指孝子，廉指廉潔之士。原本爲二科，後混同爲一科，也不再限於孝子和廉士。東漢後期定制爲不滿四十歲者不得察舉；被舉者先詣公府課試，以觀其能。郡國每年要向中央推舉一至二人。

〔6〕司空：官名。東漢時，與太尉、司徒並爲三公，共同行使宰相職能，而位列三公之末。本職掌土木營建與水利工程。

〔7〕避亂：趙幼文《校箋》謂《册府元龜》卷九四八引"亂"字作"難"。　魯陽：縣名。治所在今河南魯山縣。　山：指魯山。在今河南魯山縣東北，接襄城縣界。

〔8〕山都：縣名。治所在今湖北穀城縣東南。

〔9〕荆州：東漢末，州牧刺史之治所襄陽縣，在今湖北襄陽市樊城區。

〔10〕孱（zhàn）陵：縣名。治所在今湖北公安縣西。

〔11〕宜城：縣名。治所在今湖北宜城縣南。

〔12〕韓王信：戰國韓襄王之孫。楚漢相争中，劉邦立韓信爲韓王。（見《史記》卷九三《韓信列傳》）

〔13〕河東：郡名。治所安邑縣，在今山西夏縣西北禹王城。

〔14〕南郡：治所江陵縣，在今湖北江陵縣。

太祖平荆州，辟爲丞相士曹屬。[1]後遷樂陵太守，[2]徙監冶謁者。[3]舊時冶，作馬排，蒲拜反。爲排以吹炭。[4]每一熟石用馬百匹;[5]更作人排,又費功力。[6]暨乃因長流爲水排,計其利益,三倍於前。在職七年,[7]器用充實。制書襃歎,就加司金都尉,[8]班亞九卿。文帝踐阼,封宜城亭侯。[9]黃初七年,[10]遷太常,[11]進封南鄉亭侯,邑二百户。

時新都洛陽,[12]制度未備,而宗廟主祐音石。〔一〕皆在鄴都。[13]暨奏請迎鄴四廟神主,[14]建立洛陽廟,四時蒸嘗,[15]親奉粢盛。[16]崇明正禮,廢去淫祀,多所匡正。在官八年,以疾遜位。景初二年春,[17]詔曰:“太中大夫韓暨,[18]澡身浴德,志節高絜,年踰八十,守道彌固,可謂純篤,老而益劭者也。[19]其以暨爲司徒。”[20]夏四月薨,遺令斂以時服,葬爲土藏。[21]謚曰恭侯。〔二〕子肇嗣。肇薨,子邦嗣。〔三〕

〔一〕《春秋傳》曰:命我先人典司宗祐。注曰:“宗廟所以藏主石室者。”[22]

〔二〕《楚國先賢傳》曰:暨臨終遺言曰:“夫俗奢者,示之以儉,儉則節之以禮。歷見前代送終過制,失之甚矣。若爾曹敬聽吾言,斂以時服,葬以土藏,穿畢便葬,送以瓦器,慎勿有增益。”又上疏曰:“生有益於民,死猶不害於民。況臣備位台司,[23]在職日淺,未能宣揚聖德以廣益黎庶。寢疾彌留,奄即幽冥。方今百姓農務,不宜勞役,乞不令洛陽吏民供設喪具。懼國典有常,使臣私願不得展從,謹冒〔死〕以聞,[24]惟蒙哀許。”帝得表嗟歎,乃詔曰:“故司徒韓暨,積德履行,忠以立朝,至於黃髮,[25]直亮不虧。既登三事,[26]望獲毗輔之助,如何奄忽,天命不永!曾參臨没,[27]易簀以禮;晏嬰尚儉,[28]遣車降制。今司徒知命,遺言卹民,必欲崇約,可謂善始令終者也。其喪禮所設,皆如故事，勿有所闕。特賜溫明祕器，[29] 衣一稱，[30] 五時朝服，[31] 玉具劍佩。"

〔三〕《楚國先賢傳》曰：邦字長林。少有才學。晋武帝時爲野王令，[32] 有稱績。爲新城太守，[33] 坐舉野王故吏爲新城計吏，[34] 武帝大怒，遂殺邦。暨次子縣，高陽太守。[35] 縣子洪，侍御史。[36] 洪子壽，字德真。[37]

《晋諸公贊》曰：自暨已下，世治素業，壽能敦尚家風，性尤忠厚。早歷清職，惠帝踐阼，爲散騎常侍，[38] 遷守河南尹，[39] 病卒，贈驃騎將軍。[40] 壽妻賈充女。[41] 充無後，以壽子謐爲嗣，弱冠爲祕書監、侍中，[42] 性驕佚而才出衆。[43] 少子蔚，亦有器望，並爲趙王倫所誅。韓氏遂滅。

［1］士曹屬：官名。漢末曹操丞相府置有士曹，屬爲長官。

［2］遷：校點本作"選"，百衲本、殿本，盧弼《集解》本均作"遷"。今從百衲本等。　樂陵：郡名。治所厭次縣，在今山東惠民縣東桑落堡。

［3］監冶謁者：官名。漢末曹操臨時置，以謁者之職兼領冶鑄。

［4］排（bài）：鼓風吹火之器具。梁章鉅《旁證》云："排"與"鞴""橐""鞲"通，吹火橐也。

［5］一熟石：盧弼《集解》本作"一孰石"，百衲本、殿本、校點本均作"一熟石"。今從百衲本等。一熟石，謂熔煉成一石（十斗）金屬液。

［6］功力：趙幼文《校箋》謂《册府元龜》卷四九九引"功"字作"工"。

［7］七年：殿本《考證》云："《太平御覽》作'一年'。"趙幼文《校箋》謂見《太平御覽》卷二四一。按宋本《太平御覽》亦作"七年"。

　　[8] 司金都尉：官名。建安中曹操置，秩比二千石，掌冶鑄製造等。

　　[9] 亭侯：爵名。漢制，列侯大者食縣邑，小者食鄉、亭。東漢後期遂以食鄉、亭者稱爲鄉侯、亭侯。

　　[10] 黄初：魏文帝曹丕年號（220—226）。

　　[11] 太常：官名。秩中二千石，第三品。掌禮儀祭祀，選試博士。

　　[12] 洛陽：縣名。治所在今河南洛陽市東北白馬寺東。

　　[13] 鄴：縣名。治所在今河北臨漳縣西南鄴鎮東一里半。自曹操破袁紹後即以鄴爲據點；後曹操封魏公、魏王，又以鄴爲都，故曹魏稱鄴爲都。

　　[14] 四廟：指曹魏的高皇帝曹騰、太皇帝曹嵩、武帝曹操、文帝曹丕之廟。見本書卷三《明帝紀》太和三年十一月。

　　[15] 蒸嘗：同“烝嘗”。本來冬祭稱烝，秋祭稱嘗。後遂泛指祭祀。

　　[16] 粢（zī）盛：祭品。粢爲穀類之總稱。粢盛即指盛在祭器中之黍稷，因泛指祭品。

　　[17] 景初：魏明帝曹叡年號（237—239）。

　　[18] 太中大夫：官名。秩千石，第七品。掌顧問應對，參謀議政。

　　[19] 劭：自勵自强。

　　[20] 司徒：官名。與太尉、司空並爲三公，共同行使宰相職能，位次太尉，本職掌民政，第一品。

　　[21] 土藏：謂挖土坑埋葬，不修石椁。

　　[22] 主：指木神主。又《左傳·昭公十八年》“使祝史徙主祐于周廟”。杜預注：“祐，廟主石函。”孔穎達疏：“每廟木主皆以石函盛之，當祭則出之，事畢則納於函，藏於廟之北壁之内，所以辟火災也。”故有“主祐”之稱。

　　[23] 台司：台謂三台，司謂三司。均指三公。

[24] 謹冒死以聞：各本無“死”字。趙幼文《校箋》謂郝經《續後漢書》“冒”下有“死”字，應補，句意乃備。今從趙説補。

[25] 黃髮：指年老高壽。因老人髮白，白久則黃。

[26] 三事：指三公。

[27] 曾參：孔子弟子。以孝著稱，亦極遵禮重修養。後教授門徒甚眾。《禮記·檀弓上》：“曾子寢疾，病。樂正子春坐於牀下，曾元、曾申坐於足，童子隅坐而執燭。童子曰：‘華而睆，大夫之簣與？’子春曰：‘止。’曾子聞之，瞿然曰：‘呼？’曰：‘華而睆大夫之簣與？’曾子曰‘然。斯季孫之賜也，我未之能易也。元，起易簣。’曾元曰：‘夫子病革矣，不可以變，幸而至於旦，請敬易之。’曾子曰：‘爾之愛我也，不如彼。君子之愛人也以德，細人之愛人也以姑息。吾何求哉！吾得正而斃焉斯已矣。’舉扶而易之，反席未安而没。”

[28] 晏嬰：春秋時齊國大夫，以節儉著稱。《禮記·檀弓下》：“曾子曰：‘晏子可謂知禮也已，恭敬之有焉。’有若曰：‘晏子一狐裘三十年，遣車一乘，及墓而反。國君七個，遣車七乘；大夫五個，遣車五乘。晏子焉知禮？’”孔穎達疏：“遣車一乘者，其父晏桓子是大夫，大夫遣車五乘，其葬父唯用一乘，又是儉失禮也”；“國君七個，遣車七乘，大夫五個，遣車五乘者，此更舉正禮以證晏子失禮也。個，謂所包遣奠牲體臂臑也，折爲七段、五段，以七乘、五乘遣車載之。今晏子略不從禮數，是不知也”。

[29] 特：百衲本作“時”，今從殿本等作“特”。　溫明：古代葬器。《漢書》卷六八《霍光傳》“東園溫明”注：服虔曰：“東園處此器，形如方漆桶，開一面，漆畫之，以鏡置其中，以懸屍上，大斂並蓋之。”師古曰：“東園，署名也，屬少府。其署主作此器也。”

[30] 一稱（chèn）：一套。

[31] 五時朝服：按春、夏、季夏、秋、冬五個時令所穿不同顏色的朝服。《後漢書》卷四二《東平憲王蒼傳》“乃命留五時衣

各一襲”，李賢注：“五時衣，謂春青、夏朱、季夏黄、秋白、冬黑也。衣單複具曰襲。”

[32] 野王：縣名。治所在今河南沁陽市。

[33] 新城：郡名。治所房陵縣，在今湖北房縣。

[34] 計吏：漢代的郡國，在年終遣吏至京都，向朝廷呈上計簿，彙報本郡國的户口、錢糧、獄訟、盗賊等情況。此事稱爲上計，所遣之吏稱爲計吏或上計吏。

[35] 高陽：郡名。治所高陽縣，在今河北高陽縣東舊城。

[36] 侍御史：官名。秩六百石，第七品。掌察舉非法，受公卿群吏奏事，有違失者舉劾之。

[37] 德真：殿本、校點本作“德貞”，百衲本、盧弼《集解》作“德真”，《晋書》卷四〇《賈充附謐傳》亦作“德真”。今從百衲本等。

[38] 散騎常侍：官名。秩比二千石，第三品。爲門下重職，侍從皇帝左右，諫諍得失，應對顧問，與侍中等共平尚書奏事，有異議得駁奏。

[39] 河南尹：官名。秩二千石。東漢建都洛陽，將京都附近二十一縣合爲一行政區，稱河南尹。相當於一郡；河南尹的長官亦稱河南尹，地區名與官名相同。魏晋因之，第三品。

[40] 驃騎將軍：官名。東漢時位比三公，地位尊崇。魏、晋沿置，居諸名號將軍之首，僅作爲軍府名號，加授大臣、重要州郡長官，無具體職掌，二品。開府者位從公，一品。

[41] 賈充女：指賈充小女賈午。詳情見《晋書》卷四〇《賈充附謐傳》。

[42] 秘書監：官名。魏文帝初，置爲秘書署長官，秩六百石，第三品。掌管藝文圖籍。初屬少府，魏明帝時王肅任此職，上表諫不應屬少府，後遂不屬。晋武帝以秘書併入中書省，罷此職。晋惠帝永平元年（291）復置，爲秘書局長官，綜理經籍，考校古今，課試署吏，統著作局，掌國史修撰並管理中外三閣圖書。仍爲三

品。　侍中：官名。曹魏時，第三品。爲門下侍中寺長官。職掌門下衆事，侍從左右，顧問應對，拾遺補闕，與散騎常侍、黃門侍郎等共平尚書奏事。晋沿置，爲門下省長官。

[43] 出衆：百衲本作“出壽”，殿本、盧弼《集解》本、校點本作“出衆”。今從殿本等。

崔林字德儒，清河東武城人也。[1]少時晚成，[2]宗族莫知，惟從兄琰異之。太祖定冀州，召除鄔長，[3]貧無車馬，單步之官。太祖征壺關，[4]問長吏德政最者，并州刺史張陟以林對，[5]於是擢爲冀州主簿，[6]徙署別駕、丞相掾屬。[7]魏國既建，稍遷御史中丞。[8]

文帝踐阼，拜尚書，[9]出爲幽州刺史。[10]北中郎將吳質統河北軍事，[11]涿郡太守王雄謂林別駕曰：[12]“吳中郎將，上所親重，國之貴臣也。仗節統事，州郡莫不奉牋致敬，而崔使君初不與相聞。[13]若以邊塞不脩斬卿，[14]使君寧能護卿邪？”別駕具以白林，林曰：“刺史視去此州如脫屣，寧當相累邪？此州與胡虜接，宜鎮之以静，擾之則動其逆心，特爲國家生北顧憂，[15]以此爲寄。”[16]在官一期，寇竊寢息；〔一〕猶以不事上司，左遷河閒太守，[17]清論多爲林怨也。〔二〕

〔一〕案《王氏譜》：[18]雄字元伯，太保祥之宗也。[19]

《魏名臣奏》載安定太守孟達薦雄曰：[20]“臣聞明君以求賢爲業，忠臣以進善爲效，故《易》稱‘拔茅連茹’，[21]《傳》曰‘舉爾所知’。[22]臣不自量，竊慕其義。臣昔以人乏，謬充備部職，[23]時涿郡太守王雄爲西部從事，[24]與臣同僚。雄天性良固，果而有謀。歷試三縣，政成人和。[25]及在近職，[26]奉宣威恩，[27]

懷柔有術，清慎持法。臣往年出使，經過雄郡。自説特受陛下拔擢之恩，常勵節精心，思投命爲效。言辭激揚，情趣款惻。臣雖愚闇，不識真僞，以謂雄才兼資文武，[28]忠烈之性，踰越倫輩。今涿郡領户三千，[29]孤寡之家，參居其半，北有守兵藩衞之固，誠不足舒雄智力，展其勤幹也。[30]臣受恩深厚，無以報國，不勝悾悾淺見之情，謹冒陳聞。"詔曰："昔蕭何薦韓信，[31]鄧禹進吴漢，[32]惟賢知賢也。雄有膽智技能文武之姿，吾宿知之。今便以參散騎之選，[33]方使少在吾門下知指歸，[34]便大用之矣。天下之士，欲使皆先歷散騎，然後出據州郡，是吾本意也。"雄後爲幽州刺史。子渾，涼州刺史。[35]次義，平北將軍。[36]司徒安豐侯戒，[37]渾之子。太尉武陵侯衍、荆州刺史澄，[38]皆義之子。

〔二〕《魏名臣奏》載侍中辛毗奏曰："昔桓階爲尚書令，[39]以崔林非尚書才，遷以爲河閒太守。"與此傳不同。[40]

[1] 清河：郡名。治所清河縣，在今山東臨清市東北。　東武城：縣名。治所在今河北清和縣東北。

[2] 少時晚成：趙幼文《校箋》謂《太平御覽》卷四八五引作"幼時"，無"晚成"二字。

[3] 鄔：縣名。治所在今山西介休縣東北鄔城店。

[4] 壺關：縣名。治所在今山西長治市北。

[5] 并州：刺史治所晋陽縣，在今山西太原市西南古城營西古城。

[6] 冀州：東漢末，州牧刺史治所常設在鄴，在今河北臨漳縣西南鄴鎮東一里半。　主簿：官名。漢代中央及州郡縣官府皆置此官，以典領文書，辦理事務。

[7] 別駕：官名。別駕從事史的簡稱，爲州牧刺史的主要屬吏，州牧刺史巡行各地時，別乘傳車從行，故名別駕。　丞相掾屬：官名。丞相府之長吏。丞相府設有諸曹，如東曹、户曹、金

曹、兵曹等。掾爲曹長，屬爲副貳。

　　[8] 御史中丞：官名。秩千石，第四品。爲御史臺長官，掌監察、執法。

　　[9] 尚書：官名。曹魏置吏部、左民、客曹、五兵、度支等五曹尚書，秩皆六百石，第三品。其中吏部職要任重，徑稱爲吏部尚書，其餘諸曹均稱尚書。

　　[10] 幽州：刺史治所薊縣，在今北京城西南。

　　[11] 北中郎將：官名。東漢靈帝時所置四中郎將之一，主率軍征伐。魏、晉沿置，多有較固定的轄區和治所。西晉時多鎮鄴。

　　[12] 涿郡：治所涿縣，在今河北涿州市。

　　[13] 使君：對州郡長官之尊稱。　初：完全。

　　[14] 邊塞：趙幼文《校箋》謂《北堂書鈔》卷三七引“塞”字作“事”。按《北堂書鈔》實作“塞”。

　　[15] 特爲：趙幼文《校箋》謂《北堂書鈔》引“特”字作“將”。按《北堂書鈔》實作“特”。

　　[16] 以此爲寄：趙幼文《校箋》謂此句語意似未完。《北堂書鈔》引作“故不欲致煩耳”，無“以此爲寄”四字。按，《北堂書鈔》實無“耳”字。

　　[17] 河間：郡名。治所樂成縣，在今河北獻縣東南。

　　[18] 王氏譜：沈家本《三國志注所引書目》謂《隋書·經籍志》《舊唐書·經籍志》《新唐書·藝文志》皆不注録。

　　[19] 太保：官名。西晉時與太宰、太傅並爲上公，第一品。爲尊貴虛銜，無職掌。

　　[20] 安定：郡名。治所臨晉縣，在今甘肅鎮原縣東南。　孟達：此孟達與本書卷二《文帝紀》、卷三《明帝紀》所言“蜀將孟達”“新城太守孟達”不是一人。

　　[21] 拔茅連茹：《易·泰卦》初九爻辭：“拔茅茹，以其彙，征吉。”王弼注：“茅之爲物，拔其根而相牽引者也。茹，相牽引之貌也。”孔穎達疏：“以其彙者，彙，類也。以類相從。征吉者，

征，行也。”

［22］舉爾所知：《論語・子路》：子曰：“舉爾所知。爾所不知，人其捨諸？”

［23］謬充：趙幼文《校箋》謂《冊府元龜》卷六八八引無“充”字。

［24］西部從事：官名。蓋即冀州西部都督從事。建安十八年（213）并州并入冀州後，於原并州地置西部都督從事統領之。見本書卷一五《梁習傳》。

［25］人和：趙幼文《校箋》謂《冊府元龜》卷六八八引“人”字作“民”。按，宋本《冊府元龜》亦作“人”。

［26］及在近職：趙幼文《校箋》謂《冊府元龜》引“在”字作“任”。按，宋本《冊府元龜》亦作“在”，又“及”字作“頃”。

［27］威恩：趙幼文《校箋》謂《冊府元龜》引“恩”字作“德”。按，宋本《冊府元龜》亦作“恩”。

［28］以謂：趙幼文《校箋》謂《冊府元龜》引“謂”字作“爲”。按，宋本《冊府元龜》亦作“謂”。

［29］户三千：沈家本《瑣言》云：“《續漢志》涿郡户十萬二千二百一十八，此永和五年户數。經喪亂之後，存者不及三十分之一。”

［30］展其勤幹也：趙幼文《校箋》謂《冊府元龜》卷六八八引“也”上有“而已”二字。按，宋本《冊府元龜》亦無“而已”二字。

［31］蕭何薦韓信：劉邦爲漢王後，以蕭何爲丞相。至南鄭，諸將道中逃亡者數十人，韓信亦逃亡。蕭何深知韓信，不及告劉邦，即往追之。蕭何追韓信回來後，劉邦責備蕭何，爲何獨追韓信，蕭何説：“諸將易得耳。至如信者，國士無雙。王必欲長王漢中，無所事信；必欲爭天下，非信無所與計事者。”劉邦遂任韓信爲大將。（見《史記》卷九二《淮陰侯列傳》）

[32] 鄧禹進吳漢：劉秀起兵後，鄧禹即追隨之，深得劉秀之信任。而吳漢投劉秀後，未得重用，鄧禹便多次薦舉。及劉秀將發幽州兵，召問鄧禹誰可使者。禹曰：“間數與吳漢言，其人勇鷙有謀，諸將鮮能及者。”劉秀即拜吳漢爲大將軍。（見《後漢書》卷一八《吳漢傳》）

[33] 今便：趙幼文《校箋》謂《册府元龜》卷六八八引“便”字作“使”。　散騎：官名。指散騎常侍或散騎侍郎。曹魏置，第五品。與散騎常侍、侍中、黃門侍郎等侍從皇帝左右，顧問應對，諫諍拾遺，共平尚書奏事。西晉沿置。

[34] 吾門下：趙幼文《校箋》謂《册府元龜》卷六八八引“門”字作“間”。按，宋本《册府元龜》亦作“門”。

[35] 涼州：刺史治所姑臧，在今甘肅武威市。　（本吳增僅《三國郡縣表附考證》）

[36] 平北將軍：官名。建安中曹操置，魏晉時與平東、平西、平南將軍合稱四平將軍，地位較高。

[37] 司徒：官名。西晉時，與丞相通職，一般不並置，爲名譽宰相，一品。亦常參錄朝政，然僅掌事務，政務仍歸尚書，加錄尚書事銜者，爲真宰相。　安豐：縣名。治所在今河南固始縣東南。

[38] 太尉：官名。西晉時，仍列三公之首，爲名譽宰相，無實際職掌，多爲加官。　武陵：縣名。治所在今湖北竹山縣西北。荊州：晉刺史治所江陵縣，在今湖北江陵縣。

[39] 尚書令：官名。曹魏時仍爲尚書臺長官，第三品，不再隸屬少府。仍掌奏、下尚書曹文書衆事，選用署置官吏；總典臺中綱紀法度，無所不統。後又綜理萬機，決策出令。

[40] 此傳：吳金華《〈三國志集解〉箋記》謂按史家通例，“此傳”應作“本傳”，此爲傳寫之誤。

遷大鴻臚。[1]龜兹王遣侍子來朝，[2]朝廷嘉其遠至，褒賞其王甚厚。餘國各遣子來朝，閒使連屬，[3]林恐所遣或非真的，[4]權取疏屬賈胡，因通使命，利得印綬，而道路護送，所損滋多。勞所養之民，資無益之事，爲夷狄所笑，此曩時之所患也。乃移書燉煌喻指，[5]并錄前世待遇諸國豐約故事，使有恒常。明帝即位，賜爵關內侯，[6]轉光祿勳、司隸校尉。[7]屬郡皆罷非法除過員吏。林爲政推誠，簡存大體，是以去後每輒見思。

散騎常侍劉劭作《考課論》，制下百僚。林議曰："案《周官》考課，[8]其文備矣，自康王以下，[9]遂以陵遲，此即考課之法存乎其人也。及漢之季，其失豈在乎佐吏之職不密哉？方今軍旅，或猥或卒，[10]備之以科條，申之以內外，增減無常，固難一矣。且萬目不張舉其綱，眾毛不整振其領。皋陶仕虞，[11]伊尹臣殷，[12]不仁者遠。五帝三王未必如一，而各以治亂。《易》曰：'易簡，[13]而天下之理得矣。'太祖隨宜設辟，以遺來今，不患不法古也。以爲今之制度，不爲疏闊，惟在守一勿失而已。若朝臣能任仲山甫之重，[14]式是百辟，則孰敢不肅？"

景初元年，司徒、司空並缺，[15]散騎侍郎孟康薦林曰：[16]"夫宰相者，天下之所瞻效，誠宜得秉忠履正本德仗義之士，足爲海內所師表者。竊見司隸校尉崔林，稟自然之正性，體高雅之弘量。論其所長以比古人，忠直不回則史魚之儔，[17]清儉守約則季文之匹也。[18]牧守州郡，所在而治，及爲外司，[19]萬里肅齊，誠台輔之妙器，[20]袞職之良才也。"[21]後年遂爲司空，[22]封安陽亭侯，邑六百户。[23]三公封列侯，[24]自林始也。〔一〕頃之，又進封安陽鄉侯。[25]

〔一〕臣松之以爲漢封丞相邑，爲荀悦所譏。[26]魏封三公，其失同也。

[1] 大鴻臚：官名。秩中二千石，第三品。掌諸侯及少數民族朝貢、郡國上計、行禮贊導、拜授諸侯、吊諡護喪。

[2] 龜（qiū）兹（cí）：西域國名。魏晋時都城在延城，在今新疆沙雅縣北六十里羊達克沁廢城。

[3] 間使：趙幼文《校箋》謂《太平御覽》卷二三二、《册府元龜》卷六二四引“間”字作“問”。按，宋本《册府元龜》亦作“間”。

[4] 的：確實。

[5] 燉煌：郡名。治所敦煌縣，在今甘肅敦煌市西。

[6] 關内侯：爵名。漢制二十級爵之十九級，次於列侯，祇有封户收取租税而無封地。魏文帝定爵制爲十等，關内侯在亭侯下，仍爲虚封，無食邑。

[7] 光禄勳：官名。秩中二千石，第三品。掌宿衛宫殿門户，朝會則皆禁止，及主諸郎之在殿中侍衛者。（本洪飴孫《三國職官表》）　司隸校尉：官名。秩比二千石，第三品。掌糾察京師百官違法者，並治所轄各郡，相當於州刺史。錢大昭《辨疑》云：“《明帝紀》注引《獻帝傳》云‘使持節行司空、大司農崔林監護喪事’，是青龍二年林爲大司農也。史不備書。”

[8] 周官：即《周禮》。《周禮·天官·大宰》云：“歲終，則令百官府各正其治，受其會，聽其致事，而詔王廢置。三歲，則大計群吏之治而誅賞之。”

[9] 康王：指周康王。成王子，在位時繼續行成王之治，“故

成、康之際，天下安寧，刑錯四十餘年不用"。（《史記》卷四《周本紀》）

[10] 或猥或卒：胡三省云："猥，積也。卒，倉猝也。"（《通鑑》卷七三魏明帝景初元年注）

[11] 皋陶（yáo）：傳說舜時爲掌刑法之官，甚公平。《史記》卷一《五帝本紀》云："皋陶爲大理，平，民各伏得其實。"

[12] 伊尹：夏末，佐湯滅桀。商朝建立後，湯以之爲相。（見《史記》卷三《殷本紀》）《論語·顔淵》：子夏曰："舜有天下，選於衆，舉皋陶，不仁者遠矣。湯有天下，選於衆，舉伊尹，不仁者遠矣。"

[13] 易簡：《易·繫辭上》："易簡，而天下之理得矣。"謂了解容易及簡易的原理，則天下一切事物的道理就已領悟了。

[14] 仲山甫：周宣王時大臣。《詩·大雅·烝民》："王命仲山甫，式是百辟。"即謂周王命令仲山甫，要做諸侯的好榜樣。

[15] 司徒司空：均官名。曹魏後期，皆一品，仍與太尉並爲三公，爲名譽宰相，無實際職掌，多爲大臣加官。

[16] 散騎侍郎：官名。秩六百石，第五品。侍從皇帝左右，應對顧問，與侍中、黃門侍郎等共平尚書奏事。

[17] 史魚：即春秋時衛國大夫史鰌，字子魚。以剛直爲世所稱。《論語·衛靈公》：子曰："直哉史魚！邦有道，如矢；邦無道，如矢。" 之傳：趙幼文《校箋》謂《太平御覽》卷二〇八引"傳"下有"也"字。

[18] 季文：即季文子。春秋時魯國執政，歷相魯宣公、成公、襄公。《左傳·襄公十五年》説季文子死時，家中"無衣帛之妾，無食粟之馬，無藏金玉，無重器備。君子是以知季文子之忠于公室也：'相三君矣，而無私積，可不謂忠乎？'"

[19] 外司：司隸校尉之別稱。

[20] 台輔：指宰相。謂列位三台，職居宰輔。

[21] 袞（gǔn）職：指三公之職。古代三公皆穿繡龍之袞服。

[22] 後年：徐紹楨《質疑》謂崔林爲司空，《明帝紀》載於景初二年。此傳上文云"景初元年司徒、司空並缺，散騎侍郎孟康薦林"，則林爲司空在孟康薦林之明年，不當云"後年"。

[23] 六百戶：趙幼文《校箋》謂《北堂書鈔》卷五〇引"六"字作"三"。

[24] 列侯：爵名。漢代二十級爵之最高者。金印紫綬，有封邑，食租稅。功大者食縣，小者食鄉、亭。曹魏初亦沿襲有列侯。

[25] 鄉侯：爵名。漢制，列侯大者食縣邑，小者食鄉、亭。東漢後期，遂以食鄉、亭者稱爲鄉侯、亭侯。曹魏因之。

[26] 荀悦：東漢末人。漢獻帝時曾任黃門侍郎、秘書監、侍中。著有《申鑒》《漢紀》等。（見《後漢書》卷六二《荀淑附悦傳》）

魯相上言：[1]"漢舊立孔子廟，襃成侯歲時奉祠，[2]辟雍行禮，[3]必祭先師，王家出穀，[4]春秋祭祀。今宗聖侯奉嗣，[5]未有命祭之禮，宜給牲牢，長吏奉祀，尊爲貴神。"制三府議，博士傅祇以《春秋傳》言立在祀典，[6]則孔子是也。宗聖適足繼絶世，章盛德耳。至於顯立言，崇明德，則宜如魯相所上。林議以爲"宗聖侯亦以王命祀，不爲未有命也。周武王封黃帝、堯、舜之後，[7]及立三恪，[8]禹、湯之世，不列于時，[9]復特命他官祭也。今周公已上，達於三皇，忽焉不祀，而其禮經亦存其言。今獨祀孔子者，以世近故也。以大夫之後，特受無疆之祀，禮過古帝，義踰湯、武，[10]可謂崇明報德矣，[11]無復重祀於非族也"。〔一〕

〔一〕臣松之以爲孟軻稱宰我之辭曰：[12]"以予觀夫子，[13]

賢於堯舜遠矣。"又曰："生民以來，未有盛於孔子者也。"斯非通賢之格言，商較之定準乎！雖妙極則同，萬聖猶一，然淳薄異時，質文殊用，或當時則榮，没則已焉，是以遺風所被，寔有深淺。若乃經緯天人，立言垂制，百王莫之能違，彝倫資之以立，[14]誠一人而已耳。周監二代，[15]斯文爲盛。然於六經之道，未能及其精致。加以聖賢不興，曠年五百，道化陵夷，憲章殆滅，[16]若使時無孔門，則周典幾乎息矣。夫能光明先王之道，以成萬世之功，齊天地之無窮，等日月之久照，豈不有踰於羣聖哉？林曾無史遷洞想之誠，[17]梅真慷慨之志，[18]而守其蓬心以塞明義，[19]可謂多見其不知量也。

[1] 魯：王國名。治所魯縣，在今山東曲阜市東古城。　相：官名。王國的相。由朝廷直接委派，掌握王國的行政大權，相當於郡太守。

[2] 褒成侯：漢平帝元始元年（1）封孔子之後代孔均爲褒成侯，追謚孔子爲褒成宣尼公。（見《漢書》卷一二《平帝紀》）東漢光武帝建武十三年（37）復封孔均子志爲褒成侯。至漢和帝永元四年（92）徙封孔志子損爲褒亭侯，遂世代相傳，至漢獻帝初，斷絕。（見《後漢書》卷七九上《儒林孔僖傳》）

[3] 辟雍：指太學。周代稱太學爲辟雍。《白虎通·辟雍》云："辟者，璧也。象璧圓又以法天；於雍水側，象教化流行也。"

[4] 王家出穀：侯康《補注》云：案後漢《孔廟置百石卒史碑》稱"春秋饗禮，出王家錢，給大酒直"；魯相史晨《祀孔廟奏銘》稱"出王家穀，春秋行禮，以供禋祀"。是漢祀孔子原有官給錢穀之例，蓋是時久廢不行矣。

[5] 宗聖侯：魏文帝黃初二年封孔子後裔孔羨爲宗聖侯。（見本書卷二《文帝紀》）

[6] 博士：官名。此指太常博士，魏置四人，秩比六百石，第

六品，屬太常。掌引導乘輿，王公以下應追謚者議定之。

［7］周武王：《史記》卷四《周本紀》謂周武王滅殷商後，封"黃帝之後於祝，帝堯之後於薊，帝舜之後於陳"。

［8］三恪：古代新王朝建立後，往往封前代三朝的後裔爲王侯，稱爲三恪。此指周武王封黃帝、堯、舜之後裔。

［9］不列于時：按，《史記》卷四《周本紀》載，周武王滅殷商後，尚封"大禹之後於杞"；"封商紂子禄父殷之餘民"。成王初，紂子武庚叛亂，被周公平誅後，又封商紂兄微子於宋。崔林此説不知何據。

［10］湯武：趙幼文《校箋》謂蕭常《續後漢書》作"湯文"。

［11］崇明：趙幼文《校箋》謂蕭常《續後漢書》"明"字作"本"。

［12］孟軻：即孟子。　宰我：名予，字子我。孔子弟子。以下所引，均見《孟子·公孫丑上》。而"又曰"之言，乃孔子弟子有若之辭。

［13］以予：百衲本作"予以"，殿本、盧弼《集解》本、校點本作"以予"。今從殿本等。

［14］彝倫：顧炎武《日知録·彝倫》云："彝倫者，天地人之常道。"

［15］二代：指夏、商兩朝。《論語·八佾》：子曰："周監於二代，郁郁乎文哉！吾從周。"

［16］憲章：典章制度。

［17］史遷：即司馬遷。《史記》卷四七《孔子世家》：太史公曰："余讀孔氏書，想見其爲人。適魯，觀仲尼廟堂車服禮器，諸生以時習禮其家，余祇迴留之不能去云。天下君王至於賢人衆矣，當時則榮，没則已焉。孔子布衣，傳十餘世，學者宗之。自天子王侯，中國言六藝者折中於夫子，可謂至聖矣！"

［18］梅真：名福，字子真，西漢後期人。漢成帝時，梅福上書請封孔子後代以奉商湯之祀。其辭頗慷慨激昂。（見《漢書》卷

六七《梅福傳》）

［19］蓬心：比喻淺薄浮淺。

明帝又分林邑，封一子列侯。正始五年薨，[1]謚曰
孝侯。子述嗣。〔一〕

〔一〕《晉諸公贊》曰：述弟隨，晉尚書僕射。[2]爲人亮濟。
趙王倫篡位，隨與其事。倫敗，隨亦廢錮而卒。林孫瑋，性率而
疎，至太子右衛率也。[3]初，林識拔同郡王經於民伍之中，[4]卒爲
名士，世以此稱之。

［1］正始：魏少帝齊王曹芳年號（240—249）。

［2］尚書僕射：官名。魏、晉時爲尚書省次官，秩六百石，第
三品。或單置，或並置左、右。左、右並置時，左僕射居右僕射
上。輔助尚書令執行政務，參議大政，諫諍得失，監察糾彈百官，
可封還詔旨，常受命主管官吏選舉。

［3］太子右衛率：官名。晉武帝泰始五年（269）分太子衛率
置左、右衛率，各領一軍，宿衛東宮，亦任征伐，地位頗重。

［4］王經：魏少帝高貴鄉公時曾爲尚書。事見本書卷四《高
貴鄉公紀》甘露五年、卷九《夏侯玄傳》及其各注引的《漢晉春
秋》《世語》等。

高柔字文惠，陳留圉人也。[1]父靖，爲蜀郡都
尉。〔一〕[2]柔留鄉里，謂邑中曰："今者英雄並起，陳留
四戰之地也。曹將軍雖據兗州，[3]本有四方之圖，未得
安坐守也。而張府君先得志於陳留，[4]吾恐變乘閒作
也，欲與諸君避之。"衆人皆以張邈與太祖善，柔又年

少，不然其言。柔從兄幹，[5] 袁紹甥也，[二] 在河北呼柔，[6] 柔舉宗從之。會靖卒於西州，[7] 時道路艱澀，兵寇縱橫，而柔冒艱險詣蜀迎喪，[8] 辛苦荼毒，無所不嘗，三年乃還。

〔一〕《陳留耆舊傳》曰：[9] 靖高祖父固，不仕王莽世，爲淮陽太守所害，[10] 以烈節垂名。固子慎，字孝甫。敦厚少華，[11] 有沈深之量。撫育孤兄子五人，恩義甚篤。琅邪相何英嘉其行履，[12] 以女妻焉。英即車騎將軍熙之父也。[13] 慎歷二縣令、東萊太守。[14] 老病歸家，草屋蓬戶，甕缶無儲。[15] 其妻謂之曰：“君累經宰守，積有年歲，何能不少爲儲畜以遺子孫乎？”慎曰：“我以勤身清名爲之基，以二千石遺之，[16] 不亦可乎！”子式，至孝，常盡力供養。永初中，[17] 螟蝗爲害，[18] 獨不食式麥，圉令周疆以表州郡。太守楊舜舉式孝子，[19] 讓不行。後以孝廉爲郎。[20] 次子昌，昌弟賜，並爲刺史、郡守。式子弘，孝廉。弘生靖。

〔二〕謝承《後漢書》曰：[21] 幹字元才。才志弘邈，文武秀出。父躬，蜀郡太守。[22] 祖賜，司隸校尉。[23]

案《陳留耆舊傳》及謝承書，幹應爲柔從父，非從兄也。未知何者爲誤。

[1] 陳留：郡名。治所陳留縣，在今河南開封市東南。 圉：縣名。治所在今河南杞縣西南圉鎮。

[2] 蜀郡都尉：官名。即蜀郡屬國都尉。西漢於邊郡置屬國都尉，主管少數民族之事務。東漢亦於邊郡置屬國都尉，而漸漸分縣治民，職如太守。蜀郡屬國治所漢嘉縣，在今四川蘆山縣蘆陽鎮。

[3] 曹將軍：指曹操。當時曹操行奮武將軍、領兗州牧。 兗州：州牧刺史治所昌邑縣，在今山東金鄉縣西北。

[4] 張府君：指張邈。張邈時爲陳留太守。漢代人尊稱太守爲

府君。

〔5〕幹：高幹事見本書卷一《武帝紀》、卷六《袁紹傳》等。

〔6〕河北：地區名。泛指黃河以北地區。此時高幹隨袁紹在冀州。

〔7〕西州：指益州。州牧刺史治所成都縣，在今四川成都市舊東、西城區。

〔8〕蜀：指蜀郡屬國。

〔9〕陳留耆舊傳：袁宏《後漢紀》謂袁湯爲陳留太守時使戶曹吏追録舊聞，以爲《耆舊傳》。《隋書·經籍志》史部雜傳類著録《陳留耆舊傳》二卷，漢議郎圈稱撰；又另一卷，魏散騎侍郎蘇林撰。盧弼《集解》云："是書始於袁湯官陳留太守，書未及成而去。圈稱、蘇林皆著籍陳留，繼續纂輯，各有成書，故《隋志》兩存其目。"沈家本《三國志注所引書目》又謂裴注於此所引之《陳留耆舊傳》，乃叙高柔父靖之事，靖卒於袁曹爭戰之時，恐非圈稱所及，當爲蘇林書也。

〔10〕淮陽：郡名。治所陳縣，在今河南淮陽縣。

〔11〕少華：趙幼文《校箋》謂《太平御覽》卷五一二引《陳留耆舊傳》"華"上有"文"字。

〔12〕琅邪：王國名。治所開陽縣，在今山東臨沂市北。

〔13〕車騎將軍：官名。東漢時位比三公，常以貴戚充任。出掌征伐，入參朝政，漢靈帝時常作贈官。

〔14〕東萊：郡名。治所黃縣，在今山東龍口市東南舊黃縣東黃城集。

〔15〕甕（wèng）缶（fǒu）：皆陶製盛器。

〔16〕二千石：漢代太守之秩爲二千石。

〔17〕永初：漢安帝劉祜年號（107—113）。

〔18〕螟蝗：《續漢書·五行志三》謂漢安帝永初四年夏有蝗災，五年夏九州有蝗災，六年三月"去蝗處復蝗子生"，七年夏又有蝗災。

[19] 孝子：漢代選舉科目之一，但不常設，多與廉潔之士連稱爲孝廉，爲常設之孝廉科。

[20] 郎：郎官的泛稱。西漢光禄勳的屬官郎中、中郎、侍郎、議郎等皆可稱爲郎，無定員，多至千餘人；東漢於光禄勳下又設有五官、左、右中郎將署，合稱三署，主管諸中郎、侍郎、郎中等，亦無定員，多達二千餘人；又尚書、黃門等機構亦設專職郎官。光禄勳下之郎官，掌守衛皇宮殿廊門户，出充車騎扈從，備顧問應對，守衛陵園寢廟等，任滿一定期限，即可遷補内外官職，故郎官機構，實爲儲備官吏的機構。東漢時，舉孝廉者多爲郎官。

[21]《後漢書》：百衲本、殿本、盧弼《集解》本均作“漢書”。盧氏謂應作“後漢書”。校點本作“後漢書”，今從之。

[22] 蜀郡：治所即成都縣。

[23] 司隸校尉：官名。秩比二千石。掌糾察京師百官違法者，並治所轄各郡，相當於州刺史。

　　太祖平袁氏，以柔爲（管）〔菅〕長。[1]縣中素聞其名，奸吏數人，皆自引去。柔教曰：“昔邴吉臨政，[2]吏嘗有非，猶尚容之。况此諸吏，於吾未有失乎！其召復之。”咸還，[3]皆自勵，咸爲佳吏。[4]高幹既降，頃之以并州叛。柔自歸太祖，太祖欲因事誅之，以爲刺奸令史；[5]處法允當，獄無留滯，辟爲丞相倉曹屬。[一][6]太祖欲遣鍾繇等討張魯，柔諫，以爲今猥遣大兵，西有韓遂、馬超，謂爲己舉，[7]將相扇動作逆；宜先招集三輔，[8]三輔苟平，漢中可傳檄而定也。繇入關，[9]遂、超等果反。

　　〔一〕《魏氏春秋》曰：柔既處法平允，又夙夜匪懈，至擁膝抱文書而寢。[10]太祖嘗夜微出，觀察諸吏，[11]見柔，哀之，[12]徐解裘覆柔而去。[13]自是辟焉。

[1] 菅（jiān）：各舊本皆作“管”。梁章鉅《旁證》引沈欽韓說，“管”當作“菅”，乃青州濟南郡屬縣也。校點本即從沈説改爲“菅”。今從之。菅縣治所在今山東章丘縣西北。

[2] 邴吉：《漢書》卷七四《邴吉傳》謂漢宣帝時，邴吉爲丞相，“上寬大，好禮讓。掾史有罪臧，不稱職，輒予長休告，終無所案驗”；又謂邴吉對“官屬掾史，務掩過揚善”。駕車吏曾因酗酒嘔吐車上，西曹主吏主張罷遣之。邴吉説：“以醉飽之失去士，使此人將復何所容？西曹地忍之，此不過污丞相車茵耳。”遂不罷遣。

[3] 咸還：吳金華《校詁》謂影宋本《重廣會史》卷四十一無“咸”字。“咸”爲衍文。

[4] 咸爲：梁章鉅《旁證》云：“《太平御覽》卷二百六十七引，‘咸爲’作‘成爲’，是也。”

[5] 刺奸令史：官名。建安中曹操置爲僚屬，掌管司法事務。

[6] 丞相倉曹屬：官名。曹操爲丞相時，丞相府置有倉曹掾、屬，主管倉穀事。

[7] 爲己舉：趙幼文《校箋》謂《册府元龜》卷七二〇引“己”下有“而”字。

[8] 三輔：地區名。西漢都城在長安，遂以長安爲中心置京兆尹、右扶風、左馮（píng）翊（yì），合稱三輔。東漢定都洛陽，以三輔陵廟所在，不改其號，仍稱三輔。轄區在今陝西渭水流域一帶。

[9] 關：指戰國秦漢時之函谷關，在今河南靈寶市東北王垛村。

[10] 寢：趙幼文《校箋》謂《太平御覽》卷四三一引作“寐”。

　　［11］觀察：趙幼文《校箋》謂《太平御覽》引“觀”字作
“覘”。
　　［12］見柔哀之：趙幼文《校箋》謂《太平御覽》引“柔”字
作“而”。
　　［13］覆柔而去：趙幼文《校箋》謂《太平御覽》引“柔”字
作“之”。

　　魏國初建，爲尚書郎。[1]轉拜丞相理曹掾，[2]令曰：
“夫治定之化，以禮爲首。撥亂之政，以刑爲先。是以
舜流四凶族，[3]皋陶作士。漢祖除秦苛法，[4]蕭何定
律。[5]掾清識平當，[6]明于憲典，勉恤之哉！”鼓吹宋
金等在合肥亡逃。[7]舊法，軍征士亡，考竟其妻子。[8]
太祖患猶不息，更重其刑。金有母妻及二弟皆給官，[9]
主者奏盡殺之。柔啓曰：“士卒亡軍，[10]誠在可疾，然
竊聞其中時有悔者。愚謂乃宜貸其妻子，[11]一可使賊
中不信，二可使誘其還心。正如前科，固已絶其意望，
而猥復重之，[12]柔恐自今在軍之士，見一人亡逃，誅
將及己，亦且相隨而走，不可復得殺也。此重刑非所
以止亡，乃所以益走耳。”太祖曰：“善。”即止不殺
金母、弟，蒙活者甚衆。
　　遷爲潁川太守，[13]復還爲法曹掾。[14]時置校事盧
洪、趙達等，[15]使察羣下，柔諫曰：“設官分職，各有
所司。今置校事，既非居上信下之旨；[16]又達等數以
憎愛擅作威福，宜檢治之。”太祖曰：“卿知達等，恐
不如吾也。要能刺舉而辨衆事，使賢人君子爲之，則
不能也。昔叔孫通用羣盜，[17]良有以也。”達等後奸利

發，太祖殺之以謝於柔。

文帝踐阼，以柔爲治書侍御史，[18]賜爵關內侯，轉加治書執法。[19]民間數有誹謗妖言，[20]帝疾之，有妖言輒殺，而賞告者。柔上疏曰：“今妖言者必戮，告之者輒賞。既使過誤無反善之路，又將開凶狡之羣相誣罔之漸，誠非所以息奸省訟，緝熙治道也。[21]昔周公作誥，[22]稱殷之祖宗，咸不顧小人之怨。[23]在漢太宗，[24]亦除妖言誹謗之令。臣愚以爲宜除妖謗賞告之法，以隆天父養物之仁。”[25]帝不即從，而相誣告者滋甚。帝乃下詔：“敢以誹謗相告者，以所告者罪罪之。”[26]於是遂絕。校事劉慈等，自黃初初數年之間，舉吏民姦罪以萬數，[27]柔皆請懲虛實；[28]其餘小小挂法者，不過罰金。四年，遷爲廷尉。[29]

魏初，三公無事，又希與朝政。柔上疏曰：“天地以四時成功，元首以輔弼興治。成湯仗阿衡之佐；[30]文、武憑旦、望之力；[31]逮至漢初，蕭、曹之儔並以元勳代作心膂：[32]此皆明王聖主任臣於上，賢相良輔股肱於下也。今公輔之臣，皆國之棟梁，民所具瞻，[33]而置之三事，[34]不使知政，遂各偃息養高，鮮有進納，誠非朝廷崇用大臣之義、大臣獻可替否之謂也。[35]古者刑政有疑，輒議於槐棘之下。[36]自今之後，朝有疑議及刑獄大事，宜數以咨訪三公。三公朝朔望之日，[37]又可特延入，講論得失，博盡事情，庶有裨起天聽，弘益大化。”帝嘉納焉。

帝以宿嫌，欲枉法誅治書執法鮑勛，而柔固執不從詔命。帝怒甚，遂召柔詣臺；[38]遣使者承指至延尉考竟勛，勛死乃遣柔還寺。

明帝即位，封柔延壽亭侯。時博士執經，[39]柔上疏曰：“臣聞遵道重學，聖人洪訓；褒文崇儒，帝者明義。昔漢末陵遲，禮樂崩壞，雄戰虎争，[40]以戰陣爲務，[41]遂使儒林之羣，幽隱而不顯。太祖初興，愍其如此，在於撥亂之際，並使郡縣立教學之官。高祖即位，[42]遂闡其業，興復辟雍，州立課試，於是天下之士，復聞庠序之教，[43]親俎豆之禮焉。[44]陛下臨政，允迪（叡）〔濬〕哲，[45]敷弘大猷，[46]光濟先軌，雖夏啓之承基、[47]周成之繼業，[48]誠無以加也。然今博士皆經明行脩，一國清選，而使遷除限不過長，[49]懼非所以崇顯儒術、帥勵怠惰也。孔子稱‘舉善而教，不能則勸’，[50]故楚禮申公，[51]學士銳精；漢隆卓茂，[52]搢紳競慕。[53]臣以爲博士者，道之淵藪，六藝所宗，[54]宜隨學行優劣，待以不次之位。敦崇道教，[55]以勸學者，於化爲弘。”帝納之。

後大興殿舍，百姓勞役；廣采衆女，充盈後宮；後宮皇子連夭，繼嗣未育。柔上疏曰：“二虜狡猾，[56]潛自講肄，謀動干戈，未圖束手。宜畜養將士，繕治甲兵，以逸待之。而頃興造殿舍，上下勞擾；若使吳、蜀知人虛實，通謀并勢，復俱送死，甚不易也。昔漢文惜十家之資，[57]不營小臺之娛；去病慮匈奴之害，[58]不遑治第之事。況今所損者非惟百金之費，所憂者非徒北狄之患乎？可粗成見所營立，以充朝宴之儀。乞罷作者,^[59]使得就農。二方平定,復可徐興。昔軒轅以二十五子,^[60]傳祚彌遠;周室以姬國四十,^[61]歷年滋多。陛下聰達,窮理盡性。而頃皇子連多夭逝,熊羆之祥又未感應,^[62]羣下之心,莫不悒戚。《周禮》,天子后妃以下百二十人,^[63]嬪嬙之儀,既以盛矣。竊聞後庭之數,或復過之,聖嗣不昌,殆能由此。^[64]臣愚以爲可妙簡淑媛,以備內宮之數,其餘盡遣還家。且以育精養神,專靜爲寶。如此,則螽斯之徵,^[65]可庶而致矣。"帝報曰:"知卿忠允,乃心王室,輒克昌言;^[66]他復以聞。"

時獵法甚峻。宜陽典農劉龜竊於禁內射兔,^[67]其功曹張京詣校事言之。^[68]帝匿京名,收龜付獄。柔表請告者名,帝大怒曰:"劉龜當死,乃敢獵吾禁地。送龜廷尉,廷尉便當考掠,何復請告者主名,吾豈妄收龜邪?"柔曰:"廷尉,天下之平也,^[69]安得以至尊喜怒而毀法乎?"重復爲奏,辭指深切。帝意寤,乃下京名。即還訊,各當其罪。

時制,吏遭大喪者,^[70]百日後皆給役。有司徒吏解弘遭父喪,後有軍事,受敕當行,以疾病爲辭。詔怒曰:"汝非曾、閔,^[71]何言毀邪?"^[72]促收考竟。柔見弘信甚羸劣,奏陳其事,宜加寬貸。帝乃詔曰:"孝哉弘也!其原之。"

初,公孫淵兄晃,爲叔父恭任內侍,^[73]先淵未反,數陳其變。及淵謀逆,帝不忍市斬,欲就獄殺之。^[74]柔上疏曰:"《書》稱'用罪伐厥死,^[75]用德彰厥善',

此王制之明典也。晃及妻子，叛逆之類，誠應梟縣，勿使遺育。而臣竊聞晃先數自歸，陳淵禍萌，雖爲凶族，原心可恕。夫仲尼亮司馬牛之憂，[76]祁奚明叔向之過，[77]在昔之美義也。臣以爲晃信有言，宜貸其死；苟自無言，便當市斬。今進不赦其命，退不彰其罪，閉著囹圄，[78]使自引分，[79]四方觀國，或疑此舉也。”帝不聽，竟遣使齎金屑飲晃及其妻子，賜以棺、衣，殯斂於宅。〔一〕

〔一〕孫盛曰：聞五帝無誥誓之文，[80]三王無盟祝之事，[81]然則盟誓之文，始自三季，[82]質任之作，起於周微。夫貞夫之一，[83]則天地可動，機心內萌，則鷗鳥不下。[84]況信不足焉而祈物之必附，猜生於我而望彼之必懷，何異挾冰求溫，抱炭希涼者哉？且夫要功之倫，陵肆之類，莫不背情任計，昧利忘親，縱懷慈孝之愛，或慮傾身之禍。是以周、鄭交惡，[85]漢高請羹，[86]隗囂捐子，[87]馬超背父，[88]其爲酷忍如此之極也，安在其因質委誠，取任永固哉？世主若能遠覽先王閑邪之至道，[89]近鑒狡肆徇利之凶心，勝之以解網之仁，[90]致之以來蘇之惠，[91]燿之以雷霆之威，潤之以時雨之施，則不恭可斂袵於一朝，[92]枭獍可屈膝於象魏矣。[93]何必拘厥親以來其情，[94]逼所愛以制其命乎？苟不能然，而仗夫計術，籠之以權數，檢之以一切，雖覽一室而庶徵於四海，[95]法生鄙局，冀或半之暫益。自不得不有不忍之刑，以遂孥戮之罰，[96]亦猶瀆盟由乎一人，而云俾墜其師，[97]無克遺育之言耳。豈得復引四罪不及之典，[98]司馬牛獲宥之義乎？假令任者皆不保其父兄，輒有二三之言，曲哀其意而悉活之，則長人子危親自存之悖。子弟雖質，必無刑戮之憂，父兄雖逆，終無勦絶之慮。柔不究明此術非盛王之道，宜開張遠義，蠲此近制，而陳法内之刑以申一人之命，可謂心存小善，非王者之體。古者殺人之中，又有仁焉。刑之於獄，未爲失也。

臣松之以爲辨章事理，貴得當時之宜，無爲虚唱大言而終歸無用。浮誕之論，不切於實，猶若畫魑魅之象，[99]而躓於犬馬之形也。[100]質任之興，非（防）〔仿〕近世，[101]况三方鼎峙，遼東偏遠，[102]羈其親屬以防未然，不爲非矣。柔謂晃有先言之善，宜蒙原心之宥。而盛責柔不能開張遠理，蠲此近制，不達此言竟爲何謂？若云猜防爲非，質任宜廢，是謂應大明先王之道，不預任者生死也。晃之爲任，歷年已久，豈得於殺活之際，方論至理之本？是何異叢棘既繁，[103]事須判決，[104]空論刑措之美，無聞當不之實哉？[105]其爲迂闊，亦已甚矣。漢高事窮理迫，權以濟親，而總之酷忍之科，既已大有所誣。且自古以來，未有子弟妄告父兄以圖全身者，自存之悖，未之或聞。晃以兄告弟，而其事果驗。謂晃應殺，將以遏防。若言之亦死，不言亦死，豈不杜歸善之心，失正刑之中哉？若趙括之母以先請獲免，[106]鍾會之兄以密言全子，[107]古今此比，蓋爲不少。晃之前言，事同斯例，而獨遇否閉，良可哀哉！

[1] 尚書郎：官名。東漢之制，取孝廉之有才能者入尚書臺，初入臺稱守尚書郎中，滿一年稱尚書郎，三年稱侍郎，統稱尚書郎。曹魏襲之，而分曹有異。曹魏有殿中、吏部、駕部、度支等二十五郎，秩皆四百石，第六品，主作文書起草。

[2] 丞相理曹掾：官名。曹操爲丞相後，於丞相府置理曹掾、屬，典司法刑獄。

[3] 四凶：據《史記》卷一《五帝本紀》，四凶謂帝鴻氏之不才子渾沌、少皞氏之不才子窮奇、顓頊氏之不才子檮杌、縉雲氏之不才子饕餮。舜繼堯位後，將他們驅逐到四方邊遠之地；並以皋陶作士，主管刑獄。

　　[4]漢祖：漢高祖劉邦。《史記》卷八《高祖本紀》謂劉邦入關滅秦後，除秦苛法，與民約法三章：殺人者死，傷人及盜抵罪。

　　[5]蕭何：漢高祖劉邦之功臣，漢初爲相國。《漢書·刑法志》謂三章之法後不足用，相國蕭何遂參照秦法，"取其宜於時者，作律九章"。

　　[6]平當：殿本"平"字作"年"，百衲本、盧弼《集解》本、校點本作"平"。今從百衲本等。

　　[7]鼓吹：軍樂手。此以士兵爲之。　合肥：縣名。治所在今安徽合肥市西。

　　[8]考竟：《釋名·釋喪制》云："獄死曰考竟。考得其情，竟其命於獄也。"

　　[9]給官：爲官府役使。

　　[10]亡軍：趙幼文《校箋》謂《白孔六帖》卷五四引無"軍"字。

　　[11]貸：寬免。

　　[12]猥：假若，如果。

　　[13]潁川：郡名。治所陽翟縣，在今河南禹州市。

　　[14]法曹掾：官名。曹操丞相府所置，掌郵驛科程事。

　　[15]校事：官名。建安中曹操置，以身邊地位較低的親信充任，負責監察百官及吏民，直接隸屬於曹操，威權甚大。曹魏沿置，亦稱撫軍校事。

　　[16]居上：趙幼文《校箋》謂《太平御覽》卷四五三引"居"字作"君"。

　　[17]叔孫通：秦末薛縣（今山東滕州市南皇殿崗）人。曾爲博士。逃歸薛。項梁起兵至薛，通從之。又從項羽。漢王劉邦入彭城，從叔孫通降漢王的儒生弟子百餘人，而叔孫通向劉邦薦言者，僅"故群盜壯士"，諸弟子皆竊罵曰："事先生數歲，幸得從降漢，今不能進臣等，專言大猾何也？"叔孫通聞之，曰："漢王方蒙矢石爭天下，諸生寧能鬥乎？故先言斬將搴旗之士。諸生且待我，我不

忘矣。"（《史記》卷九九《叔孫通列傳》）

〔18〕治書侍御史：官名。秩六百石。職掌依據法律審理疑獄，與符節郎共平廷尉奏事。以明習法律者充任。

〔19〕治書執法：官名。曹魏置，第六品。隸御史臺，掌奏劾官吏。

〔20〕民間：趙幼文《校箋》謂《群書治要》卷二六、《太平御覽》卷四五三引"民"上有"時"字。 妖言：趙幼文《校箋》謂《太平御覽》引"妖"字作"祆"，下同。

〔21〕緝熙：謂光輝。《詩·周頌·敬之》："日就月將，學有緝熙于光明。"鄭箋："緝熙，光明也。"後世又引申爲光輝。

〔22〕周公作誥：《尚書》孔傳謂《無逸》篇乃周成王親政初周公誡成王之作。篇中列舉殷王中宗、高宗、祖甲勤政"不敢荒寧"之事，誡成王："嗚呼！自殷王中宗，及高宗，及祖甲，及我周文王，兹四人迪哲。厥或告之曰：‘小人怨汝詈汝。’則皇自敬德。"

〔23〕不顧：趙一清《注補》云："不顧，不與計較也。"

〔24〕漢太宗：漢文帝廟號。《漢書》卷四《文帝紀》前元二年五月詔曰："古之治天下，朝有進善之旌，誹謗之木，所以通治道而來諫者也。今法有誹謗訞言之罪，是使衆臣不敢盡情，而上無由聞過失也。將何以來遠方之賢良？其除之。"

〔25〕天父：趙幼文《校箋》謂《册府元龜》卷四七〇引"父"字作"地"。

〔26〕所告者：趙幼文《校箋》謂《群書治要》卷二六、《太平御覽》卷四五三引"告"下無"者"字。

〔27〕吏民：殿本《考證》謂宋本無"民"字。蓋指北宋本，今百衲本有"民"字。

〔28〕請懲：趙幼文《校箋》引錢儀吉曰："何校：‘懲疑作徵’。"按，二字可通。《荀子·正論》："凡刑人之本，禁暴惡惡，其徵其未也。"楊倞注："徵，讀爲懲。"徵，證明，證驗。《左

傳・成公八年》："欒、郤爲徵。"杜預注："欒氏、郤氏亦徵其爲
亂。"楊伯峻注："欒氏，郤氏爲莊姬之譖作證。"

[29] 廷尉：官名。秩中二千石，第三品，掌司法刑獄。

[30] 仗：百衲本作"杖"，殿本、盧弼《集解》本、校點本
作"仗"。今從殿本等。　阿衡：即伊尹。《史記》卷三《殷本紀》
謂伊尹名阿衡。而《詩・商頌・長發》鄭箋又以阿衡爲官名。謂湯
以伊尹爲阿衡。阿，倚也；衡，平也。湯所依倚而取平，故以爲
官名。

[31] 文武：指周文王、周武王。　旦：指周公旦。旦爲周公
名。　望：指太公望呂尚。呂尚垂釣於渭濱，遇周西伯（文王），
西伯與語大悦，曰："吾太公望子久矣。"因號呂尚爲"太公望"。
（見《史記》卷三二《齊太公世家》）

[32] 蕭曹：指蕭何、曹參，皆漢高祖劉邦功臣，漢初又相繼
爲相國。（見《史記》卷五三《蕭相國世家》、卷五四《曹相國世
家》）

[33] 具瞻：《詩・小雅・節南山》："赫赫師尹，民具爾瞻。"
具，同"俱"。

[34] 三事：即三公。周代又稱三公爲三事大夫。《詩・小
雅・雨無正》："三事大夫，莫肯夙夜。"

[35] 獻可替否：《左傳・昭公二十年》：晏子對齊侯（景公）
曰："君所謂可而有否焉，臣獻其否以成其可；君所謂否而有可焉，
臣獻其可以去其否，是以政平而不干，民無爭心。"後世遂以獻可
替否爲大臣之職責。

[36] 槐棘：槐樹與棘樹。據説周代外朝廷種三槐九棘，公卿
大夫議刑政於其下。《周禮・秋官・朝士》："朝士掌建邦外朝之
法：左九棘，孤卿大夫位焉，群士在其後；右九棘，公侯伯子男位
焉，群吏在其後；面三槐，三公位焉，州長衆庶在其後。"鄭玄注：
"樹棘以爲立者，取其赤心而外刺，象以赤心三刺也。槐之言懷也，
懷來人於此欲與之謀。"

［37］朔望：農曆每月的初一與十五，有公卿朝謁帝王之禮。

［38］臺：指尚書臺。

［39］博士：官名。此爲太學博士，秩比六百石，第五品。掌以五經教諸弟子。

［40］雄戰虎爭：趙幼文《校箋》謂郝經《續後漢書》“戰”字作“傑”。

［41］陣：校點本作“陳”。雖“陳”與“陣”通，而百衲本、殿本、盧弼《集解》本均作“陣”。今從百衲本等。以下均同此，不再出注。

［42］高祖：魏文帝曹丕之廟號。

［43］庠序：學校。《孟子·梁惠王上》：“謹庠序之教。”趙岐注：“庠序者，教化之宮也。殷曰序，周曰庠。”

［44］俎（zǔ）豆：俎爲祭祀、朝聘、設宴置牲放肉之几；豆爲盛乾肉食物之器皿。皆爲禮器。

［45］允迪：遵循。《尚書·皋陶謨》：“允迪厥德。”孔傳：迪，蹈。言人君當信蹈行古人之德。　濬哲：各本作“叡哲”。盧弼《集解》云：“明帝名叡，柔疏何以不避？”趙幼文《校箋》云：“《尚書·舜典》：‘濬哲文明。’傳：‘濬，深；哲，智也。’《詩·商頌·長發》：‘濬哲維商。’疑柔疏本之作‘濬’，‘叡’字或後人所改。”吳金華《易氏〈三國志補注〉今證》又謂東漢以來“濬哲”屢見，如《文選》王延壽《魯靈光殿賦》“祖宗濬哲欽明”。陸雲《南征賦》“資濬哲之叡聖”。今從趙、吳説改。

［46］敷弘：傳佈弘揚。　猷：謀劃。

［47］夏啓：夏禹之子。繼禹位爲夏王。

［48］周成：周成王。

［49］長：指縣長。

［50］孔子稱：孔子此語見《論語·爲政》。

［51］楚：指西漢初楚元王劉交之楚國。劉交爲漢高祖劉邦之小弟，於高祖六年（前201）封於楚。《漢書》卷三六《楚元王交

傳》云："元王既至楚，以穆生、白生、申公爲中大夫。高后時，浮丘伯在長安，元王遣子郢客與申公俱卒業。文帝時，聞申公爲《詩》最精，以爲博士。元王好《詩》，諸子皆讀《詩》，申公始爲《詩》傳，號《魯詩》。"

［52］卓茂：西漢末南陽宛縣（今河南南陽市）人。善《詩》《禮》、曆算等，稱爲通儒。漢平帝時曾爲密縣（今河南密縣東南）令。東漢光武帝即位後，即訪求茂。下詔曰："前密令卓茂，束身自修，執節淳固，誠能爲人所不能爲。夫名冠天下，當受天下重賞，故武王誅紂，封比干之墓，表商容之閭。今以茂爲太傅，封褒德侯。"（《後漢書》卷二五《卓茂傳》）《卓茂傳論》又謂光武帝隆禮卓茂後，"於是蘊憤歸道之賓，越關阻，捐宗族，以排金門者衆矣"。

［53］搢紳：士大夫。搢，插。紳，束腰大帶。古代士大夫插笏（手板）於紳以備記錄。後世遂以"搢紳"稱士大夫。

［54］六藝：指《詩》《書》《易》《禮》《樂》《春秋》六經。

［55］道教：道德教化。

［56］二虜：指蜀漢、孫吳。

［57］漢文：漢文帝。《史記》卷一〇《孝文本紀》謂漢文帝"嘗欲作露臺，召匠計之，直百金。上曰：'百金，中民十家之産，吾奉先帝宫室，常恐羞之，何以臺爲！'"

［58］去病：霍去病。漢武帝時之名將，官至驃騎將軍，多次擊敗匈奴，解除了匈奴對漢朝的威脅。漢武帝曾要爲他造府第，他説："匈奴不滅，無以家爲也。"（見《漢書》卷五五《霍去病傳》）

［59］乞：百衲本、盧弼《集解》本作"訖"，殿本、校點本作"乞"。今從殿本等。

［60］軒轅：即黄帝。《史記》卷一《五帝本紀》云："黄帝者，少典之子，姓公孫，名曰軒轅。"又云："黄帝二十五子，其得姓者十四人。"

［61］姬國：姬姓之國。周人姬姓，所封之諸國爲姬國。《左

傳·昭公二十八年》：晉大夫成鱄曰：“昔武王克商，光有天下，其兄弟之國者十有五人，姬姓之國者四十人，皆舉親也。”

[62] 熊羆之祥：《詩·小雅·斯干》：“大人占之：維熊維羆，男子之祥。”鄭箋：“大人占之，謂以聖人占夢之法占之也。熊羆在山，陽之祥也，故爲生男。”又按，百衲本、殿本、盧弼《集解》本、校點本1959年第1版均作“熊羆”，而校點本1982年第2版却誤作“熊羆”。

[63] 百二十人：《禮記·昏義》：“古者，天子后立六宮，三夫人、九嬪、二十七世婦、八十一御妻。”共爲一百二十人。

[64] 殆能：趙幼文《校箋》謂《册府元龜》卷五三八引“能”字作“亦”。

[65] 螽（zhōng）斯：蝗一類的蟲。亦名蚣蝑、斯螽，爲多子蟲。《詩·周南》有《螽斯》章。其序云：“《螽斯》，后妃子孫眾多也。言若螽斯不妒忌，則子孫眾多也。”

[66] 輒克昌言：胡三省云：“輒以昌言自克也。揚子曰：勝己之私謂之克。”（《通鑑》卷七三魏明帝青龍三年注）昌言，即直言。吳金華《〈三國志〉待質録》則謂胡説未必得實。“克”當讀作“刻”，即銘刻、深刻的意思。

[67] 宜陽：縣名。治所在今河南宜陽縣西福昌鎮。 典農：此指典農都尉。《水經·洛水注》謂故洛陽典農都尉治宜陽。典農都尉，管理縣屯田區的農業、民政和田租，秩六百石或四百石，第七品，地位相當於縣、令長，但不屬郡國，而屬典農中郎將或典農校尉。

[68] 功曹：官名。漢代郡縣皆置功曹史，省稱功曹，職掌人事，並參與郡縣政務。此功曹爲典農都尉之功曹，同於縣功曹。

[69] 天下之平：《漢書》卷五〇《張釋之傳》：張釋之曰：“廷尉，天下之平也，壹傾，天下用法皆爲之輕重，民安所錯其手足？”

[70] 大喪：指父母之喪。

[71] 曾閔：曾參、閔子騫。皆以孝爲孔子稱賞。孔子曰：“孝哉閔子騫！人不間於其父母昆弟之言。”對曾參，“孔子以爲能通孝道，故授之業。作《孝經》”。（《史記》卷六七《仲尼弟子列傳》）

[72] 毀：指極度哀傷而毀壞身體。

[73] 内侍：謂在京都作侍奉官。此實爲人質。

[74] 就獄殺之：胡三省云：“晃數陳淵之必反，非同逆者也。帝欲殺之以絶其類，刑之於市則無名，故欲就獄殺之。”（《通鑑》卷七四魏明帝景初二年注）

[75] 書稱：《尚書·盤庚》：“用罪伐厥死，用德彰其善。”蔡沈《集傳》：“用罪，猶言爲惡。用德，猶言爲善也。伐，猶誅也。”

[76] 亮：諒解。 司馬牛：孔子弟子。《論語·顏淵》：“司馬牛問君子。子曰：‘君子不憂不懼。’”何晏《集解》：“孔曰：牛兄桓魋將爲亂，牛自宋來學，常憂懼，故孔子解之。”

[77] 祁奚：春秋時晉國大夫。晉平公六年（前552）已告老居家。而此時范宣子執政，因内部矛盾殺了叔向之弟羊舌虎，並囚禁了叔向。祁奚得知後，即親往見范宣子，説明叔向有功無過以及父子兄弟不相連及的先例。范宣子遂與叔向一道往見晉景公，赦免了叔向。（見《左傳·襄公二十一年》）

[78] 囹（líng）圄（yǔ）：牢獄。

[79] 引分：謂自殺。

[80] 五帝：《史記·五帝本紀》以黄帝、顓頊、帝嚳、堯、舜爲五帝。

[81] 三王：指夏、商、周三代開國之君。即夏禹、商湯、周文王。

[82] 三季：指夏、商、周三代之末。

[83] 貞夫之一：《易·繫辭下》：“天下之動，貞夫一者也。”朱熹《本義》云：貞，正也，常也。天下之動，其變無窮，然順理則吉，逆理則凶，則其所正而常者，亦一理而已矣。

[84] 鷗鳥不下：《列子·黄帝》：“海上之人有好漚鳥者，每

旦之海上，從漚鳥游，漚鳥之至者百住而不止。其父曰：‘吾聞漚鳥皆從汝游，汝取來吾玩之。’明日之海上，漚鳥舞而不下也。”

[85] 周鄭交惡：《左傳·隱公三年》：“鄭武公、莊公爲平王卿士。王貳于虢。鄭伯怨王。王曰：‘無之。’故周、鄭交質。王子狐爲質于鄭，鄭公子忽爲質于周。王崩，周人將畀虢公政。四月，鄭祭足帥師取溫之麥。秋又取成周之禾。周、鄭交惡。君子曰：‘信不由中，質無益也。明恕而行，要之以禮，雖無有質，誰能間之？’”

[86] 漢高請羹：漢高祖劉邦在與項羽爭戰中，其父太公被項羽所擄。羽常置太公軍中。至兩軍相峙於廣武（今河南滎陽市東北）數月，項羽軍糧漸缺，欲速戰，遂置太公於俎上，告劉邦曰：“不急下，吾烹太公。”劉邦曰：“吾與項羽俱北面受命懷王，曰‘約爲兄弟’，吾翁即若翁，必欲烹而翁，則幸分我一杯羹。”（《史記》卷七《項羽本紀》）

[87] 隗囂捐子：隗囂，東漢初天水成紀（今甘肅秦安縣）人。新莽末，被當地豪強擁立，據有天水、武都、金城等郡。漢光武帝劉秀即帝位後，囂歸順漢朝廷。光武帝遣使勸囂入朝，並給予重爵。隗囂拒絕。光武帝又遣來歙説隗囂遣子入京爲侍從。囂遂遣長子恂入朝，光武帝以之爲胡騎校尉，封鐫羌侯。後隗囂不受光武之命而疑懼，遂發兵對抗，光武帝因誅殺隗恂。（見《後漢書》卷一三《隗囂傳》）

[88] 馬超背父：馬超父馬騰。事見本書卷六《董卓傳》、卷三六《馬超傳》及裴注引《典略》。

[89] 閑邪：防止邪惡。《易·乾卦》文言：“閑邪存其誠。”孔穎達疏：“言防閑邪惡，當自存其誠實也。”

[90] 解網之仁：《史記》卷三《殷本紀》：“湯出，見野張網四面，祝曰：‘自天下四方皆入吾網。’湯曰：‘嘻！盡之矣！’乃去其三面，祝曰：‘欲左，左。欲右，右。不用命，乃入吾網。’諸侯聞之，曰：‘湯德至矣，及禽獸。’”

[91] 來蘇之惠：謂從疾苦中獲得復生之惠。《孟子·梁惠王下》：“《書》曰：‘徯我后，后來其蘇。’”趙岐注：《尚書》逸篇之文也。徯，待也。后，君也。待我君來，則我蘇息而已。

[92] 歛衽：整飭衣襟，表示恭敬。

[93] 炰：通“咆”。 象魏：古代天子宮門外的一對高建築，亦稱“闕”或“觀”。其上常懸示法令。此處“象魏”則代指朝廷。

[94] 拘：百衲本、殿本作“抱”，盧弼《集解》本、校點本作“拘”。今從《集解》本等。

[95] 雖覽一室：盧弼《集解》云：“雖覽一室”以下四語疑中有脫誤。

[96] 孥戮：謂誅及子孫。《尚書·甘誓》：“用命賞于祖，弗用命戮于社，予則孥戮汝。”孔傳：“孥，子也。非但止汝身，辱及汝子，言恥累也。”

[97] 俾墜其師：此爲春秋時晉楚城濮之戰後，王室與諸侯之盟辭。《左傳·僖公二十八年》：“癸亥，王子虎盟諸侯於王庭，要言曰：‘皆獎王室，無相害也！有渝此盟，明神殛之，俾隊其師，無克祚國，及而玄孫，無有老幼。’君子謂是盟也信。”

[98] 四罪不及之典：指高柔疏中引“祁奚明叔向之過”之典。祁奚説明叔向無過，列舉了舜誅鯀而用其子禹，伊尹放太甲，而後又爲之相，周公之弟管叔、蔡叔助武庚反叛被周公平定後，周公又繼續輔佐成王。説明父子不相及，君臣不相怨，兄弟不相同。

[99] 魑魅：百衲本、殿本“魑”作“螭”，盧弼《集解》本、校點本作“魑”。按，二字可通，今從《集解》本等。

[100] 躓：挫折。躓於犬馬之形，謂畫不成犬馬之形。

[101] 仿：盧弼《集解》本作“昉”，百衲本、殿本作“防”。趙一清《注補》云：“‘防’字當作‘仿’。”校點本即從趙説改“防”爲“仿”。今從之。

[102] 遼東：郡名。治所襄平縣，在今遼寧遼陽市。爲公孫氏

所據之地。

[103] 叢棘：古代囚禁罪犯之處。《易·坎卦》上六："係用徽纆，置于叢棘。"孔穎達疏："置於叢棘，謂囚執之處以棘叢而禁之也。"

[104] 判決：盧弼《集解》本作"剖決"，百衲本、殿本、校點本皆作"判決"。今從百衲本等。

[105] 不：同"否"。

[106] 趙括：戰國時趙國馬服君趙奢之子，善於紙上談兵，而無實際用兵能力。趙孝成王時，秦軍與趙軍相距于長平（今山西高平縣西北）。趙將廉頗堅守不戰。秦用離間計，致使趙王用趙括代廉頗。趙括之母上書趙王，言趙括不可爲將，趙王不聽。括母因曰："王終遣之，即有如不稱，妾得無隨坐乎？"趙王許諾。趙括代廉頗後，改變廉頗之布置，出擊秦軍，結果被秦將白起大敗，數十萬大軍全軍覆沒。而趙括之母有言在先，故得不誅。（見《史記》卷八一《廉頗藺相如列傳》）

[107] 鍾會之兄：即鍾毓。事見本書卷三〇《鍾會傳》及裴注引《漢晉春秋》。

是時，殺禁地鹿者身死，財産没官，有能覺告者厚加賞賜。柔上疏曰："聖王之御世，莫不以廣農爲務，儉用爲資。夫農廣則穀積，用儉則財畜，畜財積穀而有憂患之虞者，未之有也。古者，一夫不耕，或爲之饑；一婦不織，或爲之寒。中閒已來，百姓供給衆役，親田者既減，加頃復有獵禁，羣鹿犯暴，殘食生苗，處處爲害，所傷不貲。民雖障防，力不能禦。至如滎陽左右，[1]周數百里，歲略不收，元元之命，[2]實可矜傷。方今天下生財者甚少，而麋鹿之損者甚多。

卒有兵戎之役，凶年之災，將無以待之。惟陛下覽先
聖之所念，愍稼穡之艱難，寬放民閒，使得捕鹿，遂
除其禁，則衆庶永濟，[3]莫不悦豫矣。"〔一〕[4]

〔一〕《魏名臣奏》載柔上疏曰："臣深思陛下所以不早取此
鹿者，誠欲使極蕃息，然後大取以爲軍國之用。然臣竊以爲今鹿
但有日耗，終無從得多也。何以知之？今禁地廣輪且千餘里，[5]
臣下計無慮其中有虎大小六百頭，[6]狼有五百頭，狐萬頭。使大
虎一頭三日食一鹿，一虎一歲百二十鹿，是爲六百頭虎一歲食七
萬二千頭鹿也。使十狼日共食一鹿，是爲五百頭狼一歲共食萬八
千頭鹿。鹿子始生，未能善走，使十狐一日共食一子，比至健走
一月之間，是爲萬狐一月共食鹿子三萬頭也。大凡一歲所食十二
萬頭。其鵰鶚所害，臣置不計。以此推之，終無從得多，不如早
取之爲便也。"

[1] 滎陽：縣名。治所在今河南滎陽市東北。
[2] 元元：百姓。
[3] 永濟：校點本作"久濟"，百衲本、殿本、盧弼《集解》
本均作"永濟"。今從百衲本等。濟，增益。
[4] 豫：百衲本作"預"，殿本、盧弼《集解》本、校點本作
"豫"。按，二字義通，今從殿本等。
[5] 廣輪：寬長。《周禮·地官·大司徒》："以天下土地之
圖，周知九州之地域，廣輪之數。"賈公彦疏："馬融云：東西爲
廣，南北爲輪。"
[6] 無慮：大約。

　頃之，護軍營士竇禮近出不還。[1]營以爲亡，表言
逐捕，没其妻盈及男女爲官奴婢。盈連至州府，稱冤

自訟，莫有省者。乃辭詣廷尉。柔問曰：“汝何以知夫不亡？”盈垂泣對曰：“夫少單特，[2]養一老嫗爲母，事甚恭謹，又哀兒女，撫視不離，非是輕狡不顧室家者也。”柔重問曰：“汝夫不與人有怨讎乎？”對曰：“夫良善，與人無讎。”又曰：“汝夫不與人交錢財乎？”對曰：“嘗出錢與同營士焦子文，[3]〔久〕求不得。”[4]時子文適坐小事繫獄，柔乃見子文，[5]問所坐。言次，曰：“汝頗曾舉人錢不？”[6]子文曰：“自以單貧，初不敢舉人錢物也。”[7]柔察子文色動，遂曰：“汝昔舉竇禮錢，何言不邪？”[8]子文怪知事露，應對不次。柔曰：“汝已殺禮，便宜早服。”子文於是叩頭，具首殺禮本末，埋藏處所。柔便遣吏卒，承子文辭往掘禮，即得其屍。詔書復盈母子爲平民。班下天下，以禮爲戒。

　　在官二十三年，轉爲太常，旬日遷司空，後徙司徒。太傅司馬宣王奏免曹爽，[9]皇太后詔召柔假節、行大將軍事，[10]據爽營。太傅謂柔曰：“君爲周勃矣。”[11]爽誅，進封萬歲鄉侯。高貴鄉公即位，進封安國侯，[12]轉爲太尉。常道鄉公即位，增邑并前四千，[13]前後封二子亭侯。景元四年，[14]年九十薨，謚曰元侯。孫渾嗣。咸熙中，[15]開建五等，[16]以柔等著勳前朝，[17]改封渾昌陸子。[一][18]

　　〔一〕《晉諸公贊》曰：柔長子儁，大將軍掾，[19]次誕，歷三州刺史、太僕。[20]誕放率不倫，而決烈過人。次光，字宣茂，少習家業，明練法理。晉武帝世，爲黃沙御史，[21]與中丞同，[22]遷守廷尉，後即真。兄誕與光異操，謂光小節，常輕侮之，而光事誕愈謹。終於尚書令。^[23]追贈司空。

[1] 護軍：官名。諸要鎮及將軍領兵出征者，皆置此官。第六品。

[2] 單特：孤獨。

[3] 出錢：謂借錢。　焦子文：趙幼文《校箋》謂《通典·刑六》"文"字作"久"，《太平御覽》卷二三一、卷六三九同。按，中華書局1988年版《通典》校點本已據《三國志·高柔傳》及《冊府元龜》卷六一八改"久"字爲"文"。又《太平御覽》卷二三一實作"文"，並且"文"下尚有"久"字。

[4] 久求不得：各本皆作"求不得"。殿本《考證》云："《太平御覽》作'久求不得'，多'久'字。"盧弼《集解》云："《御覽》六百三十九作'久不得'。"按，《太平御覽》卷六三九引實作"久求不得"，而"久"上無"文"字。《太平御覽》卷二三一引亦作"久求不得"，"久"上又有"文"字。今從《太平御覽》增"久"字。

[5] 乃見：百衲本無"乃"字，殿本、盧弼《集解》本、校點本有。今從殿本等。

[6] 舉人錢：謂借人錢。吳金華《校詁》云："借貸之事，西漢以前多言'稱'，東漢以降多言'舉'。"

[7] 初不敢：始終不敢。

[8] 何言不邪：盧弼《集解》云："《御覽》作'何言不舉邪'"。趙幼文《校箋》謂《太平御覽》卷二三一引"不"下有"舉"字，而卷六三九引又無。

[9] 太傅：官名。上公，位在三公上，第一品，掌善導，無常職，不常設。　司馬宣王：司馬懿。魏末其子司馬昭爲晉王後，追尊他爲宣王。

[10] 假節：漢末三國時期，皇帝賜予臣下的一種權力。至晉

代，此種權力明確爲因軍事可殺犯軍令者。

　[11] 周勃：漢高祖劉邦之功臣。

　[11] 周勃：漢高祖劉邦之功臣。劉邦臨終前，即囑呂后，周勃可爲太尉。呂后時周勃雖爲太尉，而軍權卻在呂氏手中。呂后七年（前181），即以呂禄爲上將軍、呂産爲相國。呂后死，呂禄、呂産即專兵秉政。呂禄居北軍，呂産居南軍，謀欲作亂。周勃遂與陳平等謀劃，使人騙呂禄交出兵權離開北軍。周勃入北軍後，即奪得軍權，與陳平、劉章等共誅除諸呂。（見《漢書》卷三《高后紀》）

　[12] 安國：縣名。治所在今河北安國縣東南。

　[13] 四千：盧弼《集解》云：“疑脱‘户’字。”

　[14] 景元：魏元帝曹奂年號（260—264）。

　[15] 咸熙：魏元帝曹奂年號（264—265）。

　[16] 五等：公、侯、伯、子、男五等封爵。

　[17] 柔等：盧弼《集解》云：“等”字疑誤。趙幼文《校箋》亦云：“《通志》無‘等’字，是。”

　[18] 昌陸：梁章鉅《旁證》：“沈欽韓曰：兩漢《志》及《晋志》皆無昌陸縣。”

　[19] 大將軍掾：官名。大將軍府之屬吏。而大將軍府有西曹掾、東曹掾、倉曹掾、賊曹掾等，此未知何曹。

　[20] 三州刺史：趙幼文《校箋》云：“《晋書·高光傳》：‘歷徐、雍二州刺史。’毛本‘三’字作‘二’，是也。”　太僕：官名。秩中二千石，掌皇帝車馬，兼管官府畜牧業，東漢尚兼掌兵器製作、織綬等。曹魏因之，三品。

　[21] 黄沙御史：官名。黄沙獄治書侍御史之簡稱。《晋書·職官志》云：“泰始四年，又置黄沙獄治書侍御史一人，秩與中丞同，掌詔獄及廷尉不當者皆治之。後并河南，遂省黄沙治書侍御史。”

　[22] 與中丞同：趙幼文《校箋》謂《晋書》卷四一《高光傳》“與”上有“秩”字。按，中丞，即御史中丞。

[23] 尚書令：官名。晋代仍爲尚書臺長官，第三品。綜理朝廷政務，爲政務長官，參議大政，職如宰相。

孫禮字德達，涿郡容城人也。[1]太祖平幽州，召爲司空軍謀掾。[2]初喪亂時，[3]禮與母相失，同郡馬台求得禮母，禮推家財盡以與台。[4]台後坐法當死，禮私導令踰獄自首，既而曰：“臣無逃亡之義。”徑詣刺奸主簿温恢。[5]恢嘉之，具白太祖，各減死一等。[6]

後除河間郡丞，[7]稍遷滎陽都尉。[8]魯山中賊數百人，[9]保固險阻，爲民作害；乃徙禮爲魯相。禮至官，出俸穀，發吏民，募首級，招納降附，使還爲間，應時平泰。歷山陽、平原、平昌、琅邪太守。[10]從大司馬曹休征吳於夾石，[11]禮諫以爲不可深入，不從而敗。遷陽平太守，[12]入爲尚書。

明帝方修宫室，[13]而節氣不和，天下少穀。禮固爭，罷役，[14]詔曰：“敬納讜言，促遣民作。”[15]時李惠監作，復奏留一月，有所成訖，禮徑至作所，不復重奏，稱詔罷民，帝奇其意而不責也。

帝獵於大石山，[16]虎趨乘輿，禮便投鞭下馬，欲奮劍斫虎，詔令禮上馬。明帝臨崩之時，[17]以曹爽爲大將軍，[18]宜得良佐，於牀下受遺詔，拜禮大將軍長史，[19]加散騎常侍。禮亮直不撓，爽弗便也，以爲揚州刺史，[20]加伏波將軍，[21]賜爵關內侯。吳大將全琮帥數萬衆來侵寇，時州兵休使，在者無幾。禮躬勒衛兵禦之，戰於芍陂，[22]自旦及暮，將士死傷過半。禮犯蹈白刃，馬被數創，手秉枹鼓，[23]奮不顧身，賊衆乃退。詔書慰勞，賜絹七百匹。禮爲死事者設祀哭臨，[24]哀號發心，皆以絹付亡者家，無以入身。[25]

徵拜少府，[26]出爲荆州刺史，[27]遷冀州牧。[28]太傅司馬宣王謂禮曰：“今清河、平原爭界八年，[29]更二刺史，[30]靡能決之；虞、芮待文王而了，[31]宜善令分明。”禮曰：“訟者據墟墓爲驗，聽者以先老爲正，而老者不可加以榎楚，[32]又墟墓或遷就高敞，或徙避仇讐。如今所聞，[33]雖皋陶猶將爲難。若欲使必也無訟，當以烈祖初封平原時圖決之，[34]何必推古問故，以益辭訟？昔成王以桐葉戲叔虞，[35]周公便以封之。今圖藏在天府，[36]便可於坐上斷也，豈待到州乎？”宣王曰：“是也。當別下圖。”禮到，案圖宜屬平原。而曹爽信清河言，下書云：“圖不可用，當參異同。”禮上疏曰：“管仲霸者之佐，[37]其器又小，猶能奪伯氏駢邑，[38]使沒齒無怨言。臣受牧伯之任，奉聖朝明圖，驗地著之界，[39]界實以王翁河爲限；[40]而郃以馬丹候爲驗，[41]詐以鳴犢河爲界。[42]假虛訟訴，疑誤臺閣。竊聞衆口鑠金，浮石沈木，[43]三人成市虎，[44]慈母投其杼。[45]今二郡爭界八年，一朝決之者，緣有解書圖畫，可得尋案摘校也。平原在兩河，向東上，其間有爵隄，爵隄在高唐西南，[46]所爭地在高唐西北，相去二十餘里，可謂長歎息流涕者也。案解與圖奏而郃不受詔，此臣軟弱不勝其任，臣亦何顏尸禄素餐。[47]輒束帶著履，駕車待放。”爽見禮奏，大怒。劾禮怨望，結刑五歲。[48]在家期年，衆人多以爲言，除城門校尉。[49]

時匈奴王劉靖部衆彊盛，[50]而鮮卑數寇邊，乃以禮爲并州刺史，加振武將軍，[51]使持節，[52]護匈奴中郎將。[53]往見太傅司馬宣王，有忿色而無言。宣王曰："卿得并州，少邪？恚理分界失分乎？今當遠別，何不懌也！"禮曰："何明公言之乖細也！禮雖不德，豈以官位往事爲意邪？本謂明公齊蹤伊、呂，[54]匡輔魏室，上報明帝之託，下建萬世之勳。今社稷將危，天下兇兇，此禮之所以不悦也。"因涕泣橫流。宣王曰："且止，忍不可忍。"爽誅後，入爲司隸校尉，凡臨七郡五州，[55]皆有威信。遷司空，封大利亭侯，邑一百户。禮與盧毓同郡時輩，而情好不睦。爲人雖互有長短，然名位略齊云。嘉平二年薨，[56]謚曰景侯。孫元嗣。

[1] 字德達：盧弼《集解》云："錢儀吉曰《御覽》'字德遠'。"趙幼文《校箋》謂見《太平御覽》卷二一二。 容城：縣名。治所在今河北容城縣北。

[2] 司空軍謀掾：官名。司空府之屬吏，職責是參議軍政。

[3] 喪亂：趙幼文《校箋》謂《藝文類聚》卷三三、《白孔六帖》卷四五、《太平御覽》卷四七九、《册府元龜》卷八六五引"喪"字作"荒"。

[4] 推家財：趙幼文《校箋》謂《册府元龜》卷八六五引"推"字上有"乃"字。

[5] 刺奸主簿：按，本書卷一五《溫恢傳》，溫恢先"爲廩丘長，鄢陵、廣川令，彭城、魯相"，"入爲丞相主簿"。曹操爲丞相後，於丞相府置四主簿，錄省衆事。而丞相府又置有刺奸掾，掌管司法事務，蓋是時溫恢以主簿兼刺奸掾，遂稱爲刺奸主簿；或溫恢

以主簿主管刺奸事，因而稱之。但洪飴孫《三國職官表》又將
"刺奸主簿溫恢"列於曹操司空府屬之下。按，《溫恢傳》溫恢未
做過司空主簿，未知洪氏何據。

[6] 減死一等：謂本應判處死刑，減輕一級，免死不殺。程樹
德《九朝律考》謂"減死一等亦漢律中語也"。

[7] 郡丞：官名。郡的副長官，佐郡太守掌衆事，秩六百石，
第八品。由朝廷任命。

[8] 滎陽都尉：洪亮吉《補三國疆域志》謂齊王曹芳正始三
年分河南郡置滎陽郡，而在置郡前，蓋因河南郡大，漢末已別設滎
陽都尉，至正始三年乃升爲郡。今從洪氏説。都尉，西漢時郡置都
尉，輔助郡守並掌本郡軍事。東漢廢除，僅在邊郡或關塞之地置都
尉及屬國都尉，並漸漸分縣治民，職如太守。

[9] 魯山：山名。在山東蒙陰縣北。

[10] 山陽：郡名。治所昌邑縣，在今山東金鄉縣西北。　平
原：郡名。治所平原縣，在今山東平原縣西南。　平昌：郡名。魏
文帝置，治所平昌縣，在今山東諸城市東北。後廢。晋惠帝
時又置。

[11] 大司馬：官名。魏文帝黃初二年（221）置，爲上公，
位在三公上，第一品，掌武事。　夾石：百衲本、殿本、盧弼《集
解》本均作"夾石口"。趙一清《注補》云："'夾石'當作'硤
石'，'口'字衍。"盧弼《集解》謂本書《賈逵傳》《朱桓傳》亦
作"夾石"。校點本即作"夾石"。今從之。夾石乃地名，在今安
徽桐城縣北。

[12] 陽平：郡名。魏文帝黃初三年分魏郡置，治所館陶縣，
在今河北館陶縣。

[13] 宮室：殿本《考證》云："《太平御覽》作'臺省'。"
趙幼文《校箋》謂《太平御覽》卷二一二作"臺署"。

[14] 禮固爭罷役：殿本《考證》云："《太平御覽》作'禮固
爭因罷役'。"趙幼文《校箋》謂此仍見《太平御覽》卷二一二。

　　[15] 促遣：急速遣散。　民作：服勞役的工匠、民工。

　　[16] 大石山：亦名石林。在今河南洛陽市東南，接登封縣界。

　　[17] 明帝臨崩：殿本“明帝”下有“於”字，百衲本、盧弼《集解》本、校點本無。今從百衲本等。

　　[18] 大將軍：官名。東漢時，常兼録尚書事，與太傅、太尉等共同主持政務。漢末，位在三公上。曹魏時爲上公，第一品。

　　[19] 大將軍長史：官名。爲大將軍府之幕僚長。

　　[20] 揚州：刺史治所壽春縣，在今安徽壽縣。

　　[21] 伏波將軍：官名。第五品。

　　[22] 芍陂：在今安徽壽縣南，因淠水經白芍亭東與附近諸水積而成湖，故名。今安豐塘即其遺址。

　　[23] 枹（fú）鼓：鼓槌與鼓。古時作戰，擊鼓即進軍。

　　[24] 設祀：趙幼文《校箋》謂《白孔六帖》卷五一（當作五二）“祀”字作“祭”。

　　[25] 無以入身：趙幼文《校箋》謂《白孔六帖》作“無自入己者”。

　　[26] 少府：官名。秩中二千石。東漢時，掌宮中御衣、寶貨、珍膳等。魏、晋沿之，主要管理宮廷手工業。三品。

　　[27] 荆州：魏刺史治所，初在宛縣，在今河南南陽市；齊王芳正始中又遷至新野縣，即今河南新野縣。

　　[28] 冀州：東漢末州牧刺史治所常設在鄴縣，魏黄初中移治所於信都縣，在今河北冀縣。

　　[29] 清河：郡名。治所清河縣，在今山東臨清市東北。

　　[30] 二刺史：趙幼文《校箋》謂郝經《續後漢書》“二”字作“三”。

　　[31] 虞芮（ruì）：殷商末二小諸侯國名。《詩·大雅·綿》：“虞、芮質厥成，文王蹶厥生。”毛傳：“質，成也，平也。蹶，動也。虞、芮之君，相與争田，久而不平。乃相謂曰：‘西伯仁人也，盍往質焉？’乃相與朝周。入其境，則耕者讓畔，行者讓路。入其

邑，男女異路，斑白不提挈。入其朝，士讓爲大夫，大夫讓爲卿。二國之君，感而相謂曰：‘我等小人，不可以履君子之庭。’乃相讓，以其所争田爲間田而退。天下聞之而歸者四十餘國。”

[32] 榎（jiǎ）楚：皆木名。用作打人的刑具。

[33] 所聞：趙幼文《校箋》謂《册府元龜》卷六九五引“聞”字作“云”。按，宋本《册府元龜》亦作“聞”。

[34] 烈祖：魏明帝廟號。魏明帝即位前，黄初三年曾封爲平原王。

[35] 叔虞：周成王弟。成王即位時年幼，周公攝政。《史記》卷三九《晋世家》云：“成王與叔虞戲，削桐葉爲珪以與叔虞，曰：‘以此封若。’史佚因請擇日立叔虞。成王曰：‘吾與之戲耳。’史佚曰：‘天子無戲言。言則史書之，禮成之，樂歌之。’於是遂封叔虞於唐。”

[36] 天府：《周禮·春官·天府》：“天府掌祖廟之守藏與其禁令。”後世泛指皇家倉庫或圖籍檔案庫。

[37] 管仲：春秋齊國人，爲齊桓公之相，使桓公稱霸諸侯。孔子卻説：“管仲之器小哉！”（《論語·八佾》）

[38] 伯氏：齊國大夫。　駢邑：地名。伯氏之采地。在今山西臨朐縣柳山寨。孔子説管仲“奪伯氏駢邑三百，飯疏食，没齒無怨言”。（《論語·憲問》）

[39] 地著之界：謂地圖之界。趙幼文《校箋》云：“《淮南子·主術篇》‘皆著於明堂’高注：‘著猶圖也。’地著猶言地圖。”

[40] 王翁河：在今山東平原縣西南。

[41] 鄃：縣名。治所在今山東平原縣西南。　馬丹候：盧弼《集解》本作“馬丹侯”，百衲本、殿本、校點本均作“馬丹候”。今從百衲本等。馬丹候，地名。仍在平原縣西南。

[42] 鳴犢河：故道在今山東高唐縣至河北景縣界。

[43] 浮石沈木：比喻是非顛倒。陸賈《新語·辨惑》云：“夫衆口之毁譽，浮石沉木。”

［44］三人成市虎：《韓非子·内儲説上》："龐恭與太子質於邯鄲，謂魏王曰：'今一人言市有虎，王信之乎?'曰：'不信。''二人言市有虎，王信之乎?'曰：'不信。''三人言市有虎，王信之乎?'曰：'寡人信之。'龐恭曰：'夫市之無虎也明矣，然而三人言而成虎。今邯鄲之去魏也遠於市，議臣者過於三人，願王察之。'"

［45］慈母：指曾子之母。《戰國策·秦策二》："昔者曾子處費，費人有與曾子同名族者而殺人。人告曾子母曰：'曾參殺人。'曾子之母曰：'吾子不殺人。'織自若。有頃焉，人又曰：'曾參殺人。'其母尚織自若也。頃之，一人又告之曰：'曾參殺人。'其母懼，投杼逾墻而走。夫以曾參之賢，與母之信也，而三人疑之，則慈母不能信也。"

［46］爵隄：地名。　高唐：縣名。治所在今山東禹城市西南。

［47］尸禄素餐：謂爲官白食俸禄而不理事。

［48］結刑五歲：胡三省云："結刑五歲者，但結以徒作五歲之罪，而不使之輸作也。"（《通鑑》卷七五魏邵陵厲公正始九年注）

［49］城門校尉：官名。秩比二千石，第四品，掌洛陽十二城門。（本洪飴孫《三國職官表》）

［50］王：殿本作"主"，百衲本、盧弼《集解》本、校點本作"王"。今從百衲本等。

［51］振武將軍：官名。第四品。

［52］使持節：漢末三國，皇帝授予出征或出鎮的軍事長官的一種權力。至晋代，此種權力明確爲可誅殺二千石以下官員。若皇帝派遣大臣執行出巡或祭吊等事務時，加使持節，則表示權力和尊崇。

［53］護匈奴中郎將：官名。東漢置，漢末罷。魏明帝太和五年（231）復置，監護南匈奴事務，多以并州刺史兼任，使持節或假節，第四品。晋亦沿置，仍四品。

　　[54] 伊吕：伊尹、吕尚。

　　[55] 七郡：指河間、滎陽、山陽、平原、平昌、琅邪、陽平等七郡。　　五州：指揚州、荆州、冀州、并州、司州（司隸校尉）等。

　　[56] 嘉平：魏少帝齊王曹芳年號（249—254）。

　　王觀字偉臺，東郡廩丘人也。[1] 少孤貧厲志，[2] 太祖召爲丞相文學掾，[3] 出爲高唐、陽泉、酇、任令，[4] 所在稱治。文帝踐阼，入爲尚書郎、廷尉監，[5] 出爲南陽、涿郡太守。涿北接鮮卑，數有寇盜，觀令邊民十家已上，屯居，築京候。[6] 時或有不願者，觀乃假遣朝吏，使歸助子弟，不與期會，但敕事訖各還。於是吏民相率不督自勸，旬日之中，一時俱成。守禦有備，寇鈔以息。明帝即位，下詔書使郡縣條爲劇、中、平者。[7] 主者欲言郡爲中平，觀教曰：“此郡濱近外虜，數有寇害，云何不爲劇邪？”主者曰：“若郡爲外劇，[8] 恐於明府有任子。”[9] 觀曰：“夫君者，所以爲民也。今郡在外劇，則於役條當有降差。豈可爲太守之私而負一郡之民乎？”遂言爲外劇郡，後送任子詣鄴。時觀但有一子而又幼弱。其公心如此。觀治身清素，帥下以儉，僚屬承風，莫不自勵。

　　明帝幸許昌，[10] 召觀爲治書侍御史，典行臺獄。[11] 時多有倉卒喜怒，而觀不阿意順指。太尉司馬宣王請觀爲從事中郎，[12] 遷爲尚書，出爲河南尹，徙少府。大將軍曹爽使材官張達斫家屋材，[13] 及諸私用之物，觀聞知，[14] 皆録奪以没官。少府統三尚方御府內藏玩弄之寶，[15]爽等奢放，多有干求，憚觀守法，乃徙爲太僕。司馬宣王誅爽，使觀行中領軍，[16]據爽弟羲營，賜爵關內侯，復爲尚書，加駙馬都尉。[17]高貴鄉公即位，封中鄉亭侯。頃之，加光祿大夫，[18]轉爲右僕射。[19]常道鄉公即位，進封陽鄉侯，增邑千户，并前二千五百户。遷司空，固辭，不許，遣使即第拜授。就官數日，上送印綬，輒自輿歸里舍。薨于家，遺令藏足容棺，不設明器，[20]不封不樹。[21]謚曰肅侯。子惲嗣。咸熙中，開建五等，以觀著勳前朝，改封惲膠東子。[22]

[1] 東郡：治所濮陽縣，在今河南濮陽縣西南。 廩丘：縣名。治所在今山東鄄城縣西北。

[2] 厲：校點本作"勵"，百衲本、殿本、盧弼《集解》本作"厲"。按，二字義通，皆激勵之義，今從百衲本等。

[3] 丞相文學掾：官名。曹操爲丞相後，於丞相府所置之屬吏。

[4] 陽泉：縣名。治所在今安徽霍邱縣西北。 酇：縣名。治所在今河南永城縣西北酇城鎮。 任：縣名。治所在今河北任縣東南。

[5] 廷尉監：官名。秩六百石，第六品。掌拘捕，參議案例、律條，審理疑獄。與廷尉正、平通署公牘，互相監督，稱爲廷尉三官。

[6] 京候：瞭望偵察的高土堡。

[7] 劇：情況複雜、治理困難的郡縣。

[8] 外劇：指邊郡而又劇者。

[9] 明府：對郡太守的敬稱。 任子：送至京都作人質之子。

〔10〕許昌：縣名。治所在今河南許昌市東。

〔11〕行臺：官署名。曹魏置，爲皇帝出征時隨行執掌尚書臺職權的機構，由尚書臺部分主要官員組成，以便皇帝和執政大臣決定國家大事。

〔12〕從事中郎：官名。魏晉時三公府、將軍府皆置爲屬吏，秩六百石，第六品。其職依時、依府而異，或爲主吏，或分掌諸曹，或掌機密，或參謀議，地位較高。員不定。

〔13〕材官：官名。即材官校尉，魏文帝黃初中置，秩比二千石，第六品。屬少府，掌土木工程用材及工徒。　斫家屋材：趙幼文《校箋》謂《北堂書鈔》卷五四、《太平御覽》卷二三六引無“家”字。按，《北堂書鈔》實有“家”字，又《册府元龜》卷六二三引亦有“家”字。

〔14〕聞知：趙幼文《校箋》謂《册府元龜》卷六二三引“知”字作“之”。

〔15〕三尚方：指中、左、右尚方三署，主製皇帝所用器物。隸少府。

〔16〕中領軍：官名。第三品，掌禁軍，主五校、中壘、武衛三營。（本洪飴孫《三國職官表》）

〔17〕駙馬都尉：官名。秩比二千石，掌皇帝副車之馬。曹魏時第六品，無定員或爲加官。

〔18〕光禄大夫：官名。秩比二千石，第三品，位次三公。無定員，無固定職守，相當於顧問。諸公告老及在朝重臣加此銜以示優重。

〔19〕右僕射：即尚書右僕射。

〔20〕明器：百衲本“明”字作“盟”，殿本、盧弼《集解》本、校點本作“明”。今從殿本等。明器，隨葬器物。《禮記·檀弓下》：“其曰明器，神明之也。塗車芻靈，自古有之，明器之道也。”

〔21〕不封不樹：不壘土爲墳，也不種樹爲識。

［22］膠東：縣名。治所在今山東平度市。

評曰："韓暨處以静居行化，出以任職流稱；崔林簡樸知能；高柔明於法理；孫禮剛斷伉厲；王觀清勁貞白：咸克致公輔。及暨年過八十，起家就列；柔保官二十年，元老終位：比之徐邈、常林，於兹爲疚矣。

三國志 卷二五

魏書二十五

辛毗楊阜高堂隆傳第二十五

　　辛毗字佐治，潁川陽翟人也。[1]其先建武中，[2]自隴西東遷。[3]毗隨兄評從袁紹。太祖爲司空，[4]辟毗，毗不得應命。及袁尚攻兄譚於平原，[5]譚使毗詣太祖求和。[一]太祖將征荊州，[6]次于西平。[7]毗見太祖致譚意，太祖大悅。後數日，更欲先平荊州，使譚、尚自相弊。他日置酒，毗望太祖色，知有變，以語郭嘉。嘉白太祖，太祖謂毗曰：“譚可信？[8]尚必可克不？”毗對曰：“明公無問信與詐也，直當論其勢耳。袁氏本兄弟相伐，非謂他人能閒其閒，乃謂天下可定於己也。今一旦求救於明公，此可知也。顯甫見顯思困而不能取，[9]此力竭也。兵革敗於外，謀臣誅於內，[10]兄弟讒鬩，[11]國分爲二；連年戰伐，[12]而介胄生蟣蝨，[13]加以旱蝗，饑饉並臻，國無困倉，行無裹糧，天災應於上，人事困於下，民無愚智，皆知土崩瓦解，此乃天亡尚之時也。兵法稱有石城湯池帶甲百萬而無粟者，[14]不能守也。今往攻鄴，[15]尚不還救，即不能自守。還救，即譚躡其後。以明公之威，應困窮之敵，擊疲弊之寇，無異迅風之振秋葉矣。天以袁尚與明公，明公不取而伐荊州。荊州豐樂，國未有釁。仲虺有言：[16]‘取亂侮亡。’方今二袁不務遠略而內相圖，可謂亂矣；居者無食，行者無糧，可謂亡矣。朝不謀夕，民命靡繼，而不綏之，欲待他年；他年或登，又自知亡而改脩厥德，失所以用兵之要矣。今因其請救而撫之，利莫大焉。且四方之寇，莫大於河北；[17]河北平，則六軍盛而天下震。”[18]太祖曰：“善。”乃許譚平，[19]次于黎陽。[20]明年攻鄴，克之，表毗為議郎。[21]

〔一〕《英雄記》曰：譚、尚戰於外門，[22]譚軍敗奔北。郭圖說譚曰：“今將軍國小兵少，糧匱勢弱，顯甫之來，久則不敵。愚以為可呼曹公來擊顯甫。曹公至，必先攻鄴，顯甫還救。將軍引兵而西，自鄴以北皆可虜得。若顯甫軍破，其兵奔亡，又可斂取以拒曹公。曹公遠僑而來，糧餉不繼，必自逃去。比此之際，趙國以北皆我之有，[23]亦足與曹公為對矣。不然，不諧。”譚始不納，後遂從之。問圖：“誰可使？”圖答：“辛佐治可。”譚遂遣毗詣太祖。

[1] 潁川：郡名。治所陽翟縣，在今河南禹州市。

[2] 建武：漢光武帝年號（25—56）。

[3] 隴西：郡名。東漢初治所狄道縣，在今甘肅臨洮縣。

[4] 司空：官名。東漢時與太尉、司徒並為三公，共同行使宰相職能，而位列三公之末。本職掌土木營建與水利工程。漢末曹操

爲司空，權力擴大，成爲實際的宰相。

〔5〕平原：縣名。治所在今山東平原縣西南。

〔6〕荆州：刺史治所本在漢壽縣，在今湖南常德市東北。劉表爲刺史，移治所於襄陽縣，在今湖北襄陽市襄州區。

〔7〕西平：縣名。治所在今河南西平縣西。

〔8〕譚可信：趙幼文《校箋》謂《册府元龜》卷八九一引“譚”下有“必”字。

〔9〕顯甫：袁尚字顯甫。　顯思：袁譚字顯思。

〔10〕謀臣：指逢紀、田豐等。

〔11〕讒鬩（xì）：攻訐爭吵。《國語・周語中》：“兄弟讒鬩，侮人百里。”韋昭注：“鬩，很也。兄弟雖以讒言相違很，猶以禁禦他人侵侮己者。”

〔12〕戰伐：盧弼《集解》本作“征伐”，百衲本、殿本、校點本作“戰伐”。今從百衲本等。

〔13〕介胄：盧弼《集解》本作“戰士”，百衲本、殿本、校點本作“介胄”。今從百衲本等。介胄，鎧甲與頭盔。

〔14〕“兵法”句：《漢書・食貨志》載晁錯《論貴粟疏》云：“神農之教曰：‘有石城十仞，湯池百步，帶甲百萬，而無粟，弗能守也。’”顏師古注：“池，城邊池也。以沸湯爲池，不可輒近，喻嚴固之甚。”

〔15〕鄴：縣名。治所在今河北臨漳縣西南鄴鎮東一里半。

〔16〕仲虺（huǐ）：商湯之左相。《左傳・宣公十二年》：隨武子（士會）曰：“仲虺有言曰‘取亂侮亡’，兼弱也。”杜預注：“仲虺，湯左相，薛之祖奚仲之後。”

〔17〕河北：地區名。泛指黃河以北地區。

〔18〕六軍：古時天子有六軍，因以指國家軍隊。胡三省云：“觀毗之言，非爲譚請救也，勸操以取河北也。”（《通鑑》卷六四漢獻帝建安八年注）

〔19〕平：講和。《廣韻・庚韻》：“平，和也。”

[20] 黎陽：縣名。治所在今河南浚縣東北。

[21] 議郎：官名。郎官之一種，屬光禄勳，秩六百石，不入直宿衛，得參預朝政議論。

[22] 外門：《通鑑》作“門外”。胡三省云：“鄴城門外也。”（《通鑑》卷六四漢獻帝建安八年注）

[23] 趙國：王國名。治所邯鄲縣，在今河北邯鄲市西南。

久之，太祖遣都護曹洪平下辯，[1]使毗與曹休參之，令曰：“昔高祖貪財好色，而良、平匡其過失。[2]今佐治、文烈憂不輕矣。”[3]軍還，爲丞相長史。[4]

文帝踐阼，遷侍中，[5]賜爵關内侯。[6]時議改正朔。[7]毗以魏氏遵舜、禹之統，[8]應天順民；至于湯、武，[9]以戰伐定天下，乃改正朔。孔子曰“行夏之時”，[10]《左氏傳》曰“夏數爲得天正”，[11]何必期於相反。帝善而從之。

帝欲徙冀州士家十萬户實河南。[12]時連蝗民饑，[13]羣司以爲不可，而帝意甚盛。毗與朝臣俱求見，帝知其欲諫，作色以見之，[14]皆莫敢言。毗曰：“陛下欲徙士家，其計安出？”帝曰：“卿謂我徙之非邪？”毗曰：“誠以爲非也。”[15]帝曰：“吾不與卿共議也。”毗曰：“陛下不以臣不肖，置之左右，廁之謀議之官，[16]安得不與臣議邪！臣所言非私也，[17]乃社稷之慮也，安得怒臣！”帝不答，起入内；毗隨而引其裾，[18]帝遂奮衣不還，良久乃出，曰：“佐治，卿持我何太急邪？”毗曰：“今徙，既失民心，又無以食也。”帝遂徙其半。嘗從帝射雉，帝曰：“射雉樂哉！”毗

曰：“於陛下甚樂，而於羣下甚苦。”[19]帝默然，後遂
爲之稀出。

上軍大將軍曹真征朱然于江陵，[20]毗行軍師。[21]
還，封廣平亭侯。[22]帝欲大興軍征吳，毗諫曰：“吳、
楚之民，[23]險而難禦，道隆後服，道洿先叛，自古患
之，非徒今也。今陛下祚有海內，夫不賓者，其能久
乎？昔尉佗稱帝，[24]子陽僭號，[25]歷年未幾，或臣或
誅，何則？違逆之道不久全，而大德無所不服也。方
今天下新定，土廣民稀。夫廟算而後出軍，猶臨事而
懼，況今廟算有闕而欲用之，臣誠未見其利也。先帝
屢起銳師，臨江而旋。今六軍不增於故，而復循之，
此未易也。今日之計，莫若脩范蠡之養民，[26]法管仲
之寄政，[27]則充國之屯田，[28]明仲尼之懷遠；[29]十年之
中，彊壯未老，童齔勝戰，兆民知義，將士思奮，然
後用之，則役不再舉矣。”帝曰：“如卿意，更當以虜
遺子孫邪？”毗對曰：“昔周文王以紂遺武王，唯知時
也。苟時未可，容得已乎！”[30]帝竟伐吳，至江而還。

明帝即位，進封潁鄉侯，[31]邑三百戶。時中書監
劉放、令孫資見信於主，[32]制斷時政，大臣莫不交好，
而毗不與往來。毗子敞諫曰：“今劉、孫用事，衆皆影
附，大人宜小降意，和光同塵；[33]不然必有謗言。”毗
正色曰：“主上雖未稱聰明，不爲闇劣。吾之立身，自
有本末。就與劉、孫不平，不過令吾不作三公而已，
何危害之有？焉有大丈夫欲爲公而毀其高節者邪？”[34]
冗從僕射畢軌表言：[35]“尚書僕射王思精勤舊吏，[36]

忠亮計略不如辛毗，毗宜代思。"[37] 帝以訪放、資，放、資對曰："陛下用思者，誠欲取其效力，不貴虛名也。毗實亮直，然性剛而專，聖慮所當深察也。"遂不用。出爲衛尉。[38]

帝方脩殿舍，百姓勞役，毗上疏曰：[39]"竊聞諸葛亮講武治兵，而孫權市馬遼東，[40]量其意指，似欲相左右。[41]備豫不虞，古之善政，而今者宮室大興，加連年穀麥不收。《詩》云：[42]'民亦勞止，[43]迄可小康，[44]惠此中國，[45]以綏四方。'[46]唯陛下爲社稷計。"帝報曰："二虜未滅而治宮室，直諫者立名之時也。夫王者之都，當及民勞兼辦，使後世無所復增，是蕭何爲漢規摹之略也。[47]今卿爲魏重臣，亦宜解其大歸。"[48]帝又欲平北芒，[49]令於其上作臺觀，則見孟津。[50]毗諫曰："天地之性，高高下下，[51]今而反之，既非其理；加以損費人功，民不堪役。且若九河盈溢，[52]洪水爲害，而丘陵皆夷，將何以禦之？"[53]帝乃止。[一]

〔一〕《魏略》曰：諸葛亮圍祁山，[54]不克，引退。張郃追之，爲流矢所中死。帝惜郃，臨朝而歎曰："蜀未平而郃死，將若之何！"司空陳羣曰：[55]"郃誠良將，國所依也。"毗心以爲郃雖可惜，然已死，不當内弱主意，而示外以不大也。乃持羣曰："陳公，是何言歟！當建安之末，[56]天下不可一日無武皇帝也，及委國祚，而文皇帝受命。黄初之世，[57]亦謂不可無文皇帝也，及委棄天下，而陛下龍興。今國内所少，豈張郃乎？"陳羣曰："亦誠如辛毗言。"帝笑曰："陳公可謂善變矣。"

臣松之以爲擬人必於其倫，取譬宜引其類，故君子於其言，無所苟而已矣。毗欲弘廣主意，當舉若張遼之疇，安有於一將之死而可以祖宗爲譬哉？非所宜言，莫過於茲。進違其類，退似諂佞，佐治剛正之體，不宜有此。《魏略》既已難信，習氏又從而載之，[58]竊謂斯人受誣不少。

［1］都護：即都護將軍。官名。胡三省云："都護將軍，以盡護諸將而立號，光武始以命賈復。"（《通鑑》卷六七漢獻帝建安二十年注） 下辯：縣名。治所在今甘肅成縣西。

［2］良平：張良、陳平。《史記》卷五五《留侯世家》謂漢高祖劉邦入關進咸陽後，"入秦宮，宮室帷帳狗馬重寶婦女以千數，意欲留居之。樊噲諫沛公出舍，沛公不聽。良曰：'夫秦爲無道，故沛公得至此。夫爲天子除殘賊，宜縞素爲資。今始入秦，即安其樂，此所謂助桀爲虐。且忠言逆耳利於行，毒藥苦口利於病，願沛公聽樊噲言。'沛公乃還軍霸上"。

［3］文烈：曹休字文烈。

［4］丞相長史：官名。秩千石，丞相府幕僚之長，協助丞相署理相府諸曹，監領府事。曹操爲丞相，權位加重，遂分置左、右長史。若丞相出征，則置行軍長史掌軍旅行伍；又置留府長史掌留守事。位皆崇重。

［5］侍中：官名。曹魏時，第三品。爲門下侍中寺長官。職掌門下衆事，侍從左右，顧問應對，拾遺補闕，與散騎常侍、黃門侍郎等共平尚書奏事。晉沿置，爲門下省長官。

［6］關內侯：爵名。漢制二十級爵之第十九級，次於列侯，祇有封戶收取租稅而無封地。魏文帝定爵制爲十等，關內侯在亭侯下，仍爲虛封，無食邑。

［7］改正（zhēng）朔：謂改曆法。《禮記·大傳》"改正朔"，孔穎達疏："改正朔者，正謂年始，朔謂月初。言王者得政，

示從我始，改故用新。”

［8］舜禹之統：指舜禪讓於禹之傳統。漢獻帝被迫讓位於魏文帝曹丕，亦稱爲禪讓。

［9］湯武：商湯、周武王。

［10］行夏之時：孔子此語見《論語·衛靈公》。夏朝用自然曆，以建寅之月爲正月，即今農曆正月。

［11］夏數爲得天正：此語見《左傳·昭公十七年》，原文爲“夏數得天”。因夏朝用自然曆，以建寅之月爲正月，與春、夏、秋、冬之自然氣象相適應，故云得天。又楊伯峻注引《周書·周月》云：“萬物春生、夏長、秋收、冬藏，天地之正，四時之極，不易之道。夏數得天。”

［12］帝欲：趙幼文《校箋》謂《太平御覽》卷二一九引“帝”上有“於時”二字。　冀州：東漢末州牧刺史之治所常設在鄴縣，魏黄初中移治所於信都縣，在今河北冀縣。　士家：士兵之家。曹魏施行士家制（又稱世兵制），士家有單獨的兵籍，不與民籍相混，社會地位低下。士家子弟世代爲兵，没有政府特許，不得脱離兵籍。　河南：即河南尹。曹魏定都洛陽，仍將京都附近二十二縣合爲一行政區，稱河南尹，相當於一郡。治所在洛陽。

［13］時連蝗：趙幼文《校箋》謂《藝文類聚》卷三四（當作二四）引作“時旱蝗”，無“連”字，《通鑑·魏紀一》作“時天旱蝗”，亦無“連”字。按，上海古籍出版社1999年出版汪紹楹校《藝文類聚》第2版仍作“時連蝗”，有“連”字。

［14］見之：趙幼文《校箋》謂《通鑑·魏紀一》“見”字作“待”。

［15］誠：盧弼《集解》本作“臣”，百衲本、殿本、校點本作“誠”。今從百衲本等。

［16］廁之：百衲本無“之”字，殿本、盧弼《集解》本、校點本有。今從殿本等。

［17］也：百衲本無“也”字，殿本、盧弼《集解》本、校點

本皆有。今從殿本等。

　　［18］裾（jū）：衣服的後襟。

　　［19］而於：趙幼文《校箋》謂《群書治要》卷二六引無"而"字，《通鑑》同。

　　［20］上軍大將軍：官名。第二品，魏文帝黃初三年（222）置，後不常設。　江陵：縣名。治所在今湖北江陵縣。

　　［21］軍師：官名。曹魏時，大司馬、大將軍、三公、諸征鎮將軍等府皆置，主管軍務。第五品。

　　［22］亭侯：爵名。漢制，列侯大者食縣邑，小者食鄉、亭。東漢後期遂以食鄉、亭者稱爲鄉侯、亭侯。

　　［23］吳楚：孫吳之地，爲兩周吳國、楚國之地，因以稱之。

　　［24］尉佗：即南越王趙佗。秦末趙佗曾爲南海郡尉，故稱尉佗。漢高祖劉邦定天下後，遣陸賈至南越立趙佗爲南越王。呂后時，曾禁鐵器入南越，趙佗遂自稱南越武帝。漢文帝即位後，又遣陸賈使南越，仍以趙佗爲南越王。趙佗又從命稱臣。（見《史記》卷一一三《南越列傳》）

　　［25］子陽：公孫述字子陽，新莽末年爲導江卒正（即蜀郡太守）。後起兵，據有益州。漢光武帝建武元年（25），公孫述稱帝，號成家。建武十二年即被漢軍所破，被殺。（見《後漢書》卷一三《公孫述傳》）

　　［26］范蠡：春秋末越國大夫。越國被吳國擊敗後，隨越王勾踐入吳爲臣僕。至回越國後，越王勾踐向范蠡求教治國圖强之方略。范蠡説："同男女之功，除民之害，以避天殃。田野開辟，府倉實，民衆殷。無曠其衆，以爲亂梯。時將有反，事將有間，必有以知天地之恒制，乃可以有天下之成利。事無間，時無反，則撫民保教以須之。"（《國語·越語下》）

　　［27］管仲：春秋初齊桓公之相，助桓公首霸諸侯。桓公未爲霸主前，問管仲爲霸之道，管仲説："君若正卒伍，修甲兵，則大國亦將正卒伍，修甲兵，則難以速得志矣。君有攻伐之器，小國諸

侯有守禦之備，則難以速得志矣。君若欲速得志於天下諸侯，則事可以隱，令可以寄政。"桓公曰："爲之若何?"管仲曰："作内政而寄軍令焉。"桓公曰："善。"（見《國語·齊語》）

　　[28] 充國：即趙充國。西漢隴西上邽（今甘肅天水市）人。熟悉匈奴和羌族情況。漢武帝、昭帝時率軍與匈奴作戰，勇猛善戰。漢宣帝時封營平侯，爲後將軍、少府等。後率軍屯田西北以防備羌族，對發展當地農業生産起了積極作用。（見《漢書》卷六九《趙充國傳》）

　　[29] 仲尼之懷遠：《論語·季氏》：孔子曰："故遠人不服，則修文德以來之。既來之，則安之。"

　　[30] 容得已乎：趙幼文《校箋》云："《册府》卷五百二十六引‘容’字作‘庸’。庸，啓也。作‘庸’字是。"按，宋本《册府元龜》亦作"容"。劉淇《助字辨略》卷一引辛毗此言云："此‘容’字與‘庸’通，豈辭也。"

　　[31] 鄉侯：爵名。漢制，列侯大者食縣邑，小者食鄉、亭。東漢後期，遂以食鄉、亭者稱爲鄉侯、亭侯。曹魏因之。

　　[32] 中書監：官名。秩千石，第三品。黄初中改秘書令爲中書令；又置中書監，並高於令，掌贊詔命，作文書，典尚書奏事。若密詔下州郡及邊將，則不由尚書。與中書令並掌機密。

　　[33] 和光同塵：《老子》第四章："和其光，同其塵。"元吳澄注："和，猶平也，掩抑之意。同，謂齊等與之不異也。鏡受塵者不光，凡光者終必暗；故先自掩其光以同乎彼之塵，不欲其光也，則亦終無暗之時矣。"後世則以"和光同塵"爲隨大流，不露鋒芒。

　　[34] 焉有：百衲本無"有"字，殿本、盧弼《集解》本、校點本有。今從殿本等。

　　[35] 冗從僕射（yè）：官名。即中黄門冗從僕射。東漢置，秩六百石。統領中黄門冗從，掌宿衛宮禁，直守門户，皇帝出行則騎從，夾乘輿車。名義上隸少府。曹魏沿置，第六品。

[36] 尚書僕射：官名。魏、晋時爲尚書省次官，秩六百石，第三品。或單置，或並置左、右。左、右並置時，左僕射居右僕射上。輔助尚書令執行政務，參議大政，諫諍得失，監察糾彈百官，可封還詔旨，常受命主管官吏選舉。

[37] 不如辛毗毗宜代思：趙幼文《校箋》謂《太平御覽》卷二四一（當作二四二）引"如"字作"及"，"毗宜"作"宜以毗"。

[38] 衛尉：官名。秩中二千石，第三品，掌宮門及宮中警衛。

[39] 毗上疏：沈家本《瑣言》云："《明紀》太和六年'治許昌宮，起景福、承光殿'，毗上疏乃是年事，故尚有諸葛亮講武治兵語。"

[40] 遼東：郡名。治所襄平縣，在今遼寧遼陽市。當時遼東爲公孫氏所據。

[41] 相左右：謂蜀漢與孫吳相機從左右（西東）攻擊魏國。

[42] 詩：此詩見《詩·大雅·民勞》。

[43] 止：語助詞。

[44] 迄：《詩》原文作"汔"。鄭玄箋："汔，幾也。"即庶幾，差不多。　小康：小安。

[45] 中國：毛傳："中國，京師也。"

[46] 四方：毛傳："四方，諸夏也。"

[47] 蕭何爲漢規摹之略：漢高祖劉邦即帝位後，蕭何爲丞相，在長安大建未央宮，劉邦回都後見宮殿甚富麗堂皇，遂怒責蕭何。蕭何説："天下方定，故可因遂就宮室。且夫天子以四海爲家，非壯麗無以重威，且無令後世有以加也。"（《史記》卷八《高祖本紀》）

[48] 大歸：大要，大旨。

[49] 北芒：山名。亦作"北邙"。《説文·邑部》："邙，河南雒陽北芒上邑。"段玉裁注："山本名芒，山上之邑則作'邙'。後人但云北邙，是少知芒山矣。"按，北芒山，在今河南洛陽市北。

〔50〕令於其上作臺觀則見孟津：趙幼文《校箋》謂《水經·穀水注》作"令登臺見孟津"。《藝文類聚》卷七、《白孔六帖》卷五引作"令登臺觀孟津"。《太平御覽》卷一二作"令登臺以觀見孟津"，又卷一五八作"令登臺觀見孟津"（按實作"令登觀臺見孟津"）。疑此句或作"令登臺觀以見孟津"爲是。蓋曹叡欲將北邙山削平，使能極目遠眺，非謂將北邙劃除之後，於其故址作臺也。則此似當删"於其上作則"五字，補"登"字。　孟津：津渡名。在今河南孟津縣東北的黃河上。東漢末又於此地置關隘，爲河南八關之一。

〔51〕高高下下：《國語·周語下》：周太子晋諫靈王，謂大禹治水，"高高下下，疏川導滯"。亦即謂順應地形，高的保留其高，低的除其淤塞，使河流暢通。

〔52〕盈溢：趙幼文《校箋》謂《藝文類聚》卷七、《太平御覽》卷一五八引"盈"字作"盛"。

〔53〕將何以：趙幼文《校箋》謂《藝文類聚》卷七、《太平御覽》卷九四引《魏略》俱無"將"字。

〔54〕祁山：山名。在今甘肅禮縣東。

〔55〕司空：官名。曹魏前期，秩與職掌基本同東漢。第一品。

〔56〕建安：漢獻帝劉協年號（196—220）。

〔57〕黃初：魏文帝曹丕年號（220—226）。

〔58〕習氏：指習鑿齒。此所謂"載之"，當指《漢晋春秋》。

　　青龍二年，[1]諸葛亮率衆出渭南。[2]先是，大將軍司馬宣王數請與亮戰，[3]明帝終不聽。是歲恐不能禁，乃以毗爲大將軍軍師，使持節；[4]六軍皆肅，準毗節度，莫敢犯違。〔一〕亮卒，復還爲衛尉。薨，謚曰肅侯。子敞嗣，咸熙中爲河内太守。〔二〕[5]

〔一〕《魏略》曰：宣王數數欲進攻，毗禁不聽。宣王雖能行意，而每屈於毗。[6]

〔二〕《世語》曰：敞字泰雍，官至衞尉。毗女憲英，適太常泰山羊耽，[7]外孫夏侯湛爲其傳曰：[8]“憲英聰明有才鑒。初文帝與陳思王爭爲太子，既而文帝得立，抱毗頸而喜曰：‘辛君知我喜不？’毗以告憲英，憲英歎曰：‘太子代君主宗廟社稷者也。代君不可以不戚，主國不可以不懼，宜戚而喜，何以能久？魏其不昌乎！’弟敞爲大將軍曹爽參軍。[9]司馬宣王將誅爽，因爽出，閉城門。大將軍司馬魯芝將爽府兵，[10]犯門斬關，出城門赴爽，來呼敞俱去。敞懼，問憲英曰：‘天子在外，太傅閉城門，[11]人云將不利國家，[12]於事可得爾乎？’憲英曰：‘天下有不可知，然以吾度之，太傅殆不得不爾！[13]明皇帝臨崩，把太傅臂，以後事付之，此言猶在朝士之耳。且曹爽與太傅俱受寄託之任，而獨專權勢，行以驕奢，於王室不忠，於人道不直，此舉不過以誅曹爽耳。’敞曰：‘然則事就乎？’憲英曰：‘得無殆就！爽之才非太傅之偶也。’敞曰：‘然則敞可以無出乎？’憲英曰：‘安可以不出？[14]職守，人之大義也。凡人在難，猶或恤之；爲人執鞭而棄其事，不祥，不可也。且爲人死，爲人任，親昵之職也，從衆而已。’敞遂出。宣王果誅爽。事定之後，敞歎曰：‘吾不謀於姊，幾不獲於義。’逮鍾會爲鎮西將軍，[15]憲英謂從子羊祜曰：‘鍾士季何故西出？’[16]祜曰：‘將爲滅蜀也。’憲英曰：‘會在事縱恣，[17]非持久處下之道，吾畏其有他志也。’祜曰：‘季母勿多言。’[18]其後會請子琇爲參軍，憲英憂曰：‘他日見鍾會之出，吾爲國憂之矣。今日難至吾家，此國之大事，必不得止也。’琇固請司馬文王，[19]文王不聽。憲英語琇曰：‘行矣，戒之！古之君子，入則致孝於親，出則致節於國，在職思其所司，在義思其所立，不遺父母憂患而已。軍旅之間，可以濟者，其惟仁恕乎！汝其慎之！’琇竟以全身。憲英年至七十有九，泰始五年卒。”[20]

［1］青龍：魏明帝曹叡年號（233—237）。

［2］渭南：渭水之南。

［3］大將軍：官名。東漢時，常兼錄尚書事，與太傅、太尉等共同主持政務。漢末，位在三公上。曹魏時爲上公，第一品。 司馬宣王：即司馬懿。其子司馬昭爲晋王後，追尊他爲宣王。

［4］使持節：漢末三國，皇帝授予出征或出鎮的軍事長官的一種權力。至晋代，此種權力明確爲可誅殺二千石以下官員。若皇帝派遣大臣出巡或祭吊等事務時，加使持節，則表示權力和尊崇。

［5］咸熙：魏元帝曹奐年號（264—265）。 河內：郡名。治所懷縣，在今河南武陟縣西南。

［6］屈於毗：此事見本書卷三《明帝紀》青龍二年及裴注引《魏氏春秋》，又見本書卷三五《諸葛亮傳》及裴注引《漢晋春秋》。

［7］太常：官名。秩中二千石，第三品。掌禮儀祭祀，選試博士。 泰山：郡名。治所奉高縣，在今山東泰安市東。

［8］外孫夏侯湛：盧弼《集解》云：“夏侯湛爲夏侯莊之子，莊爲羊衜之婿，湛爲羊衜之外孫，非羊耽之外孫也。參閱《夏侯淵傳》注引《世語》即知。” 傳：沈家本《三國志注所引書目》謂《隋書·經籍志》《舊唐書·經籍志》《新唐書·藝文志》，皆不著錄夏侯湛《辛憲英傳》。

［9］參軍：官名。曹魏時，大將軍、大司馬、太尉及諸開府將軍，均置參軍，爲重要幕僚。

［10］大將軍司馬：官名。大將軍府之屬官，秩千石，第六品。參贊軍務，管理府內武職，地位僅次於長史。

［11］太傅：指司馬懿。時司馬懿爲太傅。

［12］國家：指少帝齊王曹芳。

［13］殆：殿本、盧弼《集解》本無“殆”字，百衲本、校點本有。今從百衲本等。

［14］可以：殿本、盧弼《集解》本無“以”字，百衲本、校

點本有。今從百衲本等。

[15] 鎮西將軍：官名。第二品，位次四征將軍，領兵如征西將軍。多爲持節都督，出鎮方面。

[16] 鍾士季：鍾會字士季。

[17] 會在事縱恣：趙幼文《校箋》謂《太平御覽》卷五一三引作“會所在縱恣”。按，《太平御覽》所引乃《晋書》。

[18] 季母：周壽昌《注證遺》云：“羊祜爲羊耽從子，故呼辛氏爲季母，亦猶叔母之稱。”

[19] 司馬文王：司馬昭。

[20] 泰始：晋武帝司馬炎年號（265—274）。

　　楊阜字義山，天水冀人也。[一][1]以州從事爲牧韋端使詣許，[2]拜安定長史。[3]阜還，關右諸將問袁、曹勝敗孰在，[4]阜曰：“袁公寬而不斷，好謀而少決；不斷則無威，少決則失後事，今雖彊，終不能成大業。曹公有雄才遠略，決機無疑，法一而兵精，能用度外之人，所任各盡其力，必能濟大事者也。”長史非其好，遂去官。而端徵爲太僕，[5]其子康代爲刺史，辟阜爲別駕。[6]察孝廉，[7]辟丞相府，州表留參軍事。

　〔一〕《魏略》曰：阜少與同郡尹奉次曾、趙昂偉章俱發名，[8]偉章、次曾與阜俱爲涼州從事。

　　[1] 天水：郡名。治所冀縣，在今甘肅甘谷縣東。按，魏文帝黃初初始改漢陽郡爲天水郡。此以魏之郡名稱之。

　　[2] 州：指涼州。漢末涼州刺史治所即冀縣。　從事：官名。漢代州牧刺史的佐吏，有別駕從事史、治中從事史、兵曹從事史、

部從事史等，均可簡稱爲從事。　許：縣名。治所在今河南許昌市東。當時爲漢獻帝之都城。

[3] 安定：郡名。治所臨涇縣，在今甘肅鎮原縣東南。　長史：官名。東漢時，邊郡不置郡丞而置長史，掌兵馬，亦稱將兵長史。安定爲邊郡，故置長史。

[4] 關右：地區名。指函谷關以西之地，故又稱關西。

[5] 太僕：官名。秩中二千石，掌皇帝車馬，兼管官府畜牧業，東漢尚兼掌兵器製作、織綬等。曹魏因之，三品。

[6] 別駕：官名。別駕從事史的簡稱，爲州牧刺史的主要屬吏，州牧刺史巡行各地時，別乘傳車從行，故名別駕。

[7] 孝廉：漢代選拔官吏的主要科目。孝指孝子，廉指廉潔之士。原本爲二科，後混同爲一科，也不再限於孝子和廉士。東漢後期定制爲不滿四十歲者不得察舉；被舉者先詣公府課試，以觀其能。郡國每年要向中央推舉一至二人。

[8] 發名：周一良《魏晋南北朝詞語小記》云："發名是少年得名之意。"（《周一良集》第一卷《魏晋南北朝史論》，遼寧教育出版社 1998 年版，第 571 頁）

馬超之戰敗渭南也，走保諸戎。太祖追至安定，而蘇伯反河間，[1]將引軍東還。阜時奉使，言於太祖曰："超有信、布之勇，[2]甚得羌、胡心，西州畏之。若大軍還，不嚴爲之備，隴上諸郡非國家之有也。"[3]太祖善之，而軍還倉卒，爲備不周。超率諸戎渠帥以擊隴上郡縣，[4]隴上郡縣皆應之，惟冀城奉州郡以固守。超盡兼隴右之衆，[5]而張魯又遣大將楊昂以助之，凡萬餘人，攻〔冀〕城。[6]阜率國士大夫及宗族子弟勝兵者千餘人，[7]使從弟岳於城上作偃月營，[8]與超接

戰，自正月至八月拒守而救兵不至。州遣別駕閻溫循
水潛出求救，爲超所殺，于是刺史、太守失色，始有
降超之計。[9]阜流涕諫曰："阜等率父兄子弟以義相
勵，有死無二；田單之守，[10]不固於此也。棄垂成之
功，陷不義之名，阜以死守之。"遂號哭。刺史、太守
卒遣人請和，開城門迎超。超入，拘岳於冀，使楊昂
殺刺史、太守。

　　阜內有報超之志，而未得其便。頃之，阜以喪妻
求葬假。阜外兄姜敘屯歷城。[11]阜少長敘家，見敘母
及敘，說前在冀中時事，歔欷悲甚。敘曰："何爲乃
爾？"阜曰："守城不能完，君亡不能死，[12]亦何面目
以視息於天下！[13]馬超背父叛君，虐殺州將，[14]豈獨
阜之憂責，一州士大夫皆蒙其恥。君擁兵專制而無討
賊心，此趙盾所以書弒君也。[15]超彊而無義，多釁易
圖耳。"敘母慨然，敕敘從阜計。[16]計定，外與鄉人姜
隱、趙昂、尹奉、姚瓊、孔信、武都人李俊、王靈結
謀，定討超約，使從弟謨至冀語岳，并結安定梁寬、
南安趙衢、龐恭等。[17]約誓既明，十（七）〔八〕年
九月，[18]與敘起兵於鹵城。[19]超聞阜等兵起，自將出。
而衢、寬等解岳，閉冀城門，討超妻子。超襲歷城，
得敘母。敘母罵之曰："汝背父之逆子，殺君之桀賊，
天地豈久容汝，而不早死，敢以面目視人乎！"超怒，
殺之。阜與超戰，身被五創，宗族昆弟死者七人。[20]
超遂南奔張魯。

　　隴右平定，太祖封討超之功，侯者十一人，賜阜

爵關内侯。阜讓曰："阜君存無扞難之功，君亡無死節
之效，於義當絀，於法當誅；超又不死，無宜苟荷爵
祿。"太祖報曰："君與羣賢共建大功，西土之人以爲
美談。子貢辭賞，[21]仲尼謂之止善。君其剖心以順國
命。姜敍之母，勸敍早發，明智乃爾，雖楊敞之妻蓋
不過此。[22]賢哉，賢哉！良史記録，必不墜於
地矣。"〔一〕

〔一〕皇甫謐《列女傳》曰：姜敍母者，天水姜伯奕之母
也。[23]建安中，馬超攻冀，害凉州刺史韋康，州人悽然，莫不感
憤。敍爲撫夷將軍，[24]擁兵屯歷。敍姑子楊阜，故爲康從事，同
等十餘人，皆略屬超，陰相結爲康報仇，未有閒。會阜妻死，辭
超寧歸西，因過至歷，候敍母，説康被害及冀中之難，相對泣良
久。姜敍舉室感悲，敍母曰："咄！伯奕，韋使君遇難，[25]豈一州
之恥，亦汝之負，[26]豈獨義山哉？汝無顧我，事淹變生。人誰不
死？死國，忠義之大者。但當速發，我自爲汝當之，不以餘年累
汝也。"因敕敍與阜參議，許諾，分人使語鄉里尹奉、趙昂及安定
梁寬等，[27]令敍先舉兵叛超，超怒，必自來擊敍，寬等因從後閉
門。約誓以定，敍遂進兵入鹵，昂、奉守祁山。超聞，果自出擊
敍，寬等從後閉冀門，超失據。過鹵，敍守鹵。超因進至歷，歷
中見超往，以爲敍軍還。又傳聞超以走奔漢中，[28]故歷無備。及
超入歷，執敍母，母怒罵超。超被罵大怒，即殺敍母及其子，燒
城而去。阜等以狀聞，太祖甚嘉之，手令襃揚，語如本傳。

臣松之案：謐稱阜爲敍姑子，而本傳云敍爲阜外兄，與今名
内外爲不同。謐又載趙昂妻曰：趙昂妻異者，故益州刺史天水趙
偉璋妻，王氏女也。[29]昂爲羌道令，[30]留異在西。[31]會同郡梁雙
反，攻破西城，害異兩男。異女英，年六歲，獨與異在城中。異

見兩男已死，又恐爲雙所侵，引刀欲自刎，顧英而歎曰：“身死爾棄，當誰恃哉！吾聞西施蒙不絜之服，[32]則人掩鼻，況我貌非西施乎？”乃以溷糞涅麻而被之，[33]勦食瘠形，自春至冬。雙與州郡和，異竟以是免難。昂遣吏迎之，未至三十里，止謂英曰：“婦人無符信保傅，則不出房闥。昭姜沈流，[34]伯姬待燒，[35]每讀其傳，心壯其節。今吾遭亂不能死，將何以復見諸姑？所以偷生不死，惟憐汝耳。今官舍已近，吾去汝死矣。”遂飲毒藥而絕。時適有解毒藥良湯，撅口灌之，良久迺蘇。建安中，昂轉參軍事，[36]徙居冀。會馬超攻冀，異躬著布褠，[37]佐昂守備，又悉脫所佩環、韝鞴以賞戰士。[38]及超攻急，城中飢困，刺史韋康素仁，愍吏民傷殘，欲與超和。昂諫不聽，歸以語異，異曰：“君有爭臣，大夫有專利之義；專不爲非也。焉知救兵不到關隴哉？[39]當共勉卒高勳，全節致死，不可從也。”比昂還，康與超和。超遂背約害康，又劫昂，質其嫡子月於南鄭，欲要昂以爲己用，然心未甚信。超妻楊聞異節行，請與讌終日。異欲信昂於超以濟其謀，謂楊曰：“昔管仲入齊，立九合之功；[40]由余適秦，[41]穆公成霸。方今社稷初定，治亂在於得人，涼州士馬，迺可與中夏爭鋒，不可不詳也。”楊深感之，以爲忠於己，遂與異重相接結。昂所以得信於超，全功免禍者，異之力也。及昂與楊阜等結謀討超，告異曰：“吾謀如是，事必萬全，當奈月何？”異屬聲應曰：“忠義立於身，雪君父之大恥，喪元不足爲重，[42]況一子哉？夫項託、顏淵，[43]豈復百年，貴義存耳。”昂曰：“善。”遂共開門逐超，超奔漢中，從張魯得兵還。異復與昂保祁山，爲超所圍，三十日救兵到，乃解。超卒殺異子月。凡自冀城之難，至于祁山，昂出九奇，異輒參焉。

[1] 河間：郡名。治所樂成縣，在今河北獻縣東南。

[2] 信、布：指韓信、黥布。

[3] 隴上諸郡：指隴山以西諸郡，即隴西、南安、漢陽、永陽

等郡。（參《通鑑》卷六六漢獻帝建安十八年胡三省注）

　　〔4〕諸戎：盧弼《集解》本作"衆戎"，百衲本、殿本、校點本作"諸戎"。今從百衲本等。

　　〔5〕隴右：指隴山以西之地。

　　〔6〕攻冀城：各本皆無"冀"字。盧弼《集解》云："《通鑑》作'攻冀城'。在建安十八年。"趙幼文《校箋》謂"攻"下脱"冀"字。《後漢書》注（按，見《後漢書》卷七二《董卓傳》注引《魏志》）、《太平御覽》卷三一五引俱有"冀"字可證。今從盧、趙説補。

　　〔7〕國：指郡國。　士大夫：即將士。

　　〔8〕偃月營：似半月形的陣營。

　　〔9〕計：盧弼《集解》本作"意"，百衲本、殿本、校點本作"計"。今從百衲本等。

　　〔10〕田單：戰國時齊將。初爲臨菑市吏。齊湣王末年，燕將樂毅伐齊，連破七十餘城，唯莒、即墨（今山東平度市東南）二城未下。時田單在即墨城中，即墨大夫出城戰死，即墨人遂推田單爲將軍，堅守即墨城。後田單用反間計，燕即以騎劫代樂毅。田單遂用火牛陣擊敗燕軍，一舉收復七十餘城。（見《史記》卷八二《田單列傳》）

　　〔11〕歷城：地名。在今甘肅西和縣北。

　　〔12〕君：指州刺史。古代各級長官與其下屬皆爲君臣關係。

　　〔13〕視息：謂僅存視覺、呼吸。即謂苟全活命。蔡文姬《悲憤詩》："爲復强視息，雖生何聊賴！"

　　〔14〕州將：州刺史。

　　〔15〕趙盾：春秋時晉國執政。晉靈公十四年（前607），避靈公將被殺出走，尚未出國境，其族人趙穿殺死靈公。趙盾遂返回。而太史董狐卻書曰"趙盾弑其君"，並公佈於朝。趙盾曰："不然。"董狐曰："子爲正卿，亡不越竟，反不討賊，非子而誰?"（見《左傳·宣公二年》）　弑：百衲本、殿本作"殺"，盧弼《集

解》本、校點本作"弒"。今從《集解》本等。

[16] 敕敍從皋：殿本、盧弼《集解》本無"叙"字。殿本《考證》云："北宋本作'敕叙從皋'。"按，百衲本、校點本亦作"敕叙從皋"，今從之。

[17] 南安：郡名。治所獂（huán）道，在今甘肅隴西縣東南渭水東岸。

[18] 十八年九月：各本皆作"十七年九月"。《通鑑》卷六六漢獻帝建安十八年《考異》云："《武帝紀》十八年'超在漢陽，復因羌胡爲害'，十九年正月趙衢等討超，超奔漢中。按，姜叙九月起兵，超即應出討，超出，衢等即應閉門，不應至來年正月。蓋魏史書捷音到鄴之月耳，《楊阜傳》誤也。"按《考異》之説有理。《通鑑》書此事於十八年九月，今據改。（參盧弼《集解》）

[19] 鹵城：梁章鉅《旁證》卷一〇引何焯曰："西縣屬漢陽。'西'古作'卤'。此'卤'字與《楊阜傳》皆爲'鹵'。"西城即西縣城，西縣治所在今甘肅天水市西南。

[20] 昆弟：殿本作"兄弟"，百衲本、盧弼《集解》本、校點本作"昆弟"。今從百衲本等。

[21] 子貢：孔子弟子。《吕氏春秋·微察》云："魯國之法，魯人爲人臣妾於諸侯，有能贖之者，取其金於府。子貢贖魯人於諸侯，來而讓，不取其金。孔子曰：'賜失之矣。自今以往，魯人不贖人矣。'"《淮南子·齊俗訓》又云："子贛贖人而不受金於府，孔子曰'魯國不復贖人矣'。子路受而勸德，子贛讓而止善。"

[22] 楊敞：西漢華陰（今陝西華陰市東南）人。漢昭帝末年爲丞相。《漢書》卷六六《楊敞傳》云："明年，昭帝崩。昌邑王徵即位，淫亂，大將軍光與車騎將軍張安世謀欲廢王更立。議既定，使大司農田延年報敞。敞驚懼，不知所言，汗出洽背，徒唯唯而已。延年起至更衣，敞夫人遽從東箱謂敞曰：'此國大事，今大將軍議已定，使九卿來報君侯。君侯不疾應，與大將軍同心，猶與無決，先事誅矣。'延年從更衣還，敞、夫人與延年參語許諾，請

奉大將軍教令，遂共廢昌邑王，立宣帝。"

[23] 姜伯奕：姜叙字伯奕。

[24] 撫夷將軍：官名。漢獻帝建安中曹操置，爲地位較低之雜號將軍。

[25] 使君：對州刺史之尊稱。

[26] 負：胡三省云："負，罪負也。"（《通鑑》卷六六漢獻帝建安十八年注）

[27] 使：殿本、盧弼《集解》本作"傳"，百衲本、校點本作"使"。今從百衲本等。

[28] 以：殿本作"已"，百衲本、盧弼《集解》本、校點本作'以'。按，二字相通，《正字通·人部》："以，與'已'同。"今從百衲本等。　漢中：郡名。治所南鄭縣，在今陝西漢中市東。

[29] 益州：刺史治所成都縣，在今四川成都市舊東西城區。

王氏女：胡三省云："據皇甫謐《列女傳》，異，士氏女也。"（《通鑑》卷六六漢獻帝建安十八年注）

[30] 羌道：縣名。治所在今甘肅宕昌縣西南。

[31] 西：縣名。故址在今甘肅省天水市西南。

[32] 西施：春秋時越國的美女，或稱先施，別名夷光，亦稱西子。《孟子·離婁下》：孟子曰："西子蒙不潔，則人皆掩鼻而過之。"

[33] 涅：浸染。

[34] 昭姜：春秋時楚昭王之夫人。劉向《列女傳》卷四《楚昭貞姜》："貞姜者，齊侯之女楚昭王之夫人也。王出游，留夫人漸臺之上而去。王聞江水大至，使使者迎夫人，忘持其符。使者至，請夫人出，夫人曰：'王與宮人約，召必以符，今使者不持符，妾不敢從使者。'使者曰：'今水方大至，而還取符，則恐後矣。'夫人曰：'妾聞之，貞女之義不犯約，勇者不畏死，守一節而已。姜知從使者必生，留必死，然棄約越義而求生，不若留而死耳。'於是使者取符，則水大至，臺崩，夫人流而死。王曰：'嗟夫！守義

死節，不爲苟生，處約持信，以成其貞。'乃謚曰'貞姜'。"

[35] 伯姬：春秋時宋共公夫人，故又稱宋共姬。《穀梁傳·襄公三十年》："伯姬之舍失火，左右曰：'夫人少辟火乎?'伯姬曰：'婦人之義，傅母不在，宵不下堂。'左右又曰：'夫人少辟火乎?'伯姬曰：'婦人之義，保母不在，宵不下堂。'遂逮乎火而死。"

[36] 参軍事：官名。参謀軍務之官。漢獻帝建安中曹操爲司空與丞相，兩府均置有参軍事。

[37] 布韝（gōu）：校點本 1982 年 7 月第 2 版作"布韝"，百衲本、殿本、盧弼《集解》本、校點本 1959 年 12 月第 1 版均作"布韝"。今從百衲本等。布韝，布製的臂套。射箭時，縛於兩臂束住衣袖以便動作的套子，本用皮製。

[38] 黼（fǔ）黻（fú）：綉有華美花紋的禮服。

[39] 關隴：地區名。泛指關中和隴西地區。

[40] 九合：謂多次糾合。《論語·憲問》：子曰："桓公九合諸侯，不以兵車，管仲之力也。"楊伯峻《譯注》："九合：齊桓公糾合諸侯共計十一次，這一'九'字實是虛數，不過表示其多罷了。"

[41] 由余：春秋時秦穆公任爲大夫。其祖先爲晉人，逃亡入戎。初在戎任職，戎王使入秦觀察，穆公知其賢，因離間之，由余遂轉入秦。《史記》卷五《秦本紀》云："秦用由余謀伐戎王，益國十二，開地千里，遂霸西戎。"

[42] 元：首，頭。

[43] 項託：盧弼《集解》本作"項橐"，百衲本、殿本、校點本作"項託"。按，二字音同，同爲一人。今從百衲本等。《戰國策·秦策五》：甘羅曰："夫項橐生七歲而爲孔子師，今臣生十二歲於茲矣。" 顏淵：孔子弟子，以德行著稱。小孔子三十歲，而二十九歲發盡白，三十二歲即死。（見《史記》卷六七《仲尼弟子列傳》）

　　太祖征漢中，以阜爲益州刺史。還，拜金城太守，[1]未發，轉武都太守。[2]郡濱蜀漢，阜請依龔遂故事，[3]安之而已。會劉備遣張飛、馬超等從沮道趣下辯，[4]而氐雷定等七部萬餘落反應之。[5]太祖遣都護曹洪禦超等，超等退還。洪置酒大會，令女倡著羅縠之衣，蹋鼓，[6]一坐皆笑。阜屬聲責洪曰：“男女之別，國之大節，何有於廣坐之中裸女人形體！雖桀、紂之亂，不甚於此。”遂奮衣辭出。洪立罷女樂，請阜還坐，肅然憚焉。

　　及劉備取漢中以逼下辯，太祖以武都孤遠，欲移之，恐吏民戀土。阜威信素著，前後徙民、氐，[7]使居京兆、扶風、天水界者萬餘戶，[8]徙郡小槐里，[9]百姓襁負而隨之。爲政舉大綱而已，下不忍欺也。文帝問侍中劉曄等：“武都太守何如人也？”皆稱阜有公輔之節。未及用，會帝崩。在郡十餘年，徵拜城門校尉。[10]

　　阜常見明帝著繡帽，[11]被縹綾半褎，[12]阜問帝曰：“此於禮何法服也？”[13]帝默然不答，自是不法服不以見阜。

　　遷將作大匠。[14]時初治宮室，發美女以充後庭，數出入弋獵。秋，大雨震電，多殺鳥雀。阜上疏曰：“臣聞明主在上，羣下盡辭。堯、舜聖德，[15]求非索諫；大禹勤功，[16]務卑宮室；成湯遭旱，[17]歸咎責己；周文刑於寡妻，[18]以御家邦；漢文躬行節儉，[19]身衣

弋綈：此皆能昭令問，[20]貽厥孫謀者也。伏惟陛下奉
武皇帝開拓之大業，守文皇帝克終之元緒，[21]誠宜思
齊往古聖賢之善治，總觀季世放盪之惡政。所謂善治
者，務儉約、重民力也；所謂惡政者，從心恣欲，觸
情而發也。惟陛下稽古世代之初所以明赫，及季世所
以衰弱至于泯滅，近覽漢末之變，足以動心誠懼矣。
曩使桓、靈不廢高祖之法，文、景之恭儉，[22]太祖雖
有神武，於何所施其能邪？而陛下何由處斯尊哉？今
吳、蜀未定，軍旅在外，願陛下動則三思，慮而後行，
重慎出入，以往鑒來，言之若輕，成敗甚重。頃者天
雨，又多卒暴，[23]雷電非常，至殺鳥雀。天地神明，
以王者為子也，政有不當，則見災譴。克己內訟，聖
人所記。惟陛下慮患無形之外，慎萌纖微之初，法漢
孝文出惠帝美人，[24]令得自嫁；頃所調送小女，遠聞
不令，宜為後圖。諸所繕治，務從約節。《書》曰：[25]
‘九族既睦，[26]協和萬國。’事思厥宜，以從中道，精
心計謀，省息費用。吳、蜀以定，爾乃上安下樂，九
親熙熙。[27]如此以往，祖考心歡，堯、舜其猶病
諸。[28]今宜開大信於天下，以安眾庶，以示遠人。”時
雍丘王植怨於不齒，[29]藩國至親，法禁峻密，故阜又
陳九族之義焉。詔報曰：“聞得密表，先陳往古明王聖
主，以諷闇政，切至之辭，款誠篤實。退思補過，將
順匡救，備至悉矣。覽思苦言，吾甚嘉之。”

後遷少府。[30]是時大司馬曹真伐蜀，[31]遇雨不進。
阜上疏曰：“昔文王有赤鳥之符，[32]而猶日昃不暇食；

武王白魚入舟，[33]君臣變色。而動得吉瑞，猶尚憂懼，況有災異而不戰竦者哉？今吳、蜀未平，而天屢降變，陛下宜深有以專精應答，側席而坐，[34]思示遠以德，綏邇以儉。間者諸軍始進，便有天雨之患，稽閡山險，[35]以積日矣。[36]轉運之勞，擔負之苦，所費以多，若有不繼，必違本圖。《傳》曰：[37]'見可而進，知難而退，軍之善政也。'徒使六軍困於山谷之間，進無所略，退又不得，非主兵之道也。[38]武王還師，殷卒以亡，知天期也。今年凶民饑，宜發明詔損膳減服，技巧珍玩之物，皆可罷之。昔邵信臣爲少府於無事之世，[39]而奏罷浮食；今者軍用不足，益宜節度。"帝即召諸軍還。

後詔大議政治之不便於民者，阜議以爲："致治在於任賢，興國在於務農。若舍賢而任所私，此忘治之甚者也。廣開宮館，高爲臺榭，以妨民務，此害農之甚者也。百工不敦其器，而競作奇巧，以合上欲，此傷本之甚者也。孔子曰：'苛政甚於猛虎。'[40]今守功文俗之吏，爲政不通治體，苟好煩苛，此亂民之甚者也。當今之急，宜去四甚，並詔公卿郡國，舉賢良方正敦樸之士而選用之，此亦求賢之一端也。"

阜又上疏欲省宮人諸不見幸者，[41]乃召御府吏問後宮人數。[42]吏守舊令，對曰："禁密，不得宣露。"阜怒，杖吏一百，數之曰："國家不與九卿爲密，反與小吏爲密乎？"[43]帝聞而愈敬憚阜。

帝愛女淑，未期而夭，帝痛之甚，追封平原公主，立廟洛陽，葬於南陵。將自臨送，阜上疏曰："文皇帝、武宣皇后崩，陛下皆不送葬，所以重社稷、備不虞也。何至孩抱之赤子而可送葬也哉？"帝不從。

帝既新作許宮，[44] 又營洛陽宮殿觀閣。阜上疏曰："堯尚茅茨而萬國安其居，[45] 禹卑宮室而天下樂其業；及至殷、周，或堂崇三尺，[46] 度以九筵耳。[47] 古之聖帝明王，未有極宮室之高麗以彫弊百姓之財力者也。桀作璇室、象廊，[48] 紂爲傾宮、鹿臺，[49] 以喪其社稷，楚靈以築章華而身受其禍；[50] 秦始皇作阿房而殃及其子，[51] 天下叛之，二世而滅。夫不度萬民之力，以從耳目之欲，未有不亡者也。陛下當以堯、舜、禹、湯、文、武爲法則，夏桀、殷紂、楚靈、秦皇爲深誡。高高在上，[52] 實監后德。[53] 慎守天位，以承祖考，巍巍大業，猶恐失之。不夙夜敬止，[54] 允恭卹民，[55] 而乃自暇自逸，惟宮臺是侈是飾，必有顛覆危亡之禍。《易》曰：[56] '豐其屋，[57] 蔀其家，[58] 闚其戶，闃其無人。'[59] 王者以天下爲家，言豐屋之禍，至於家無人也。方今二虜合從，謀危宗廟，十萬之軍，東西奔赴，邊境無一日之娛；農夫廢業，民有饑色。陛下不以是爲憂，而營作宮室，無有已時。使國亡而臣可以獨存，臣又不言也；[一] 君作元首，臣爲股肱，存亡一體，得失同之。《孝經》曰：[60] '天子有爭臣七人，[61] 雖無道不失其天下。'臣雖駑怯，敢忘爭臣之義？言不切至，不足以感寤陛下。陛下不察臣言，恐皇祖烈考之祚，將墜于地。使臣身死有補萬一，則死之日，猶生之年也。謹叩棺沐浴，伏俟重誅。"奏御，天子感其忠言，手筆詔答。每朝廷會議，阜常侃然以天下爲己任。數諫爭，不聽，乃屢乞遜位，未許。會卒，家無餘財。孫豹嗣。

〔一〕臣松之以爲忠至之道，以亡己爲理。是以匡救其惡，不爲身計。而阜表云"使國亡而臣可以獨存，臣又不言也"，此則發憤爲己，豈爲國哉？斯言也，豈不傷謙烈之義，爲一表之病乎！

[1] 金城：郡名。治所允吾縣，在今甘肅永靖縣西北湟水南岸。

[2] 武都：郡名。治所下辯縣，在今甘肅成縣西。

[3] 龔遂：西漢山陽郡南平陽縣（今山東鄒城市）人。漢宣帝時，渤海郡及附近各郡饑荒，農民紛紛起事反抗。朝廷任龔遂爲渤海太守。遂到郡後，開倉借糧，獎勵農桑，農民歸田，獄訟大減。（見《漢書》卷八九《龔遂傳》）

[4] 沮道：治所在今陝西略陽縣東。趙一清《注補》云："此云沮道，縣有蠻夷謂之道，或漢末所增。"

[5] 氐：校點本1982年7月第2版誤作"氏"，百衲本、殿本、盧弼《集解》本、校點本1959年12月第1版均作"氐"。氐，少數民族名。較集中地分佈於今陝西、甘肅、四川鄰近之地區。

[6] 女倡：歌舞女。 羅縠（hú）：輕軟稀疏透明的絲織品。蹋鼓：古代歌舞者舞於鼓上，踏步與鼓聲合拍的一種舞蹈。

[7] 氐：校點本1982年7月第2版誤作"氏"。

[8] 京兆：郡名。治所長安縣，在今陝西西安市西北。 扶風：郡名。治所槐里縣，在今陝西興平市東南。

[9] 小槐里：城邑名。故址在今陝西武功縣東。

[10] 城門校尉：官名。秩比二千石，第四品，掌洛陽十二城

門。（本洪飴孫《三國職官表》）

　　[11] 繡褶：百衲本、殿本作"褶"，盧弼《集解》本、校點本作"繡褶"，《宋書·五行志一》亦作"繡帽"。"褶"與"帽"同，今從《集解》本等。

　　[12] 縹綾半褎：百衲本、殿本作"縹綾半褎袖"，盧弼《集解》、校點本作"縹綾半褎"，《宋書·五行志一》作"縹紈半袖"。按，"褎"爲"袖"之本字，今從《集解》本等。縹綾，極薄而有彩紋的淡青色絲織品。

　　[13] 法服：禮法規定的制服。賈山《至言》云："故古之君人者於其臣也，可謂盡禮矣；服法服，端容貌，正顏色，然後見之。"（《漢書》卷五一《賈山傳》）

　　[14] 將作大匠：官名。漢代秩二千石，掌宮室、宗廟、陵寢及其他土木之營建。曹魏沿置，第三品。

　　[15] 堯舜聖德：《後漢書》卷五四《楊震傳》：楊震上疏云："臣聞堯、舜之世，諫鼓謗木，立之於朝。"李賢注引《帝王紀》曰："堯置敢諫之鼓，舜立誹謗之木。"

　　[16] 大禹勤功：《論語·泰伯》：子曰："禹，吾無間然矣。菲飲食而致孝乎鬼神，惡衣服而致美乎黻冕，卑宮室而盡力乎溝洫。禹，吾無間然矣。"

　　[17] 成湯遭旱：《呂氏春秋·季秋紀·順民》："昔者湯克夏而正天下，天大旱，五年不收。湯乃以身禱於桑林，曰：'余一人有罪，無及萬夫，萬夫有罪，在余一人，無以一人之不敏，使上帝神鬼傷民之命。'"

　　[18] 周文刑於寡妻：謂周文王以禮法對待自己的嫡妻。《詩·大雅·思齊》："刑于寡妻，至于兄弟，以御于家邦。"

　　[19] 漢文躬行節儉：《漢書·文帝紀》贊云："孝文皇帝即位二十三年，宮室苑囿車騎服御無所增益。有不便，輒弛以利民。嘗欲作露臺，召匠計之，直百金。上曰：'百金，中人十家之産也。吾奉先帝宮室，常恐羞之，何以臺爲！'身衣弋綈，所幸慎夫人衣

不曳地，帷帳無文繡，以示敦樸，爲天下先。"

[20] 令問：好名聲。

[21] 克終之元緒：趙幼文《校箋》云："《漢書·董仲舒傳》：'元者，辭之所謂大也。'《詩·魯頌·閟宫》：'纘禹之緒。'傳：'緒，業也。'是元緒猶大業。"

[22] 不廢高祖之法文景之恭儉：盧弼《集解》云："錢大昭曰：'法字上下疑有脱字。'弼按《通鑑》'法'下有'度'字。"周壽昌《注證遺》則云："以'不廢'二字貫下讀，義亦可通。"趙幼文《校箋》又謂《册府元龜》卷五三八引重"法"字。疑此當作"不廢高祖之法度，法文，景之恭儉"。按，周説是，今從之。

[23] 卒暴：胡金華《校詁》云："謂突然而來。"

[24] 出惠帝美人：《漢書》卷二《文帝紀》：前元十二年（前168）"二月，出孝惠皇帝後宫美人，令得嫁"。

[25] 書曰：見《尚書·堯典》。

[26] 九族：孔傳："九族，上自高祖，下至玄孫，凡九族。"

[27] 熙熙：和睦歡樂之貌。

[28] 堯舜其猶病諸：堯、舜或者都難以做到。《論語·雍也》：子曰："何事於仁！必也聖乎！堯、舜其猶病諸！"

[29] 不齒：不被任用。

[30] 少府：官名。秩中二千石。東漢時，掌宫中御衣、寶貨、珍膳等。魏、晋沿之，主要管理宫廷手工業。三品。

[31] 大司馬：官名。魏文帝黄初二年（221）置，爲上公，位在三公上，第一品，掌武事。

[32] 赤烏之符：《吕氏春秋·有始覽·應同》："及文王之時，天先見火，赤烏衘丹書集於周社，文王曰：'火氣勝。'火氣勝，故其色尚赤，其事則火。代火者必將水。"

[33] 白魚入舟：《史記》卷四《周本紀》："武王渡河，中流，白魚躍入王舟中，武王俯取以祭。既渡，有火自上復於下，至於王屋，流爲烏，其色赤，其聲魄云。是時，諸侯不期而會盟津者八

百。諸侯皆曰：'紂可伐矣。'武王曰：'女未知天命，未可也。'乃還師歸。"

［34］側席而坐：謂坐不安穩。《禮記·曲禮上》："有憂者側席而坐。"

［35］稽閡（hé）：停留阻隔。

［36］以：同"已"。

［37］傳曰：此說見《左傳·宣公十二年》隨武子語。

［38］主兵：猶領兵，統帥軍隊。如《史記》卷九《呂太后本紀》："太尉絳侯勃不得入軍中主兵。"盧弼《集解》則云："《通鑑》'主'作'王'。胡注：'王兵，王者之兵也。'"

［39］邵信臣：西漢九江壽春（今安徽壽縣）人。漢元帝末任少府。《漢書》卷八九《召信臣傳》云："竟寧中，徵為少府，列於九卿，奏請上林諸離遠宮館稀幸御者，勿復繕治共張；又奏省樂府黃門倡優諸戲，及宮館兵弩什器減過泰半。太官園種冬生蔥韭菜茹，覆以屋廡，晝夜燃蘊火，待溫氣乃生，信臣以為此皆不時之物，有傷於人，不宜以奉供養，及它非法食物，悉奏罷，省費歲數千萬。"

［40］苛政甚於猛虎：此語見《禮記·檀弓下》，而原文作"苛政猛於虎"。

［41］欲省：趙幼文《校箋》謂《白孔六帖》卷七五引"欲"字作"請"。按，《藝文類聚》卷四九引亦作"欲"。

［42］御府吏：官名。御府典官奴婢、製作及補浣皇宮所用衣服，置令一人，六百石，第七品。漢又有員吏七人，吏從官三十人。趙幼文《校箋》則謂《藝文類聚》卷四九、《太平御覽》卷六五〇引"吏"字作"史"。

［43］反與：趙幼文《校箋》謂《白孔六帖》卷七五引"反"字作"乃"。

［44］許宮：趙幼文《校箋》謂《群書治要》卷二六引"許"下有"昌"字。

　　［45］茅茨：茅草屋頂。《韓非子·五蠹》："堯之王天下也，有茅茨不翦，采椽不斲。"

　　［46］堂崇：堂高。《周禮·考工記》："殷人重屋，堂修七尋，堂崇三尺。"

　　［47］筵：竹編席。《周禮·考工記》："周人明堂，度九尺之筵，東西九筵，南北七筵，堂崇一筵。"

　　［48］璇室、象廊：《淮南子·本經訓》："晚世之時，帝有桀、紂，爲璇室、瑤臺、象廊、玉牀。"高誘注："璇、瑤，石之似玉，以飾室、臺也。用象牙飾廊殿，以玉爲牀。言淫役也。"

　　［49］傾宮：高聳華麗之宮室。《列子·楊朱》："紂亦藉累世之資，居南面之尊，威無不行，志無不從，肆情於傾宮，縱欲於長夜。"　鹿臺：遺址在今河南淇縣城中。劉向《新序·刺奢》："紂爲鹿臺，七年而成，其大三里，高千尺，臨望雲雨。"

　　［50］章華：宮名與臺名。遺址在今湖北潛江市西南龍灣區沱口鄉。《左傳·昭公七年》謂楚靈王"及即位，爲章華之宮，納亡人以實之"。又云："楚子成章華之臺，願與諸侯落之。"後來楚靈王伐徐，駐於乾溪，國內發生政變另立王，靈王不能歸，遂餓死於山中。（見《史記》卷四〇《楚世家》）

　　［51］阿房（páng）：即阿房宮，秦宮殿名。宮之前殿築於秦始皇三十五（前212）年。遺址在今陝西西安市西阿房村。秦亡時全部工程尚未完成，故未正式命名。因作前殿阿房，時人即稱之爲阿房宮。秦亡，爲項羽焚毀。（見《史記》卷六《秦始皇本紀》）

　　［52］高高在上：謂上天。《詩·周頌·敬之》："無曰高高在上，陟降厥士，日監在茲。"鄭箋："無謂天高又高在上，遠人而不畏也。"

　　［53］后德：君主之德。

　　［54］夙夜敬止：《詩·周頌·閔予小子》："維予小子，夙夜敬止。"鄭箋："夙，早。敬，慎也。我小子早夜慎行祖考之道，不敢懈倦也。"

　　〔55〕允恭：誠信而恭勤。《尚書·堯典》：“允恭克讓，光被四表。”孔傳：“允，信。”孔穎達疏引鄭玄曰：“不懈於位曰恭。”

　　〔56〕易曰：此《易·豐卦》上六之爻辭。譬喻人閉藏在高大房屋里，又用席簾將家完全遮蔽，更加黑暗，從門縫窺視，看不到人影。如此孤立之情象，自然凶險。

　　〔57〕豐其屋：房屋建得很高大。

　　〔58〕蔀（bù）其家：謂以席蔀覆蓋其家以遮蔽陽光。

　　〔59〕闃（qù）：寂靜。

　　〔60〕孝經曰：此《孝經·諫諍章》之語。

　　〔61〕爭臣：唐玄宗注：“爭，謂諫也。雖言無道，為有爭臣，則終不至失天下亡家國也。”

　　　　高堂隆字升平，泰山平陽人，[1]魯高堂生後也。[2]少為諸生，泰山太守薛悌命為督郵。[3]郡督軍與悌爭論，[4]名悌而呵之。隆按劍叱督軍曰：“昔魯定見侮，[5]仲尼歷階；趙彈秦箏，相如進缶。[6]臨臣名君，義之所討也。”督軍失色，悌驚起止之。後去吏，避地濟南。[7]

　　　　建安十八年，太祖召為丞相軍議掾，[8]後為歷城侯徽文學，[9]轉為相。[10]徽遭太祖喪，不哀，反游獵馳騁；[11]隆以義正諫，甚得輔導之節。黃初中，為堂陽長，[12]以選為平原王傅。[13]王即尊位，是為明帝。以隆為給事中、博士、駙馬都尉。[14]帝初踐阼，羣臣或以為宜饗會，隆曰：“唐、虞有遏密之哀，[15]高宗有不言之思，[16]是以至德雍熙，[17]光于四海。”以為不宜為會，帝敬納之。遷陳留太守。[18]犢民西牧，[19]年七十餘，有至行，舉為計曹掾；[20]帝嘉之，[21]特除郎中以

顯焉。[22] 徵隆爲散騎常侍,[23] 賜爵關内侯。[一]

〔一〕《魏略》曰：太史上漢曆不及天時,[24] 因更推步弦望朔晦,[25] 爲太和曆。[26] 帝以隆學問優深，於天文又精，乃詔使隆與尚書郎楊偉、太史待詔駱禄參共推校。[27] 偉、禄是太史，隆故據舊曆更相劾奏，紛紜數歲，偉稱禄得日蝕而月晦不盡，隆不得日蝕而月晦盡，詔從太史。隆所爭雖不得，而遠近猶知其精微也。

[1] 升平：趙幼文《校箋》謂《北堂書鈔》卷六七、《太平御覽》卷二五三引“升”字作“叔”。按，《北堂書鈔》卷七二六引亦作“升”。　平陽：縣名。西漢名東平陽縣，東漢省，魏復置。治所在今山東新泰市。（本吳增僅《三國郡縣表附考證》）

[2] 高堂生：西漢初魯人。《漢書》卷八八《儒林傳序》謂漢興，“言《禮》，則魯高堂生”。又《儒林毛公傳》云：“漢興，魯高堂生傳《士禮》十七篇，而魯徐生善爲頌。”

[3] 督郵：官名。本名督郵書掾（或督郵曹掾），省稱督郵掾、督郵。漢置，郡府屬吏，秩六百石。主要職掌除督送郵書外，又代表郡守督察屬縣，宣達教令，並兼司獄訟捕亡等。每郡督郵皆分部，有二部、三部、四部、五部不等。

[4] 督軍：官名。建安中曹操置，統兵，權任較重，位在郡守之上。魏沿置。

[5] 魯定：指春秋時魯定公。《史記》卷四七《孔子世家》載：魯定公十年（前500）春，魯國與齊國媾和。夏天，魯定公與齊景公會於夾谷（在今山東萊蕪市西南），孔子相禮。“齊有司趨而進曰：‘請奏四方之樂。’景公曰：‘諾。’於是旄旌羽袚矛戟劍撥鼓噪而至。孔子趨而進，歷階而登，不盡一等，舉袂而言曰：‘吾兩君爲好會，夷狄之樂何爲於此！請命有司！’”齊景公即命撤去。不久，“齊有司趨而進曰：‘請奏宮中之樂。’景公曰：‘諾。’

優倡侏儒爲戲而前。孔子趨而進，歷階而登，不盡一等，曰：'匹夫而營惑諸侯者罪當誅！請命有司！'有司加法焉，手足異處"。

[6] 相如：指藺相如。《史記》卷八一《廉頗藺相如列傳》載：趙惠文王二十年（前318）與秦昭王會於澠池（今河南澠池縣西），"秦王飲酒酣，曰：'寡人竊聞趙王好音，請奏瑟。'趙王鼓瑟。秦御史前書曰'某年月日，秦王與趙王會飲，令趙王鼓瑟'。藺相如前曰：'趙王竊聞秦王善爲秦聲，請奏盆缻秦王，以相娛樂。'秦王怒，不許。於是相如前進缻，因跪請秦王。秦王不肯擊缻。相如曰：'五步之內，相如請得以頸血濺大王矣！'左右欲刃相如，相如張目叱之，左右皆靡。於是秦王不懌，爲一擊缻。相如顧召趙御史書曰'某年月日，秦王爲趙王擊缻'"。抵制了秦王對趙王之侮辱。

[7] 濟南：王國名。治所東平陵縣，在今山東章丘市西北。

[8] 丞相軍議掾：官名。曹操丞相府之屬吏，主參議軍政。趙幼文《校箋》謂《册府元龜》卷七二六引"議"字作"謀"。

[9] 歷城侯徽：曹徽於建安二十二年（217）封爲歷城侯。見本書卷二〇《武文世王公傳》。　文學：官名。侯國所置。此爲文學侍從之官。魏文帝代漢後，則爲監視諸侯之官。

[10] 相：官名。侯國相由朝廷委派，執掌侯國行政大權，相當於縣令、長。

[11] 反：百衲本作"及"，殿本、盧弼《集解》本、校點作"反"。今從殿本等。

[12] 堂陽：縣名。治所在今河北新河縣西北。

[13] 傅：官名。王國之屬官，第六品，爲諸王師，掌輔導之事。

[14] 給事中：官名。第五品。位在散騎常侍下，給事黃門侍郎上，或爲加官，或爲正官，無定員。　博士：官名。此指太常博士，魏置四人，秩比六百石，第六品，屬太常。掌引導乘輿，王公以下應追諡者議定之。　駙馬都尉：官名。秩比二千石，掌皇帝副

車之馬。曹魏時第六品，無定員或爲加官。

［15］遏密：停止。《尚書·堯典》謂堯死後，"百姓如喪考妣，三載，四海遏密八音"。 孔傳："遏，絕；密，静也。"孔穎達疏："四海之人，蠻、夷、戎、狄，皆絕静八音而不復作樂。"

［16］高宗：指殷高宗武丁。武丁乃帝小乙之子。《尚書·無逸》："其在高宗時，舊勞于外，爰暨小人，作其即位，乃或亮陰，三年不言。"孔傳："武丁起其即王位，則小乙死，乃有信默，三年不言。言孝行者。"

［17］雍熙：謂和樂升平。《文選》張平子《東京賦》"上下共其雍熙"，薛綜注："上下咸悅，故能雍和而廣也。"

［18］陳留：郡名。治所陳留縣，在今河南開封市東南。

［19］犢民：放牛人。

［20］計曹掾：官名。曹魏於郡太守府置計曹，掾爲其長官。

［21］帝嘉之：百衲本"嘉"字作"加"，殿本、盧弼《集解》本、校點本作"嘉"。今從殿本等。

［22］郎中：官名。東漢時秩比三百石，分隸五官、左、右三署中郎將，名義上備宿衛，實爲後備官吏人材。魏、晉雖罷五官、左、右三署中郎將，仍置郎中，州郡所舉秀才、孝廉，多先授郎中，再出補長史。

［23］散騎常侍：官名。秩比二千石，第三品。典章表詔命手筆之事，與侍中、黃門侍郎等共平尚書奏事。

［24］太史：官名。即太史令。東漢秩六百石，屬太常。掌天時、星曆，歲終奏新曆，國祭、喪、嫁娶奏良日及時節禁忌，有瑞應、災異則記之。曹魏沿置，第六品。 上漢曆：趙幼文《校箋》謂《太平御覽》卷一六引"上"下有"言"字。

［25］推步：推算天象曆法。古人認爲日月運轉於天，猶如人之行步，可推算而知。 弦：指農曆每月初七、八與二十二、三。因此時月亮半圓形，有如弓弦。《釋名·釋天》云："弦，月半圓之名也。其形一旁曲一旁直，若張弓施弦也。"初七、八又稱"上

弦”，二十二、三稱“下弦”。　望：指農曆每月十五（有時爲十六或十七日），月亮圓滿之時。《釋名·釋天》云：“望，月滿之名也。月大十六日，小十五日，日在東，月在西，遥相望也。”　朔：指農曆每月初一。《釋名·釋天》云：“朔，蘇也。月死復蘇生也。”　晦：指農曆每月最後一日。《釋名·釋天》云：“晦，灰也。火死爲灰，月光盡，似之也。”

[26] 太和曆：姚振宗《三國藝文志》云：“此是太和中太史所上者，行用數年，即改用《景初曆》。參考《魏略》及楊偉《上景初曆表》，知是曆亦仍用後漢《四分曆》，别更推步，改名《太和曆》。”

[27] 尚書郎：官名。東漢之制，取孝廉之有才能者入尚書臺，初入臺稱守尚書郎中，滿一年稱尚書郎，三年稱侍郎，統稱尚書郎。曹魏襲之，而分曹有異。曹魏有殿中、吏部、駕部、度支等二十五郎，秩皆四百石，第六品，主作文書起草。　太史待詔：官名。屬太史令，掌觀測天文，推算曆法。

青龍中，大治殿舍，西取長安大鐘。[1]隆上疏曰：“昔周景王不儀刑文、武之明德，[2]忽公旦之聖制，[3]既鑄大錢，又作大鐘，[4]單穆公諫而弗聽，泠州鳩對而弗從，[5]遂迷不反，周德以衰，良史記焉，以爲永鑒。然今之小人，好説秦、漢之奢靡以盪聖心，求取亡國不度之器，[6]勞役費損，以傷德政，非所以興禮樂之和，保神明之休也。”是日，帝幸上方，[7]隆與卞蘭從。[8]帝以隆表授蘭，使難隆曰：“興衰在政，樂何爲也？化之不明，豈鐘之罪？”隆曰：“夫禮樂者，爲治之大本也。故簫韶九成，[9]鳳皇來儀，[10]雷鼓六變，[11]天神以降，政是以平，刑是以錯，[12]和之至也。新聲發響，商辛以隕，[13] 大鐘既鑄，周景以弊，存亡之機，恒由斯作，安在廢興之不階也？君舉必書，[14] 古之道也，作而不法，何以示後？聖王樂聞其闕，故有箴規之道；[15] 忠臣願竭其節，故有匡躬之義也。"[16] 帝稱善。

遷侍中，猶領太史令。崇華殿災，詔問隆："此何咎？於禮，寧有祈禳之義乎？"隆對曰："夫災變之發，皆所以明教誡也，惟率禮脩德，可以勝之。《易傳》曰：[17] '上不儉，下不節，孽火燒其室。'又曰：'君高其臺，天火爲災。'此人君苟飾宮室，不知百姓空竭，故天應之以旱，火從高殿起也。上天降鑒，故譴告陛下；陛下宜增崇人道，以答天意。昔太戊有桑穀生於朝，[18] 武丁有雛雉登於鼎，[19] 皆聞災恐懼，側身脩德，三年之後，遠夷朝貢，故號曰中宗、高宗。此則前代之明鑒也。今案舊占，災火之發，皆以臺榭宮室爲誡。然今宮室之所以充廣者，實由宮人猥多之故。宜簡擇留其淑懿，如周之制，[20] 罷省其餘。此則祖己之所以訓高宗，[21] 高宗之所以享遠號也。"詔問隆："吾聞漢武帝時，柏梁災，[22] 而大起宮殿以厭之，其義云何？"隆對曰："臣聞《西京》：[23] '柏梁既災，越巫陳方，建章是經，以厭火祥。'乃夷越之巫所爲，非聖賢之明訓也。《五行志》曰：[24] '柏梁災，其後有江充巫蠱（也）衞太子事。'[25] 如《志》之言，越巫建章無所厭也。孔子曰：[26] '災者脩類應行，[27] 精祲相感，[28] 以戒人君。'是以聖主覩災責躬，退而脩德，以消復之。今宜罷散民役。宮室之制，務從約節，內足以待風雨，外足以講禮儀。清埽所災之處，不敢於此有所立作，蓂莢、嘉禾必生此地，[29]以報陛下虔恭之德。豈可疲民之力，竭民之財！實非所以致符瑞而懷遠人也。”帝遂復崇華殿，時郡國有九龍見，[30]故改曰九龍殿。

陵霄闕始構，有鵲巢其上，帝以問隆，對曰：“《詩》云‘維鵲有巢，[31]維鳩居之’。[32]今興宮室，起陵霄闕，而鵲巢之，此宮室未成身不得居之象也。天意若曰，[33]宮室未成，將有他姓制御之，斯乃上天之戒也。夫天道無親，惟與善人，不可不深防，不可不深慮。夏、商之季，皆繼體也，[34]不欽承上天之明命，惟讒諂是從，廢德適欲，故其亡也忽焉。太戊、武丁，覩災竦懼，祇承天戒，故其興也勃焉。今若休罷百役，儉以足用，增崇德政，動遵帝則，除普天之所患，興兆民之所利，三王可四，[35]五帝可六，[36]豈惟殷宗轉禍爲福而已哉！臣備腹心，苟可以繁祉聖躬，[37]安存社稷，臣雖灰身破族，猶生之年也。豈憚忤逆之災，而令陛下不聞至言乎？”于是帝改容動色。

是歲，有星孛于大辰。[38]隆上疏曰：“凡帝王徙都立邑，皆先定天地、社稷之位，[39]敬恭以奉之。將營宮室，則宗廟爲先，厩庫爲次，居室爲後。今圜丘、方澤、南北郊、明堂、社稷，[40]神位未定，宗廟之制又未如禮，而崇飾居室，[41]士民失業。外人咸云‘宮人之用，與興戎軍國之費，所盡略齊’，民不堪命，皆有怨怒。《書》曰‘天聰明自我民聰明，[42]天明畏自我民明威’，[43]輿人作頌，[44]則嚮以五福，[45]民怒吁嗟，則威以六極，[46]言天之賞罰，隨民言，順民心也。是以臨政務在安民爲先，然後稽古之化，格于上下，[47]自古及今，未嘗不然也。夫采椽卑宮，[48]唐、虞、大禹之所以垂皇風也；[49]玉臺瓊室，夏癸、商辛之所以犯昊天也。[50]今之宮室，實違禮度，乃更建立九龍，華飾過前。天彗章灼，始起於房心，[51]犯帝坐而干紫微，[52]此乃皇天子愛陛下，是以發教戒之象，始卒皆於尊位，[53]殷勤鄭重，欲必覺寤陛下；斯乃慈父懇切之訓，宜崇孝子祗聳之禮，以率先天下，以昭示後昆，不宜有忽，以重天怒。”

時軍國多事，用法深重。隆上疏曰：“夫拓跡垂統，[54]必俟聖明，輔世匡治，亦須良佐，用能庶績其凝而品物康乂也。[55]夫移風易俗，宣明道化，使四表同風，回首面內，德教光熙，[56]九服慕義，[57]固非俗吏之所能也。今有司務糾刑書，[58]不本大道，是以刑用而不措，俗弊而不敦。宜崇禮樂，班敍明堂，修三雍、大射、養老，[59]營建郊廟，尊儒士，舉逸民，[60]表章制度，改正朔，易服色，[61]布愷悌，[62]尚儉素，然後備禮封禪，[63]歸功天地，使雅頌之聲盈于六合，緝熙之化混于後嗣。[64]斯蓋至治之美事，不朽之貴業也。然九域之內，可揖讓而治，尚何憂哉！不正其本而救其末，譬猶棼絲，[65]非政理也。可命羣公卿士通儒，造具其事，以爲典式。”隆又以爲改正朔，易服色，殊徽號，[66]異器械，自古帝王所以神明其政，變民耳目，故三春稱王，[67]明三統也。[68]於是敷演舊章，奏而改焉。帝從其議，改青龍五年春三月爲景初元年孟夏四月，服色尚黃，犧牲用白，從地正也。

遷光祿勳。[69]帝愈增崇宮殿，彫飾觀閣，鑿太行之石英，[70]采穀城之文石，[71]起景陽山於芳林之園，[72]建昭陽殿於太極之北，[73]鑄作黃龍鳳皇奇偉之獸，飾金墉、陵雲臺、陵霄闕。[74]百役繁興，作者萬數，公卿以下至于學生，莫不展力，帝乃躬自掘土以率之。而遼東不朝。[75]悼皇后崩。[76]天作淫雨，冀州水出，漂没民物。隆上疏切諫曰：

蓋"天地之大德曰生，[77]聖人之大寶曰位；[78]何以守位？曰仁；何以聚人？曰財"。然則士民者，乃國家之鎮也；穀帛者，乃士民之命也。穀帛非造化不育，[79]非人力不成。是以帝耕以勸農，[80]后桑以成服，[81]所以昭事上帝，告虔報施也。昔在伊唐，[82]世值陽九厄運之會，[83]洪水滔天，使鯀治之，[84]績用不成，乃舉文命，[85]隨山刊木，前後歷年二十二載。[86]災眚之甚，莫過於彼，力役之興，莫久於此，堯、舜君臣，南面而已。禹敷九州，[87]庶士庸勳，各有等差，君子小人，物有服章。[88]今無若時之急，而使公卿大夫並與廝徒共供事役，聞之四夷，非嘉聲也，垂之竹帛，非令名也。是以有國有家者，近取諸身，遠取諸物，嫗煦養育，[89]故稱"愷悌君子，[90]民之父母"。今上下勞役，疾病凶荒，耕稼者寡，饑饉荐臻，無以卒歲；宜加愍卹，以救其困。

臣觀在昔書籍所載，天人之際，未有不應也。是以古先哲王，畏上天之明命，循陰陽之逆順，矜矜業業，惟恐有違。然後治道用興，德與神符，災異既發，懼而脩政，未有不延期流祚者也。爰及末葉，闇君荒主，不崇先王之令軌，不納正士之直言，以遂其情志，恬忽變戒，未有不尋踐禍難，至於顛覆者也。

天道既著，請以人道論之。夫六情五性，[91]同在於人，嗜欲廉貞，各居其一。及其動也，交爭于心。欲彊質弱，則縱濫不禁；精誠不制，則放溢無極。夫情之所在，非好則美，而美好之集，非人力不成，非穀帛不立。情苟無極，則人不堪其勞，物不充其求。勞求並至，將起禍亂。故不割情，無以相供。仲尼云：[92]"人無遠慮，必有近憂。"由此觀之，禮義之制，非苟拘分，將以遠害而興治也。

今吳、蜀二賊，非徒白地小虜、聚邑之寇，[93]乃據險乘流，跨有士衆，僭號稱帝，欲與中國爭衡。今若有人來告，權、（備）〔禪〕並脩德政，[94]復履清儉，輕省租賦，不治玩好，動咨者賢，事遵禮度。陛下聞之，豈不惕然惡其如此，以爲難卒討滅，而爲國憂乎？若使告者曰，彼二賊並爲無道，崇侈無度，役其士民，重其徵賦，

下不堪命，吁嗟日甚。陛下聞之，豈不勃然忿其
困我無辜之民，而欲速加之誅，其次，豈不幸彼
疲弊而取之不難乎？苟如此，則可易心而度，事
義之數亦不遠矣。

　　且秦始皇不築道德之基，而築阿房之宮，不
憂蕭牆之變，[95]而脩長城之役。當其君臣爲此計
也，亦欲立萬世之業，使子孫長有天下，豈意一
朝匹夫大呼，而天下傾覆哉？故臣以爲使先代之
君知其所行必將至於敗，則弗爲之矣。是以亡國
之主自謂不亡，然後至於亡；賢聖之君自謂將亡，
然後至於不亡。昔漢文帝稱爲賢主，躬行約儉，
惠下養民，而賈誼方之，[96]以爲天下倒縣，可爲
痛哭者一，可爲流涕者二，可爲長歎息者三。況
今天下彫弊，民無儋石之儲，[97]國無終年之畜，
外有彊敵，六軍暴邊，內興土功，州郡騷動，若
有寇警，則臣懼版築之士不能投命虜庭矣。[98]

　　又，將吏奉祿，稍見折減，方之於昔，五分
居一；諸受休者又絕廩賜，不應輸者今皆出半：
此爲官入兼多於舊，其所出與參少於昔。[99]而度
支經用，更每不足，牛肉小賦，前後相繼。反而
推之，凡此諸費，必有所在。且夫祿賜穀帛，人
主所以惠養吏民而爲之司命者也，若今有廢，[100]
是奪其命矣。既得之而又失之，此生怨之府也。
《周禮》，（天）〔太〕府掌九（伐）〔賦〕之（則）
〔財〕，[101]以給九式之用，[102]入有其分，出有其

所，不相干乘而用各足。各足之後，乃以式貢之餘，[103]供王玩好。又上用財，必考于司會。[104]會音膾。今陛下所與共坐廊廟治天下者，[105]非三司九列，[106]則臺閣近臣，[107]皆腹心造膝，宜在無諱。若見豐省而不敢以告，從命奔走，惟恐不勝，是則具臣，[108]非鯁輔也。昔李斯教秦二世曰：[109]"爲人主而不恣睢，[110]命之曰天下桎梏。"二世用之，秦國以覆，斯亦滅族。是以史遷議其不正諫，[111]而爲世誠。

書奏，帝覽焉，謂中書監、令曰："觀隆此奏，使朕懼哉！"

隆疾篤，口占上疏曰：[112]

曾子有疾，孟敬子問之。[113]曾子曰："鳥之將死，其鳴也哀；人之將死，其言也善。"臣寢疾病，有增無損，常懼奄忽，忠款不昭。臣之丹誠，豈惟曾子，願陛下少垂省覽！渙然改往事之過謬，勃然興來事之淵塞，[114]使神人嚮應，殊方慕義，四靈效珍，[115]玉衡曜精，[116]則三王可邁，五帝可越，非徒繼體守文而已也。

臣常疾世主莫不思紹堯、舜、湯、武之治，而蹈踵桀、紂、幽、厲之跡，[117]莫不蚩笑季世惑亂亡國之主，而不登踐虞、夏、殷、周之軌。悲夫！以若所爲，求若所致，[118]猶緣木求魚，煎水作冰，其不可得，明矣。尋觀三代之有天下也，聖賢相承，歷載數百，尺土莫非其有，一民莫非其臣，萬國咸寧，九有有截；^[119]鹿臺之金，巨橋之粟，^[120]無所用之，仍舊南面，夫何爲哉！然癸、辛之徒，恃其旅力，知足以拒諫，才足以飾非，諂諛是尚，臺觀是崇，淫樂是好，倡優是説，作靡靡之樂，安濮上之音。^[121]上天不蠲，眷然回顧，宗國爲墟，（不）〔下〕夷于隸，^[122]紂縣白旗，^[123]桀放鳴條；^[124]天子之尊，湯、武有之，豈伊異人，^[125]皆明王之冑也。且當六國之時，天下殷熾，秦既兼之，不脩聖道，乃構阿房之宫，築長城之守，矜夸中國，威服百蠻，天下震竦，道路以目；自謂本枝百葉，永垂洪暉，豈寤二世而滅，社稷崩圮哉？近漢孝武乘文、景之福，外攘夷狄，内興宫殿，十餘年閒，天下囂然。乃信越巫，懟天遷怒，起建章之宫，千門萬户，卒致江充妖蠱之變，至於宫室乖離，父子相殘，殃咎之毒，禍流數世。

臣觀黄初之際，天兆其戒，異類之鳥，育長燕巢，口爪胸赤，此魏室之大異也，^[126]宜防鷹揚之臣於蕭牆之内。^[127]可選諸王，使君國典兵，往往棊跱，鎮撫皇畿，翼亮帝室。昔周之東遷，晋、鄭是依，^[128]漢吕之亂，實賴朱虚，^[129]斯蓋前代之明鑒。夫皇天無親，惟德是輔。民詠德政，則延期過歷，^[130]下有怨歎，掇録授能。^[131]由此觀之，天下之天下，非獨陛下之天下也。臣百疾所鍾，氣力稍微，輒自輿出，歸還里舍，若遂沈淪，^[132]

魂而有知，結草以報。[133]

詔曰：“生廉倅伯夷，[134]直過史魚，[135]執心堅白，[136]謇謇匪躬，[137]如何微疾未除，退身里舍？昔邴吉以陰德，[138]疾除而延壽；貢禹以守節，[139]疾篤而濟愈。生其彊飯專精以自持。”隆卒，遺令薄葬，斂以時服。[一]

〔一〕習鑿齒曰：高堂隆可謂忠臣矣。君侈每思諫其惡，將死不忘憂社稷，正辭動於昏主，明戒驗於身後，塞諤足以勵物，德音没而彌彰，可不謂忠且智乎！《詩》云：“聽用我謀，[140]庶無大悔。”又曰：“曾是莫聽，[141]大命以傾。”[142]其高堂隆之謂也。

[1] 大鐘：此鐘爲秦始皇所鑄，漢代在長安。潘眉《考證》云：“《帝紀》注，徙長安鐘簴在景初元年，與此不同。”

[2] 周景王：東周靈王之子，名貴，在位二十五年（前544—前520）。

[3] 公旦：即周公旦。周公名旦。

[4] 作大鐘：《國語·周語下》謂周景王二十三年，爲了鑄無射樂鐘而將先造大林樂鐘。單穆公諫曰：“不可。作重幣以絶民資，又鑄大鐘以鮮其繼。若積聚既喪，又鮮其繼，生何以殖？”周景王不聽，又問樂官伶州鳩，州鳩亦阻止曰：“若夫匱財用、罷民力以逞淫心，聽之不和，比之不度，無益於教而離民怒神，非臣之所聞也。”景王亦不聽，終鑄大鐘。而鐘鑄成之次年，周景王即死。

[5] 泠州鳩：殿本、盧弼《集解》本、《國語·周語下》作“伶州鳩”，百衲本、校點本、《左傳·昭公二十一年》作“泠州鳩”。杜預注云：“泠，樂官；州鳩，其名也。”《釋文》又云：“‘泠’或作‘伶’。”今從百衲本等。

[6] 亡國不度之器：盧弼《集解》云：“謂長安鐘簴、駱駝、銅人、承露盤也。”

　　[7]上方：同"尚方"，官署名。有中、左、右三尚方，各置令一人，秩皆六百石，第七品。掌製造供應皇帝所用器物。

　　[8]卞蘭：武宣卞皇后之侄。見本書卷五《武宣卞皇后傳》。

　　[9]簫韶九成：《尚書·益稷》："簫韶九成，鳳皇來儀。"孔傳："《韶》，舜樂名。言簫見細器之備。雄曰鳳，雌曰皇，靈鳥也。儀，有容儀。備樂九奏而致鳳皇，則餘鳥獸不待九而率舞。"孔穎達疏：《韶》是舜樂，經傳多矣，但餘文不言簫，簫乃樂器，非樂名。簫是樂器之小者，言簫見細器之備，謂作樂之時，小大之器皆備也。成，謂樂曲成也。鄭云成猶終也。每曲一終，必變更奏，故經言九成，傳言九奏。

　　[10]鳳皇：殿本"皇"字作"凰"，百衲本、盧弼《集解》本、校點本作"皇"。按，二字通。今從百衲本等。

　　[11]雷鼓：八面鼓。古代祭祀天神所用。《周禮·春官·大司樂》："雷鼓、雷鼗，孤竹之管，雲和之琴瑟，《雲門》之舞，冬日至，於地上之圜丘奏之。若樂六變，則天神皆降，可得而禮矣。"

　　[12]錯：停止，不用。《史記》卷七〇《張儀列傳》："則秦魏之交可錯矣。"司馬貞《索隱》："錯，停止也。"

　　[13]商辛：即商紂王。紂王名辛。《史記》卷三《殷本紀》謂紂王"好酒淫樂，嬖於婦人。愛妲己，妲己之言是從。於是使師涓作新淫聲，北里之舞，靡靡之樂"。

　　[14]君舉必書：《禮記·玉藻》謂天子，"動則左史書之，言則右史書之"。

　　[15]箴規：勸戒規諫。

　　[16]匪躬：謂不顧自身，竭盡忠心。《易·蹇卦》六二："王臣蹇蹇，匪躬之故。"孔穎達疏："盡忠於君，匪以私身之故而不往濟君，故曰匪躬之故。"

　　[17]易傳：胡三省謂此所引《易傳》之語，乃京房《易傳》之辭。（見《通鑑》卷七三魏明帝青龍三年注）京房，西漢經學家，治今文《易》，學於孟喜門人焦延壽。（見《漢書》卷七五

《京房傳》）其講解《周易》之著述今已不存，唯存《京氏易傳》三卷，爲數術之書（見《漢魏叢書》）。

［18］太戊：即殷中宗。《史記·殷本紀》："帝雍己崩，弟太戊立，是爲帝太戊。帝太戊立，伊陟爲相。亳有祥桑穀共生於朝，一暮大拱。帝太戊懼，問伊陟。伊陟曰：'臣聞妖不勝德，帝之政其有闕與？帝其修德。'太戊從之，而祥桑枯死而去"。"殷復興，諸侯歸之，故稱中宗"。

［19］武丁：即殷高宗。《史記·殷本紀》："帝武丁祭成湯，明日，有飛雉登鼎耳而呴，武丁懼。祖己曰：'王勿憂，先修政事。'""武丁修政行德，天下咸歡，殷道復興。帝武丁崩，子帝祖庚立。祖己嘉武丁之以祥雉爲德，立其廟爲高宗。"

［20］周之制：《禮記·昏義》："古者，天子后立六宮、三夫人、九嬪、二十七世婦、八十一御妻，以聽天下之内治，以明章婦順，故天下内和而家理。"

［21］祖己：百衲本作"祖乙"，殿本、盧弼《集解》本作"祖巳"，校點本、《史記·殷本紀》作"祖己"。今從校點本等。

［22］柏梁：臺名。《漢書》卷六《武帝紀》謂元鼎二年（前115）"春，起柏梁臺"。顏師古注："《三輔舊事》云以香柏爲之。"又《史記》卷一二《孝武本紀》謂太初元年（前104）"十一月乙酉，柏梁烖"；"（越巫）勇之乃曰：'越俗有火烖，復起屋必以大，用勝服之。'於是作建章宫，度爲千門萬户"。

［23］西京：指張平子《西京賦》。文中"建章是經"之"經"，盧弼《集解》謂《續漢書·五行志二》劉昭注引《魏志》作"營"。按，《西京賦》亦作"經"。

［24］五行志：指《漢書·五行志》。

［25］巫蠱：各本"巫蠱"下皆有"也"字，而《漢書·五行志》無，校點本即據以删之。今從校點本。巫蠱，古代稱巫師使用邪術加害於人爲巫蠱。　衛太子：漢武帝之太子劉據，爲衛皇后所生，故以衛稱之。死謚曰戾，史稱戾太子。漢武帝時，方士和神巫

多聚京都，女巫常出入宮中，教宮人埋木偶祭祀免災。武帝晚年多病，更爲迷信。當時武帝信用江充，江充與太子有矛盾，恐武帝死後被太子所誅，遂趁武帝病於甘泉宮時，上言武帝之病實由巫蠱作祟。武帝即令江充爲使者，入宮掘地搜查，因誣太子宮中得桐木偶。太子畏懼，發兵捕殺江充，又與丞相等戰，失敗後自殺。（見《漢書》卷六三《戾太子傳》、卷四五《江充傳》）

[26] 孔子曰：此孔子語，蓋漢代讖緯書中之言。

[27] 脩：儆戒。　行：指五行。

[28] 精祲（jìn）：陰陽災害之氣。

[29] 蓂（shà）莆：傳説中的瑞草。《説文》：“蓂莆，瑞草也。堯時生於庖厨，扇暑而凉。”段玉裁注：“《白虎通》曰：‘孝道至則蓂莆生庖厨。蓂莆者，樹名也。其葉大於門扇，不搖自扇，於飲食清凉助供養也。’”　嘉禾：奇異之禾。古人認爲出則吉祥。《史記》卷三三《魯周公世家》：“唐叔得禾，異母同穎，獻之成王，成王命唐叔以饋周公於東土，作《饋禾》。周公既受命禾，嘉天子命，作《嘉禾》。”

[30] 九龍：潘眉《考證》云：“此九龍非一時並見，《宋五行志》以郡國前後言龍見者九。”

[31] 詩：此詩見《詩·召南·鵲巢》。　維：語首助詞。

[32] 鳩：指鸤鳩，後世又名八哥。《本草綱目》云：“八哥居鵲巢。”

[33] 天意：趙幼文《校箋》謂《晉書·五行志》“意”字作“戒”。按，《晉書·五行志中》實作“戒”，而《宋書·五行志三》亦作“意”。

[34] 繼體：謂承繼祖宗的系統、血統。

[35] 三王可四：謂可與三王並列。三王，指夏、商、周三代開國之君。

[36] 五帝：《史記》卷一《五帝本紀》以黃帝、顓頊、帝嚳、堯、舜爲五帝。

［37］繁祉：多福。

［38］孛（bèi）：彗星的別稱。《公羊傳·文公十四年》："孛者何？彗星也。" 大辰：即心宿之中星，又名大火。《左傳·昭公十七年》："冬，有星孛于大辰，西及漢。申須曰：'彗所以除舊佈新也。天事恒象，今除于火，火出必佈焉，諸侯其有火災乎！'"

［39］社稷：帝王所祭祀之土神和穀神。

［40］圜丘：古代帝王冬至祭天之圓壇。後世亦用以祭天地。《周禮·春官·大司樂》："冬日至，於地上之圜丘奏之。"賈公彥疏："土之高者曰丘，取自然之丘。圜者，象天圜也。" 方澤：即方丘。古代帝王夏至日祭地之方壇，因壇設於水澤中，故又云方澤。《周禮·春官·大司樂》："夏日至，於澤中之方丘奏之。"賈公彥疏："地言澤中方丘者，因高以事天，故於地上，因下以事地，故于澤中。取方丘者，水鍾曰澤，不可以水中設祭，故亦取自然之方丘，象地方也。" 南北郊：南郊與北郊。分別爲帝王祭天、祭地之處所。《漢書·郊祀志下》："帝王之事莫大乎承天之序，承天之序莫重於郊祀，故聖王盡心極慮以建其制。祭天於南郊，就陽之義也；瘞地於北郊，即陰之象也。" 明堂：古代帝王宣明政教之處所。凡朝會、祭祀、慶賞、選士、養老、教學等大典，皆於此舉行。

［41］居室：各本皆作"居室"，殿本《考證》云："北宋本作'宮室'。"

［42］天聰明自我民聰明：此語見《尚書·皋陶謨》。蔡沈《集傳》："天之聰明，非有視聽也，因民之視聽以爲聰明。"

［43］天明畏自我民明威：蔡沈《集傳》："威"，古文作"畏"，二字通用。明者，顯其善；畏者，威其惡。天之明畏，非有好惡也，因民之好惡以爲明畏。

［44］輿人：衆人。

［45］嚮以五福：《尚書·洪範》："次九曰嚮用五福，威用六極。"孔傳："言天所以嚮勸人，用五福；所以威沮人，用六極。"

又《尚書·洪範》："五福：一曰壽，二曰富，三曰康寧，四曰攸好德，五曰考終命。"孔穎達疏："五福者，謂人蒙福祐有五事也。一曰壽，年得長也；二曰富，家豐財貨也；三曰康寧，無疾病也；四曰攸好德，性所好者美德也；五曰考終命，成終長短之命，不橫夭也。"

[46] 六極：《尚書·洪範》："六極：一曰凶短折，二曰疾，三曰憂，四曰貧，五曰惡，六曰弱。"孔穎達疏："六極，謂窮極惡事有六：一曰凶短折，遇凶而橫夭性命也；二曰疾，常抱疾病；三曰憂，常多憂；四曰貧，困乏于財；五曰惡，貌狀醜陋；六曰弱，志力尪劣也。"

[47] 格：感通。《字彙·木部》："格，感通也。"

[48] 采椽：櫟木或柞木製的椽子。

[49] 皇風：皇帝之教化。

[50] 夏癸：夏桀。　商辛：商紂。

[51] 房心：星座名。即二十八宿中的房宿與心宿。房宿爲東方蒼龍七宿之第四宿，有星四顆。《晋書·天文志上》云："房四星，爲明堂，天子佈政之宫也，亦四輔也。"心宿爲蒼龍七宿之第五宿，有星三顆。其主星亦稱商星、鶉火、大火、大辰。《晋書·天文志上》云："心三星，天王正位也。中星曰明堂，天子位，爲大辰，主天下之賞罰。"

[52] 帝坐：亦作"帝座"，古星名。屬天市垣。即武仙座 α 星。　紫微：即紫微垣，爲三垣之一。有星十五顆，分兩列，以北極爲中樞，成屏藩狀。《晋書·天文志上》："紫宫垣十五星，其西蕃七，東蕃八，在北斗北。一曰紫微，大帝之坐也，天子之常居也，主命主度也。"

[53] 尊位：古代認爲以上各星皆爲天子所居之位。

[54] 拓跡：謂開創基業。　垂統：謂將基業留傳下去。

[55] 凝：成，成功。　品物康乂：萬物得以安定和治理。

[56] 光熙：光明。

［57］九服：王畿以外的九等地區。《周禮·夏官·職方氏》謂方千里爲王畿，其外有侯服、甸服、男服、采服、衛服、蠻服、夷服、鎮服、藩服等。

［58］務糾刑書：謂單純致力於刑律之督責。

［59］三雍：辟雍、明堂、靈臺之合稱。爲帝王舉行祭祀、典禮之場所。《後漢書》卷七九《儒林傳序》：“中元元年，初建三雍。明帝即位，親行其禮。天子始冠通天，衣日月，備法物之駕，盛清道之儀，坐明堂而朝群后，登靈臺以望雲物，祖割辟雍之上，尊養三老、五更。饗射禮畢，帝正坐自講，諸儒執經問難於前。”

大射：天子爲祭祀、擇士而舉行的射禮。《後漢書》卷五〇《陳敬王羨傳》：“鈞立，多不法，遂行天子大射禮。”李賢注：“天子將祭，擇士而祭，謂之大射。大射之禮，張三侯，虎侯、熊侯、豹侯，示服猛也，皆以其皮方制之。”　養老：古禮，對年高德重之老者，按時饗酒食而敬禮之。《禮記·王制》：“凡養老，有虞氏以燕禮，夏后氏以饗禮，殷人以食禮，周人修而兼用之。”孔穎達疏：“皇氏云：‘人君養老有四種：一是養三老、五更；二是子孫爲國難而死，王養死者父祖；三是養致仕之老；四是引户校年養庶人之老。’”

［60］逸民：隱居未出仕之士人。

［61］服色：指車馬和祭牲之顔色。《禮記·大傳》：“改正朔，易服色。”鄭玄注：“服色，車馬也。”孔穎達疏：“謂夏尚黑，殷尚白，周尚赤，車之與馬，各用從所尚之正色也。”

［62］愷悌：和樂平易。《左傳·僖公十二年》：“《詩》曰：‘愷悌君子，神所勞矣。’”杜預注：“愷，樂也；悌，易也。”

［63］封禪：古代帝王祭天地之大典。在泰山上築土壇祭天，報天之功，稱爲封；又在泰山下之梁父山上辟場祭地，報地之德，稱爲禪。《史記·封禪書》云：“自古受命帝王，曷嘗不封禪？”

［64］混：殿本《考證》謂《册府元龜》作“流”。

［65］棼（fén）絲：亂絲。

〔66〕徽號：旗幟的名號。指旗的式樣、圖案、顔色。爲新興朝代或帝王新政的標志之一。

〔67〕三春：即三正。夏正建寅，以十三月爲正月；殷正建丑，以十二月正月；周正建子，以十一月爲正月。夏、殷、周三代稱王之始，即用不同之三正。

〔68〕三統：亦即三正。《史記》卷四《周本紀》："今殷王紂乃用其婦人之言，自絕於天，毀壞其三正。"張守節《正義》："三正，三統也。周以建子爲天統，殷以建丑爲地統，夏以建寅爲人統也。"

〔69〕光禄勳：官名。秩中二千石，第三品。掌宿衛宮殿門户，朝會則皆禁止，及主諸郎之在殿中侍衛者。（本洪飴孫《三國職官表》）

〔70〕太行：盧弼《集解》本作"太山"，百衲本、殿本、校點本作"太行"。今從百衲本等。太行，山名。即今太行山，綿亘今山西、河南、河北三省界。　石英：礦物名。質地堅硬而脆，其透明晶體者，稱水晶。

〔71〕穀城：山名。一名黄山。在今山東平陰縣西南。

〔72〕芳林：芳林園在魏都洛陽，在今河南洛陽市東白馬寺一帶。魏少帝齊王芳時改名華林園。

〔73〕太極：殿名。《水經·穀水注》："魏明帝上法太極，於洛陽宮起太極殿於漢崇德殿之故處。"

〔74〕金墉：城名。魏明帝時建，在魏、晋洛陽故城西北隅，今河南洛陽市東北。　陵雲臺：魏文帝時建造，在魏洛陽城中金市之東，爲全木結構，登臺可觀望山川景色。詳見本書卷二《文帝紀》黄初二年"陵雲臺"注。

〔75〕遼東不朝：指遼東公孫淵發兵反。

〔76〕悼皇后：即毛皇后。景初元年（237）被賜死。見本書卷五《后妃傳》。

〔77〕蓋："蓋"以下引文，見《易·繫辭下》。

[78] 大寶：百衲本作“太寶”，殿本、盧弼《集解》本、校點本作“大寶”。今從殿本等。

[79] 造化：指自然界的創造化育。

[80] 帝耕：指皇帝耕藉田。《禮記·月令》：孟春之月，“天子親載耒耜，措之於參保介之御間，帥三公、九卿、諸侯、大夫躬耕帝藉”。鄭玄注：“保介，車右也。置耒於車右與御者之間，明己勸農，非農者也。”

[81] 后桑：指后妃親自采桑。《禮記·月令》：季春之月，“后妃齋戒，親東鄉躬桑”。鄭玄注：“后妃親采桑，示帥先天下也。東鄉者，鄉時氣也。”

[82] 伊唐：即有唐氏，上古部落名。堯爲其領袖。

[83] 陽九：古代數術家之説，以四千六百一十七歲爲一元，初入元一百零六歲，内有旱灾九年，稱爲陽九，其餘尚有陰九、陰七、陽七、陰五、陽五、陰三、陽三等。陽爲旱灾，陰爲水灾。從入元至陽三，常歲四千五百六十年，灾歲五十七年，共四千六百一十七年，爲一元之氣終。則平均每八十年有一灾年。（詳見《漢書·律曆志上》）後世因以“陽九”泛指灾害之年和厄運。

[84] 鯀（gǔn）：夏禹之父。堯時，四岳推其治水，九年不成，被舜誅於羽山。（見《史記》卷二《夏本紀》）

[85] 文命：夏禹名文命。（見《史記·夏本紀》）

[86] 二十二載：《史記·夏本紀》謂鯀治水，九年無成；禹又繼以十三年之辛勞，方告大功。合計爲二十二年。沈家本《瑣言》云：“此極言其灾甚役久，故合鯀、禹治水年言之，文用‘前後’二字，其長顯然。”

[87] 敷：分別；區分。　九州：指冀、兗、青、徐、揚、荆、豫、梁、雍等州。

[88] 服章：表示官階身份之服飾。《左傳·宣公十二年》：“君子小人，物有服章。”杜預注：“尊卑別也。”

[89] 嫗（yǔ）煦（xù）：生養覆育。

　　[90] 愷悌君子：《詩・大雅・泂酌》："豈弟君子，民之父母。"豈弟，同"愷悌"。《孝經・廣至德章》引此詩即作"愷悌"。

　　[91] 六情五性：古代數術家據陰陽五行之説，推演人的六種情感及五臟的特性。六種情感是：廉貞、寬大、公正、奸邪、陰賊、貪狠等。五臟的特性是：肝性静，心性躁，脾性力，肺性堅，腎性智。（詳見《漢書》卷七五《翼奉傳》及顔師古注引張晏、晋灼説）

　　[92] 仲尼云：孔子此語見《論語・衛靈公》。

　　[93] 白地小虜：吳金華《校詁》謂"白地"似爲當時俗語，"白地小虜"即無能小賊之謂。

　　[94] 權禪：各本皆作"權、備"。盧弼《集解》引何焯説"備"當作"禪"；又引錢大昕曰："此疏在明帝景初改元以後，蜀先主殂謝久矣，'權備'並稱殊誤。"校點本即從何、錢之説改"備"爲"禪"。今從之。

　　[95] 蕭牆：古代宮室内作爲屏障的矮牆，因借指内部。

　　[96] 賈誼：西漢政論家。漢文帝時曾爲博士、太中大夫、長沙王太傅等。曾多次上疏批評時政。此所引數句，見《漢書》卷四八《賈誼傳》。

　　[97] 儋（dàn）石：儋，同"甔"，一種小口大腹之陶器。可容一石（十斗）糧粟，故稱儋石。一説二石爲儋，爲一人所擔。概言之，則謂糧粟極少。

　　[98] 版築之士：指公卿以下參與修建宮殿園林之各類人。

　　[99] 參少於昔：謂比之以前僅爲三分之一。

　　[100] 若今：趙幼文《校箋》謂《太平御覽》卷八三七引"今"字作"令"。

　　[101] 太府掌九賦之財：百衲本作"天府掌和伐之則"，殿本作"天府掌九賦之則"，盧弼《集解》本作"太府掌九賦之則"，殿本《考證》云："按《周禮》，'太府掌九貢、九賦、九功之貳，以其貨賄之入'。則九賦，太府職也。此云'天府'，疑誤。九賦，

監本訛作‘九伐’，今改正。”梁章鉅《旁證》又云：“‘則’字亦誤，當作‘財’。”校點本即從殿本《考證》與梁章鉅説改。今從之。太府，周官名。太宰屬官，輔助太宰管理貢賦收藏和支出。九賦，周代的九種賦稅：邦中、四郊、邦甸、家削、邦縣，邦都、關市、山澤、幣餘。（見《周禮·天官·太府》賈公彦疏）

［102］九式：周代財政支出的九個法式（原則）：祭祀、賓客、喪荒、羞服、工事、幣制、芻秣、匪頒、好用。（見《周禮·天官·太府》賈公彦疏）

［103］式貢之餘：《周禮·天官·太府》：“凡式貢之餘財，以共玩好之用。”賈公彦疏：“釋曰：式謂九式，貢謂九貢及萬民之貢。有餘財，以供玩好器物之用。”

［104］司會：周官名。冢宰之屬官，掌國家財政計劃之長官。

［105］廊廟：盧弼《集解》本作“廟廊”，百衲本、殿本、校點本作“廊廟”。今從百衲本等。廊廟，本爲殿下屋與太廟，合稱則指朝廷。

［106］三司九列：即三公九卿。

［107］臺閣：指尚書臺。

［108］具臣：備位充數之臣。

［109］李斯：戰國楚上蔡（今河南上蔡縣西南）人。戰國末入秦。秦始皇統一六國後任丞相。秦始皇死，追隨趙高，合謀立始皇少子胡亥爲二世皇帝。後爲趙高所忌，被殺。（見《史記》卷八七《李斯列傳》）

［110］爲人主而不恣睢：此爲李斯引申子語，見《史記》卷八七《李斯列傳》，原文作：“有天下而不恣睢，命之曰以天下爲桎梏。”司馬貞《索隱》云：“恣睢猶放縱也。謂肆情縱恣也。”張守節《正義》云：“言有天下不能自縱恣督責，乃勞身於天下若堯、禹，即以天下爲桎梏於身也。”

［111］史遷：司馬遷。《史記·李斯列傳》太史公曰：“斯知六藝之歸，不務明政以補主上之缺，持爵禄之重，阿順苟合，嚴威

酷刑，聽高邪説，廢適立庶。諸侯已畔，斯乃欲諫争，不亦末乎！"
又按百衲本"議"作"讝"，今從殿本等作"議"。

[112] 疾篤：趙幼文《校箋》謂《北堂書鈔》卷一〇三引
《高堂隆集》、《太平御覽》卷四五三引"疾"上有"寢"字。按，
《太平御覽》引"疾"上雖有"寢"字，而"疾"下無"篤"字。

口占（zhàn）：謂口授其辭。

[113] 孟敬子：春秋時魯國大夫。其事見《論語·泰伯》。

[114] 淵塞：深遠誠實。《詩·鄘風·定方之中》："匪直也
人，秉心塞淵。"鄭箋："塞，充實。"

[115] 四靈：《禮記·禮運》："何謂四靈？麟、鳳、龜、龍謂
之四靈。"

[116] 玉衡：本北斗七星之一。《晉書·天文志》云："又魁
第一星曰天樞，二曰璇，三曰璣，四曰權，五曰玉衡，六曰開陽，
七曰搖光。"又泛指北斗星。《文選》揚子雲《長楊賦》："是以玉
衡正而天階平也。"李善注引韋昭曰："玉衡，北斗也。"

[117] 幽厲：西周之周幽王與周厲王。周厲王名胡，在位時任
用榮夷公，實行專利，又暴虐侈傲，引起國人之不滿議論。他又用
衛巫監視國人，議論者即被殺害，終致國人武裝反抗。厲王逃奔彘
（今山西霍縣），後死於彘。幽王名宮涅，宣王之子厲王之孫。在位
時任用虢石父，搜刮加重，國人皆怨。加之地震、旱灾，人民流離
失所。幽王又寵愛褒姒，廢申后和太子宜臼，遂致申侯聯合繒侯與
犬戎攻周，幽王被殺於驪山下，西周滅亡。（見《史記》卷四《周
本紀》）

[118] 所致：謂所欲得到者。盧弼《集解》引趙一清《注補》
云："'致'字當依《孟子》作'欲'。"趙幼文《校箋》謂《册府
元龜》卷五四八引正作"欲"。按，宋本《册府元龜》亦作"致"。
中華再造善本影宋本亦作"致"。

[119] 九有：九州。　有截：謂整齊統一。《詩·商頌·長
發》："九有有截。"鄭箋："湯九州齊一截然。"

　　［120］巨橋：即鉅橋倉，殷紂王儲糧之倉。在今河北平鄉縣東南。《史記‧殷本紀》謂紂王"厚賦稅以實鹿臺之錢，而盈鉅橋之粟"。卷四《周本紀》又謂周武王滅紂後，"命南宮括散鹿臺之財，發鉅橋之粟，以振貧弱萌隸"。

　　［121］濮上之音：亦即靡靡之樂也。《韓非子‧十過》：師曠曰："此師延之所作與紂爲靡靡之樂也。及武王伐紂，師延東走濮水而自投，故聞此聲者，必於濮水之上。"後至春秋時，此濮水之濱爲衛國之地，即以靡靡之音聞名於世，男女亦多於此幽會。後世遂以"濮上之音"代指靡靡淫亂之音樂。《史記‧樂書》云："桑間濮上之音，亡國之音也，其政散，其民流，誣上行私而不可止。"

　　［122］下夷：各本皆作"不夷"，盧弼《集解》引何焯校，改"不"爲"下"，校點本即從何校改。今從之。　于隸：百衲本、殿本、盧弼《集解》本、校點本1959年12月第1版皆作"于隸"，校點本1982年7月第2版卻誤作"子隸"。今改正。

　　［123］紂縣白旗：《史記》卷四《周本紀》謂周武王攻入殷都後，紂王自焚於鹿臺，武王"以黃鉞斬紂頭，縣太白之旗"。

　　［124］鳴條：地名。其地有二，一在今河南封丘縣東；一在今山西運城市東北。《史記》卷二《夏本紀》："湯遂率兵以伐夏桀。桀走鳴條，遂放而死。"

　　［125］異人：外人。《詩‧小雅‧頍弁》："豈伊異人？兄弟匪他。"

　　［126］魏室之大異：趙一清《注補》："《晉（書）‧五行志》：'黃初元年，未央宮有燕生鷹，口爪俱赤，此與商紂、宋隱同象。景初元年，又有燕生巨鷇於衛國李蓋家，形若鷹，吻似燕。'高堂隆所指即此二事。其後司馬氏誅曹爽，遂有魏室。"

　　［127］鷹揚之臣：凶狠覬覦之臣。

　　［128］晉鄭：春秋時的晉國與鄭國。《左傳‧隱公六年》：周桓公言於王曰："我周之東遷，晉、鄭焉依。"杜預注："平王東徙，晉文侯、鄭武公左右王室，故曰晉、鄭焉依。"

[129] 朱虛：即朱虛侯劉章，漢高祖劉邦之孫，齊悼惠王劉肥之次子。呂后死後，上將軍呂禄、相國呂產總握軍政大權，恐大臣諸王不服，因謀作亂。時呂禄女爲劉章妻，故章知其謀。劉章遂使人告其兄齊王襄，令其發兵西向；又與太尉周勃、丞相陳平等合謀内應，終於誅除諸呂，鞏固了劉氏政權。（見《史記》卷五二《齊悼惠王世家》）

[130] 歷：指歷數，氣數。古人認爲每個王朝的歷數、命運是有一定規律的。

[131] 掇録："掇"通"輟"。掇録，謂停止王朝之記録，亦即王朝之終止。

[132] 沈淪：謂死亡。

[133] 結草以報：《左傳·宣公十五年》載：秦桓公攻晉國，駐於輔氏（今陝西大荔縣東）。晉國魏顆在輔氏擊敗秦軍，俘虜秦力士杜回。以前魏顆之父魏武子有一愛妾，無子。魏武子病時，吩咐魏顆説："我死後一定把她嫁了。"但魏武子病危時又説："一定把她殉葬！"至魏武子死後，魏顆仍將她出嫁，説病人病重就昏亂，自己遵其清醒時的吩咐。及至輔氏之役，魏顆看到一老人結草絆倒杜回，故杜回被俘。夜里，魏顆夢見老人説："我是你所嫁女人之父。你遵行先人清醒時之吩咐，我以此作爲報答。"

[134] 生："先生"之省稱。　伒：校點本作"追"，今從百衲本等作"伒"。　伯夷：殷末孤竹君之子。孟子曰："伯夷目不視惡色，耳不聽惡聲，非其君不事，非其民不使；治則進，亂則退，橫政之所出，橫民之所止，不忍居也。思與鄉人處，如以朝衣朝冠坐於塗炭也。當紂之時，居北海之濱，以待天下之清也。故聞伯夷之風者，頑夫廉，懦夫有立志。"（《孟子·萬章下》）

[135] 史魚：春秋時衛國大夫。名鰌，字子魚。以剛直著稱。孔子曰："直哉史魚！邦有道，如矢；邦無道，如矢。"（《論語·衛靈公》）

[136] 堅白：堅固而不被污染。《論語·陽貨》：子曰："不曰

堅乎，磨而不磷；不曰白乎，涅而不緇。"

[137] 謇謇：忠貞正直。《楚辭·離騷》"余固知謇謇之爲患兮"，王逸注："謇謇，忠貞貌。"

[138] 邴吉：漢武帝末之巫蠱案，丙吉受命治巫蠱郡邸獄。當時皇曾孫（後爲宣帝）僅生數月，因衛太子事牽連入獄，丙吉見而憐之，遂擇謹厚女徒細心保養。武帝遣使者悉誅詔獄人犯，使者至郡邸獄，邴吉閉門不納，不但保全了皇曾孫，也保住了其他人犯。武帝亦感悟，因赦天下。丙吉遂送皇曾孫至其外祖母史良娣家。至宣帝即位後，丙吉絶口不言保護之功，朝臣亦未有知者。及至宣帝得知後，才封丙吉爲博陽侯。而即將封時，丙吉疾病，宣帝憂吉不起，太子太傅夏侯勝曰："此未死也。臣聞有陰德者，必饗其樂以及子孫。今吉未獲報而疾勝，非其死疾也。"後果病愈。（見《漢書》卷七四《丙吉傳》）

[139] 貢禹：漢元帝時爲諫大夫、光禄大夫，多次上書抨擊朝廷奢侈，建議選賢能，誅奸臣，罷倡樂，修節儉，減賦役。貢禹至八十一歲時，體衰多病，遂上書言俸禄已多，官位亦尊，而自己已體衰多病，恐不能在位盡職，乞求退歸鄉里。元帝下詔不許，并稱贊貢禹"有伯夷之廉，史魚之直，守經據古，不阿當世"，望"其強飯慎疾以自輔"。後遂爲長信少府，又爲御史大夫，列於三公。（見《漢書》卷七二《貢禹傳》）

[140] 聽用我謀：見《詩·大雅·抑》。

[141] 曾是莫聽：可是這些話都不聽。見《詩·大雅·蕩》。

[142] 大命：指王朝的命運。

初，太和中，[1]中護軍蔣濟上疏曰"宜遵古封禪"。[2]詔曰："聞濟斯言，使吾汗出流足。"事寢歷歲，後遂議脩之，使隆撰其禮儀。帝聞隆没，歎息曰："天不欲成吾事，高堂生舍我亡也。"子琛嗣爵。

　　始，景初中，[3]帝以蘇林、秦静等並老，[4]恐無能傳業者。乃詔曰："昔先聖既没，而其遺言餘教，著於六藝。六藝之文，禮又爲急，弗可斯須離者也。末俗背本，所由來久。故閔子譏原伯之不學，[5]荀卿醜秦世之坑儒，[6]儒學既廢，則風化曷由興哉？方今宿生巨儒，並各年高，教訓之道，孰爲其繼？昔伏生將老，[7]漢文帝嗣以鼂錯；《穀梁》寡疇，[8]宣帝承以十郎。[9]其科郎吏高才解經義者三十人，[10]從光禄勳隆、散騎常侍林、博士静，分受四經三禮，[11]主者具爲設課試之法。夏侯勝有言：[12]'士病不明經術，經術苟明，其取青紫如俯拾地芥耳。'[13]今學者有能究極經道，則爵禄榮寵，不期而至。可不勉哉！"數年，隆等皆卒，學者遂廢。

　　初，任城棧潛，[14]太祖世歷縣令，〔一〕嘗督守鄴城。時文帝爲太子，耽樂田獵，晨出夜還。潛諫曰："王公設險以固其國，都城禁衛，用戒不虞。《大雅》云：'宗子維城，[15]無俾城壞。'又曰：'猶之未遠，[16]是用大諫。'[17]若逸于遊田，晨出昏歸，以一日從禽之娱，而忘無垠之釁，愚竊惑之。"太子不悦，然自後游出差簡。黄初中，文帝將立郭貴嬪爲皇后，潛上疏諫，語在《后妃傳》。明帝時，衆役並興，戚屬疏斥，潛上疏曰："天生蒸民而樹之君，所以覆燾羣生，[18]熙育兆庶，故方制四海匪爲天子，裂土分疆匪爲諸侯也。始自三皇，爰暨唐、虞，咸以博濟加于天下，醇德以洽，黎元賴之。三王既微，[19]降逮于漢，治日益少，喪亂弘多，自時厥後，亦罔克乂。太祖濬哲神武，芟除暴亂，克復王綱，以開帝業。文帝受天明命，廓恢皇基，踐阼七載，每事未遑。陛下聖德，纂承洪緒，宜崇晏晏，[20]與民休息。而方隅匪寧，征夫遠戍，有事海外，縣旌萬里，六軍騷動，水陸轉運，百姓舍業，日費千金。大興殿舍，功作萬計，徂來之松，[21]刊山窮谷，怪石斌珷，[22]浮于河、淮，都圻之內，[23]盡為甸服，[24]當供稾秸銍粟之調，[25]而為苑囿擇禽之府，盛林莽之穢，豐鹿兔之藪；傷害農功，地繁茨棘，災疫流行，民物大潰，上減和氣，嘉禾不植。臣聞文王作豐，[26]經始勿亟，[27]百姓子來，[28]不日而成。靈沼、靈囿，[29]與民共之。今宮觀崇侈，彫鏤極妙，忘有虞之總期，[30]思殷辛之瓊室，[31]禁地千里，舉足投網，麗擬阿房，役百乾谿，[32]臣恐民力彫盡，下不堪命也。昔秦據殽函以制六合，[33]自以德高三皇，功兼五帝，欲號謚至萬葉，而二世顛覆，願為黔首，[34]由枝幹既（杌）〔扤〕，[35]本實先拔也。蓋聖王之御世也，克明俊德，[36]庸勳親親；[37]俊乂在官，[38]則功業可隆，親親顯用，則安危同憂；深根固本，並為幹翼，雖歷盛衰，內外有輔。昔成王幼沖，未能蒞政，周、呂、召、畢，[39]並在左右；今既無衛侯康叔之監，[40]分陝所任，[41]又非旦、奭。東宮未建，天下無副。願陛下留心關塞，永保無極，則海內幸甚。」後為燕中尉，[42]辭疾不就，卒。

〔一〕潛字彥皇，見應璩《書林》[43]。

　　［1］太和：魏明帝曹叡年號（227—233）。

　　［2］中護軍：官名。曹操爲丞相後，於相府置護軍，掌武官選舉，並與領軍同掌禁軍，出征時監護諸將，隸屬領軍，後改名中護軍，職掌不變。後又以資輕者爲中護軍，資重者稱護軍將軍，亦可簡稱護軍。

　　［3］景初：魏明帝曹叡年號（237—239）。

　　［4］蘇林：魏明帝時曾爲散騎常侍。事見本書卷二一《劉劭傳》及裴注引《魏略》。　秦靜：本書中僅見於此，據後文魏明帝詔，知其時爲博士。

　　［5］閔子：即閔子馬，又稱閔馬父。春秋時魯國大夫。　原伯：即原伯魯。春秋時周大夫。《左傳·昭公十八年》：魯有使者去參加曹平公葬禮，見到周大夫原伯魯，與之交談，發現他不愛學習。回魯國後，將情況告之閔子馬。閔子馬曰：“周其亂乎！夫必多有是說，而後及其大人。大夫患失而惑，又曰：‘可以無學，無學不害。’不害而不學，則茍而可，于是乎下陵上替，能無亂乎？夫學，殖也，不學將落，原氏其亡乎！”

　　［6］荀卿：戰國趙人，名況，時人尊稱荀卿。“荀”“孫”音近，古籍中又稱爲孫卿。生卒年不詳，晚年在楚國被楚相春申君任命爲蘭陵令。楚考烈王二十五年（前238）春申君死，荀卿廢居蘭陵。其卒年當在此後不久。而秦始皇坑儒在秦三十五年（前212），是荀卿未見之事。魏明帝詔謂“荀卿醜秦世之坑儒”，實誤。或者《荀子·堯問》之末有“爲說者”之說，謂“孫卿迫於亂世，鰌於嚴刑，上無賢主，下遇暴秦，禮義不行，教化不成”云云。魏明帝蓋誤解此說而有詔文之言。楊倞《荀子注》已云：“自‘爲說者’已下，荀卿弟子之辭。”（參盧弼《集解》及其引姚範說）趙幼文《校箋》則謂“坑儒”或當爲“無儒”。《荀子·强國篇》曰：“是何也？則其殆無儒邪！故曰粹而王，駁而霸，無一焉而亡，此亦秦之所短也。”“無”“坑”蓋涉形近致誤。

　　［7］伏生：《史記》卷一二一《儒林列傳》：“伏生者，濟南人

也。故爲秦博士。孝文帝時，欲求能治《尚書》者，天下無有，乃聞伏生能治，欲召之。是時伏生年九十餘，老，不能行，於是乃詔太常，使掌故朝錯往受之。"

[8] 穀梁：即《春秋穀梁傳》，爲《春秋》三傳之一，與《春秋公羊傳》並爲今文經學。自漢武帝立《春秋公羊傳》後，傳《穀梁傳》者漸少。漢宣帝即位後，得知衛太子好《穀梁》，有意立之。而當時善於《穀梁傳》者僅蔡千秋等數人，宣帝"愍其學且絕，乃以千秋爲郎中户將，選郎十人從受"。後《穀梁》學遂興，並立於學官。(見《漢書》卷八八《儒林傳》)

[9] 十郎：殿本、盧弼《集解》本作"士郎"，百衲本、校點本作"十郎"，殿本《考證》亦云："宋本作'十郎'。"《漢書·儒林傳》亦作"十郎"。今從百衲本等。

[10] 科：選取。　郎吏：郎官及其他屬吏。

[11] 四經：指《周易》《尚書》《詩經》《春秋》。　三禮：指《周禮》《儀禮》《禮記》。

[12] 夏侯勝：西漢經學家，特善《尚書》，撰有《尚書說》。以下所引均見《漢書》卷七五《夏侯勝傳》。

[13] 地芥：顏師古注："地芥，謂草芥之橫在地上者。俯而拾之，言其易而必得也。青紫，卿大夫之服也。"

[14] 任城：王國名。治所任城縣，在今山東微山縣西北。

[15] 宗子維城：此及以下各句，皆《詩·大雅·板》之句。鄭箋："宗子，謂王之適子。"

[16] 猶之未遠：毛傳："猶，圖也。"鄭箋："王之謀，不能圖遠，用是故我大諫王也。"

[17] 大諫：百衲本"諫"字作"簡"，殿本、盧弼《集解》本、校點本作"諫"。按，二字可通。朱駿聲《說文通訓定聲·乾部》："簡，叚借爲諫。"今從殿本等。

[18] 覆燾：覆蓋。《小爾雅·廣詁》："燾，覆也。"

[19] 三王：盧弼《集解》本作"三五"，百衲本、殿本、校

點本均作"三王"。今從百衲本等。

　　[20] 晏晏：温和。錢大昭《辨疑》："《堯典》'文思安安'，《尚書考靈燿》作'文塞晏晏'。"

　　[21] 徂來：山名。在今山東泰安市東南。自古山多松樹。《詩·魯頌·閟宮》："徂來之松，新甫之柏。"

　　[22] 珷（wǔ）玞（fū）：似玉之美石。

　　[23] 都圻（qí）：即京畿。京都及其周圍地區。

　　[24] 甸服：古制稱離王城五百里的區域。

　　[25] 稾秸銍粟：《尚書·禹貢》："五百里甸服。百里賦納總，二百里納銍，三百里納秸服，四百里粟，五百里米。"蔡沈《集傳》："禾本全曰總。刈禾曰銍，半稿也。半稿去皮曰秸。"

　　[26] 豐：邑名。在今陝西長安縣西北灃河西岸。周文王建都於此。周武王時又遷於鎬。

　　[27] 亟：同"急"。

　　[28] 子來：像兒子似地來參加建築。《詩·大雅·靈臺》："經始靈臺，經之營之。庶民攻之，不日成之。經始勿亟，庶民子來。"朱熹《集傳》："雖文王心恐煩民，戒令勿亟，而民心樂之，如子趣父事，不召自來也。"

　　[29] 靈沼靈囿：皆周文王在豐所建之沼池、園林。《孟子·梁惠王上》："文王以民力爲臺爲沼，而民歡樂之，謂其臺曰靈臺，謂其沼曰靈沼。"

　　[30] 總期：虞舜以草蓋之明堂（議政之所）。《文選》張平子（衡）《東京賦》："黃帝合宮，有虞總期，固不如夏癸之瑤臺，殷辛之瓊室也。"薛琮注："黃帝明堂，以草蓋之，名曰合宮。舜之明堂，以草蓋之，名曰總章。"李善又注："《尸子》曰：'欲觀黃帝之行於合宮，觀堯舜之行於總章。'章、期一也。"

　　[31] 瓊室：殷辛（紂王）用玉裝飾之室。《竹書紀年統箋》卷六：殷帝辛"九年，王師伐有蘇，獲妲己以歸，作瓊室，立玉門"。徐文靖箋："《六韜》曰：紂作瓊室、鹿臺，飾以美玉。"

　　［32］乾谿：邑名。在今安徽亳州市東南。春秋楚地。劉向《新序》卷九《善謀》謂楚靈王“起章華之臺，爲乾溪之役，百姓罷勞怨懟於下，群臣倍畔於上”。

　　［33］殽函：指殽山與函谷關。殽山在今河南洛寧縣西北，西接陝縣界，東接澠池縣。戰國秦及西漢初之函谷關，在今河南靈寶市東北王垛村。漢武帝元鼎三年（前114）徙置於今河南新安縣東北。

　　［34］願爲黔首：《史記》卷六《秦始皇本紀》謂趙高使其婿閻樂帶兵入望夷宮殺秦二世，“二世曰：‘吾願得一郡爲王。’弗許。又曰：‘願爲萬户侯。’弗許。曰：‘願與妻子爲黔首，比諸公子。’閻樂曰：‘臣受命於丞相，爲天下誅足下，足下雖多言，臣不敢報。’麾其兵進。二世自殺”。

　　［35］抏（wù）：各本皆作“杌”，盧弼《集解》引沈家本説“杌”當作“抏”。校點本即據沈説改，今從之。抏，動摇。

　　［36］克明俊德：《尚書·堯典》：“克明俊德，以親九族。”孔傳：“能明俊德之士任用之。”

　　［37］庸勳親親：酬賞勳勞，親愛親屬。《左傳·僖公二十四年》：“庸勳親親，暱近尊賢，德之大者也。”

　　［38］俊乂（yì）：才德出衆之士。《尚書·皋陶謨》：“俊乂在官。”孔傳：“俊德治能之士並在官。”孔穎達疏：“馬、王、鄭皆云，才德過千人爲俊，百人爲乂。”

　　［39］周吕召畢：指周公旦、吕尚、召公奭、畢公高。

　　［40］衛侯康叔：衛康叔名封，周武王同母少弟。周成王即位年幼，周公攝政，管叔、蔡叔乃與紂子武庚叛亂。周公以成王命興師討伐，殺武庚、管叔，放蔡叔，遂以武庚故地殷餘民封康叔爲衛君，是爲衛國。後康叔曾爲成王之司寇。（見《史記》卷三七《衛康叔世家》）

　　［41］陝：即陝陌，亦稱陝原。在今河南陝縣西南。周成王時，周、召二公分陝而治以此爲界。《史記》卷三四《燕召公世家》

云："自陝以西，召公主之；自陝以東，周公主之。"

[42] 燕：王國名。治所薊縣，在今北京城西南。　中尉：官名。王國之官，以典兵爲職，第六品。

[43] 應璩：見本書卷二一《王粲傳》及裴注引《文章叙録》。

書林：書名。沈家本《三國志注所引書目》謂《隋書・經籍志》著録《書林》十卷，無撰人。《舊唐書・經籍志》《新唐書・藝文志》有夏赤松《書林》六卷，而無應書。

　　評曰："辛毗、楊阜，剛亮公直，正諫匪躬，亞乎汲黯之高風焉。[1]高堂隆學業脩明，志在匡君，[2]因變陳戒，發於懇誠，忠矣哉！及至必改正朔，俾魏祖虞，所謂意過其通者歟！[3]

　　[1] 汲黯：西漢濮陽（今河南濮陽縣西南）人。漢武帝時爲主爵都尉，常直言切諫，數次使武帝發怒。但武帝也稱讚他説："古有社稷之臣，至如黯，近之矣。"（《史記》卷一二〇《汲黯列傳》）

　　[2] 在：百衲本作"存"，殿本、盧弼《集解》本、校點本作"在"。今從殿本等。

　　[3] 意過其通：胡三省云："謂意料之説執之甚堅，反過其學之所通習者也。"（《通鑑》卷七三魏明帝景初元年注）

三國志 卷二六

魏書二十六

滿田牽郭傳第二十六

滿寵字伯寧，山陽昌邑人也。[1]年十八，爲郡督郵。[2]時郡內李朔等各擁部曲，[3]害于平民，太守使寵糾焉。朔等請罪，不復鈔略。守高平令。[4]縣人張苞爲郡督郵，貪穢受取，干亂吏政。寵因其來在傳舍，[5]率吏卒出收之，詰責所犯，[6]即日考竟，[7]遂棄官歸。

太祖臨兗州，[8]辟爲從事。[9]及爲大將軍，[10]辟署西曹屬，[11]爲許令。[12]時曹洪宗室親貴，有賓客在界，[13]數犯法，寵收治之。洪書報寵，寵不聽。洪白太祖，太祖召許主者。[14]寵知將欲原，乃速殺之。太祖喜曰："當事不當爾邪？"[15]故太尉楊彪收付縣獄，[16]尚書令荀彧、少府孔融等並屬寵：[17]"但當受辭，勿加考掠。"寵一無所報，考訊如法。數日，求見太祖，言之曰："楊彪考訊無他辭語。當殺者宜先彰其罪；此人有名海內，若罪不明，必大失民望，竊爲明

公惜之。"太祖即日赦出彧。初，或、融聞考掠彧，皆怒，及因此得了，更善寵。〔一〕

〔一〕臣松之以爲楊公積德之門，身爲名臣，縱有愆負，猶宜保祐，況淫刑所濫，而可加其楚掠乎？若理應考訊，荀、孔二賢豈其妄有相請屬哉？寵以此爲能，酷吏之用心耳。雖有後善，何解前虐？[18]

［1］山陽：郡名。治所昌邑縣，在今山東金鄉縣西北。

［2］督郵：官名。本名督郵書掾（或督郵曹掾），省稱督郵掾、督郵。漢置，郡府屬吏，秩六百石。主要職掌除督送郵書外，又代表郡守督察屬縣，宣達教令，並兼司獄訟捕亡等。每郡督郵皆分部，有二部、三部、四部、五部不等。

［3］部曲：私人武裝。

［4］高平：縣名。治所在今山東微山縣西北。

［5］傳（zhuàn）舍：官府置以供往來公差人員息宿之所。

［6］詰責：趙幼文《校箋》謂《太平御覽》卷二六六引"責"字作"其"。

［7］考竟：《釋名·釋喪制》云："獄死曰考竟。考得其情，竟其命於獄也。"

［8］兗州：漢末刺史治所即昌邑縣。

［9］從事：官名。漢代州牧刺史的佐吏，有別駕從事史、治中從事史、兵曹從事史、部從事史等，均可簡稱爲從事。

［10］大將軍：官名。東漢時常兼録尚書事，與太傅、太尉等共同主持政務。漢末位在三公上。本書卷一《武帝紀》謂建安元年"九月，車駕出轘轅而東，以太祖爲大將軍，武平侯"。冬十月，"以袁紹爲太尉，紹耻班在公下，不肯受。公乃固辭，以大將軍讓紹。天子拜公司空，行車騎將軍"，則曹操爲大將軍尚不至一月。

〔11〕西曹屬：漢魏諸公府置有西曹，掌府吏署用事。長官爲掾，次官爲屬；掾闕，則屬爲長官。

〔12〕許：縣名。治所在今河南許昌市東。

〔13〕賓客：依附豪强大族之人。

〔14〕主者：指縣府中之主事官吏，如功曹等。

〔15〕爾：百衲本作“耳”，殿本、盧弼《集解》本、校點本作“爾”。今從殿本等。

〔16〕太尉：官名。東漢時與司徒、司空並爲三公，共同行使宰相職能，而位列三公之首，名位甚重；或與太傅並録尚書事，綜理全國軍政事務。

〔17〕尚書令：官名。東漢時爲尚書臺長官，秩千石。掌奏、下尚書曹文書衆事，選用署置官吏；總典臺中綱紀法度，無所不統。名義上仍隸少府。　少府：官名。漢九卿之一，秩中二千石。東漢時，掌宮中御衣、寶貨、珍膳等。

〔18〕何解前虐：梁章鉅《旁證》云：“李光地曰：此松之之迂論也。以操之狠猾，若聞寬訊，其戮楊公必矣。”

　　時袁紹盛於河朔，[1]而汝南紹之本郡，[2]門生賓客布在諸縣，擁兵拒守。太祖憂之，以寵爲汝南太守。寵募其服從者五百人，率攻下二十餘壁，[3]誘其未降渠帥，[4]於坐上殺十餘人，一時皆平。得户二萬，兵二千人，令就田業。

　　建安十三年，[5]從太祖征荆州。[6]大軍還，留寵行奮威將軍，[7]屯當陽。[8]孫權數擾東陲，復召寵還爲汝南太守，賜爵關内侯。[9]關羽圍襄陽，寵助征南將軍曹仁屯樊城拒之，[10]而左將軍于禁等軍以霖雨水長爲羽所没。[11]羽急攻樊城，樊城得水，[12]往往崩壞，衆皆失色。或謂仁曰：“今日之危，非力所支。可及羽圍未合，乘輕船夜走，雖失城，尚可全身。”寵曰：“山水速疾，冀其不久。聞羽遣別將已在郟下，[13]自許以南，百姓擾擾，羽所以不敢遂進者，恐吾軍掎其後耳。今若遁去，洪河以南，[14]非復國家有也，君宜待之。”仁曰：“善。”寵乃沈白馬，與軍人盟誓。會徐晃等救至，寵力戰有功，羽遂退。進封安昌亭侯。[15]文帝即王位，遷揚武將軍。[16]破吳於江陵有功，[17]更拜伏波將軍，[18]屯新野。[19]大軍南征，到精湖，[20]寵帥諸軍在前，與賊隔水相對。寵敕諸將曰：[21]“今夕風甚猛，賊必來燒軍，[22]宜爲其備。”[23]諸軍皆警。夜半，賊果遣十部伏夜來燒，[24]寵掩擊破之。進封南鄉侯。黃初三年，[25]假寵節鉞。[26]五年，拜前將軍。[27]明帝即位，進封昌邑侯。太和二年，[28]領豫州刺史。[29]三年春，[30]降人稱吳大嚴，揚聲欲詣江北獵，孫權欲自出。寵度其必襲西陽而爲之備，[31]權聞之，退還。秋，使曹休從廬江南入合肥，[32]令寵向夏口。[33]寵上疏曰：“曹休雖明果而希用兵。今所從道，背湖旁江，易進難退，此兵之窪地也。[34]若入無彊口，[35]宜深爲之備。”寵表未報，休遂深入。賊果從無彊口斷夾石，[36]要休還路。[37]休戰不利，退走。會朱靈等從後來斷道，與賊相遇。賊驚走，休軍乃得還。是歲休薨，寵以前將軍代都督揚州諸軍事。[38]汝南軍民戀慕，大小相率，奔隨道路，不可禁止。護軍表上，[39]欲殺其爲首者。詔使寵將親兵千人自隨，其餘一無所問。四年，拜寵征東將軍。[40]其冬，孫權揚聲欲至合肥，寵表召兗、豫諸軍，皆集。賊尋退還，被詔罷兵。寵以爲“今賊大舉而還，非本意也，此必欲僞退以罷吾兵，[41]而倒還乘虛，掩不備也”。表不罷兵。後十餘日，權果更來，到合肥城，不克而還。其明年，吳將孫布遣人詣揚州求降，辭云：“道遠不能自致，乞兵見迎。”刺史王淩騰布書，[42]請兵馬迎之。寵以爲必詐，不與兵，而爲淩作報書曰：[43]“知識邪正，欲避禍就順，去暴歸道，甚相嘉尚。今欲遣兵相迎，然計兵少則不足相衞，多則事必遠聞。且先密計以成本志，臨時節度其宜。”寵會被書當入朝，敕留府長史：[44]“若淩欲往迎，勿與兵也。”淩於後索兵不得，乃單遣一督將步騎七百人往迎之。布夜掩擊，督將迸走，死傷過半。初，寵與淩共事不平，淩支黨毀寵疲老悖謬，故明帝召之。既至，體氣康彊，見而遣還。[一]寵屢表求留，詔報曰：“昔廉頗彊食，[45]馬援據鞍，[46]今君未老而自謂已老，何與廉、馬之相背邪？其思安邊境，惠此中國。”

　　〔一〕《世語》曰：王淩表寵年過耽酒，不可居方任。帝將召寵，給事中郭謀曰：[47]“寵爲汝南太守、豫州刺史二十餘年，[48]有勳方岳。[49]及鎮淮南，[50]吳人憚之。若不如所表，將爲所闚。可令還朝，問以方事以察之。”帝從之。寵既至，進見，飲酒至一石不亂。帝慰勞之，遣還。

　　[1] 河朔：泛指黃河中下游地區，主要指當時之冀、并、青三州之地。

［2］汝南：郡名。治所平輿縣，在今河南平輿縣北。

［3］壁：壁壘，武裝據點。

［4］渠帥：頭領。《後漢書》卷一《光武帝紀上》"封其渠帥爲列侯"，李賢注："渠，大也。"

［5］建安：漢獻帝劉協年號（196—220）。

［6］荊州：漢末刺史治所襄陽縣，在今湖北襄陽市襄州區。

［7］奮威將軍：官名。漢雜號將軍之一。

［8］當陽：縣名。治所在今湖北荊門市西南。

［9］關內侯：爵名。漢制二十級爵之第十九級，次於列侯，祇有封户收取租税而無封地。魏文帝定爵制爲十等，關內侯在亭侯下，仍爲虛封，無食邑。

［10］征南將軍：官名。建安中曹操所置，爲四征將軍之一，秩二千石。　樊城：城名。在襄陽縣北，與襄陽隔漢水相對，在今湖北襄陽市。

［11］左將軍：官名。位如上卿，與前、後、右將軍掌京師兵衛和邊防屯警。

［12］得水：吳金華《校詁》云："猶今言遭受水淹也。"

［13］已在：百衲本"在"字作"坐"，殿本、盧弼《集解》本、校點本作"在"。今從殿本等。　郟：縣名。治所在今河南郟縣。

［14］洪河：大河。即黃河。

［15］亭侯：爵名。漢制，列侯大者食縣、邑，小者食鄉、亭。東漢後期遂以食鄉、亭者稱爲鄉侯、亭侯。

［16］揚武將軍：官名。東漢光武帝初置，漢末曹操亦置，主統兵出征。魏晉沿置，第四品。

［17］江陵：縣名。治所在今湖北江陵縣。

［18］伏波將軍：官名。第五品。

［19］新野：縣名。治所在今河南新野縣。

［20］南征：趙幼文《校箋》謂《太平御覽》卷三三〇引

"征"下有"吳"字。　精湖：湖名。在今江蘇高郵市北。盧弼
《集解》謂"大軍南征，到精湖"爲黃初六年（225）之事，此傳
誤書在黃初三年之前，已前後倒置。又承上文"文帝即王位"而
言，益覺界限不明。蓋黃初初年吳方稱藩於魏，無大軍南征之事。

［21］敕：趙幼文《校箋》謂《太平御覽》卷二三〇（當作三
三〇）引作"令"，《通典》作"謂"。

［22］燒軍：盧弼《集解》謂《太平御覽》卷三三〇引《魏
志》作"燒營"。趙幼文《校箋》云："考《通典·兵八》'軍'
字亦作'營'。竊疑'軍'字亦通。《國語·晋語》注'軍猶屯
也'。疑承祚原作'軍'，或校者易'軍'爲'營'。故《通典》
《御覽》有作'營'字者矣。"

［23］其備：趙幼文《校箋》謂《太平御覽》卷三三〇引
"其"字作"之"，《通典》同。

［24］十部伏夜來燒：趙幼文《校箋》謂《太平御覽》引無
"伏夜"二字，"燒"下有"營"字。

［25］黃初：魏文帝曹丕年號（220—226）。

［26］假寵節鉞：漢末、三國時期，皇帝賜給重臣的一種權力，
加此號者，可代行皇帝旨意，掌握生殺特權。

［27］前將軍：官名。在漢代，與後、左、右將軍皆位如上卿，
掌京師兵衛與邊防屯警。魏晋亦置，第三品，權位漸低，略高於一
般雜號將軍，不典禁兵，不與朝政。

［28］太和：魏明帝曹叡年號（227—233）。

［29］豫州：魏文帝時刺史治所譙縣（今安徽亳州市），魏明
帝時移治所於項縣，在今河南沈丘縣。又按，盧弼《集解》謂本書
《賈逵傳》言"太和二年，帝使逵督前將軍滿寵、東莞太守胡質等
四軍，從西陽直向東關"。此時豫州刺史乃賈逵，非滿寵。滿寵此
時爲前將軍，《通鑑》太和二年亦言前將軍滿寵上疏請備無彊口，
則滿寵爲豫州刺史或許在此之後。按，太和二年賈逵實爲豫州刺
史，而《賈逵傳》在敘述賈逵援曹休軍後，即云"會病篤，謂左

右曰：'受國厚恩，恨不斬孫權以下見先帝。喪事一不得有所修作。'薨"。本書《明帝紀》載曹休與吳軍戰敗之事在太和二年九月。則賈逵之死當在九月之後。或許賈逵死後滿寵於太和二年末即任豫州刺史。

［30］三年：盧弼《集解》又謂本書《賈逵傳》《曹休傳》《明帝紀》均言曹休之敗在太和二年，曹休之死亦在此年，《明帝紀》明言休死於太和二年九月庚子。則此言"三年"顯誤。按，以下所敘之事，皆在太和二年九月以前。

［31］西陽：鎮戍名。在今安徽桐城縣東北（本盧弼《集解》引《讀史方輿紀要》卷二六）。

［32］盧江：郡名。魏時治所陽泉縣，在今安徽霍邱縣西（本洪亮吉《補三國志疆域志》）。　合肥：縣名。治所在今安徽合肥市西。

［33］夏口：地名。在今湖北武漢市，原漢水入長江處。

［34］窪地：《通鑑》卷七一魏明帝太和二年載滿寵此疏作"絓地"，胡三省注云："言其地險，師行由之，爲所罥掛，進退不可也。《孫子兵法·地形篇》曰：地形有通者，有掛者。我可以往，彼可以來，曰通；可以往，難以返，曰掛。"按，"絓"通"掛"，此當依《通鑑》作"絓"。

［35］無彊口：百衲本、殿本作"無彊口"，盧弼《集解》本、校點本作"無彊口"。今從《集解》本等。無彊口，地名。在今安徽桐城縣東北崇山鎮。

［36］夾石：地名。在今安徽桐城縣北。

［37］還路：盧弼《集解》本作"歸路"，百衲本、殿本、校點本作"還路"。今從百衲本等。

［38］都督揚州諸軍事：官名。統領揚州之軍事。揚州治所壽春縣，在今安徽壽縣。

［39］護軍：官名。此爲軍中監督官。

［40］征東將軍：官名。秩二千石，第二品。黄初中位次三公，

資深者爲大將軍。

　　〔41〕罷（pí）：同“疲”。

　　〔42〕騰：傳遞。玄應《一切經音義》卷一二：“《説文》：‘騰，傳也。’謂傳遞郵驛也。”

　　〔43〕而爲淩作報書：百衲本無“爲淩”二字，殿本、盧弼《集解》本、校點本皆有。今從殿本等。

　　〔44〕長史：官名。漢代，三公府設有長史，以輔助三公。將軍府之屬官亦有長史，以總理幕府。曹魏沿置。

　　〔45〕廉頗：戰國時趙國名將。趙孝成王時封爲信平君，爲假相國。趙悼襄王即位後，卻用樂乘代廉頗。廉頗怒，攻走樂乘，遂出奔魏。而魏國多年不能用廉頗，趙國又多次被秦國所困，思得廉頗，廉頗亦想再爲趙所用。但廉頗已年老，趙王因遣使往見廉頗，看尚可用否。趙使見廉頗，“廉頗爲之一飯斗米，肉十斤，被甲上馬，以示尚可用”。（《史記》卷八一《廉頗藺相如列傳》）

　　〔46〕馬援：東漢光武帝建武中曾爲伏波將軍，討交阯有功，封爲新息侯。建武二十四年（48），“武威將軍劉尚擊武陵五溪蠻夷，深入，軍没，援因復請行。時年六十二，帝愍其老，未許之。援自請曰：‘臣尚能被甲上馬。’帝令試之。援據鞍顧眄，以示可用”。（《後漢書》卷二四《馬援傳》）

　　〔47〕給事中：官名。第五品。位在散騎常侍下、給事黃門侍郎上，或爲加官，或爲正官，無定員。

　　〔48〕二十餘年：盧弼《集解》云：“寵自建安初已爲汝南太守，至太和五年移鎮揚州，已三十餘年矣。”

　　〔49〕方岳：胡三省云：“自魏以下，以督州爲方岳之任，謂其職猶古之方伯岳牧也。”（《通鑑》卷七二魏明帝太和五年注）

　　〔50〕淮南：郡名。治所壽春縣。而揚州刺史之治所亦在壽春縣，故滿寵督鎮揚州，亦可言鎮淮南。

　　明年，吳將陸遜向廬江，論者以爲宜速赴之。寵曰：“廬江雖小，將勁兵精，守則經時。又賊舍船二百里來，後尾空縣，尚欲誘致，今宜聽其遂進，但恐走不可及耳。”整軍趨楊宜口。[1]賊聞大兵東下，即夜遁。時權歲有來計。青龍元年，[2]寵上疏曰：[3]“合肥城南臨江湖，北（遠）〔達〕壽春，[4]賊攻圍之，得據水爲勢；官兵救之，當先破賊大（輩）〔軍〕，[5]然後圍乃得解。賊往甚易，而兵往救之甚難，宜移城內之兵，其西三十里，[6]有奇險可依，更立城以固守，此爲引賊平地而掎其歸路，[7]於計爲便。”護軍將軍蔣濟議，[8]以爲：“既示天下以弱，且望賊煙火而壞城，此爲未攻而自拔。一至於此，劫略無限，必以淮北爲守。”[9]帝未許。寵重表曰：“孫子言，[10]兵者，詭道也。故能而示之以弱，不能驕之以利，示之以懦。此爲形實不必相應也。又曰‘善動敵者形之’。[11]今賊未至而移城卻內，此所謂形而誘之也。引賊遠水，擇利而動，舉得於外，則福生於內矣。”尚書趙咨以寵策爲長，[12]詔遂報聽。其年，權自出，欲圍新城，[13]以其遠水，積二十日不敢下船。寵謂諸將曰：“權得吾移城，必於其衆中有自大之言，今大舉來欲要一切之功，雖不敢至，必當上岸耀兵以示有餘。”乃潛遣步騎六千，伏肥城隱處以待之。[14]權果上岸耀兵，寵伏軍卒起擊之，斬首數百，或有赴水死者。明年，權自將號十萬，至合肥新城。寵馳往赴，募壯士數十人，折松爲炬，灌以麻油，從上風放火，燒賊攻具，射殺權弟子孫泰。賊於是引退。三年春，權遣兵數千家佃於江北。至八月，寵以爲田向收熟，男女布野，其屯衞兵去城遠者數百里，可掩擊也。遣長史督二軍循江東下，[15]摧破諸屯，焚燒穀物而還。詔美之，因以所獲盡爲將士賞。

景初二年，[16]以寵年老徵還，遷爲太尉。[17]寵不治産業，家無餘財。詔曰：“君典兵在外，專心憂公，[18]有行父、祭遵之風。[19]賜田十頃，穀五百斛，錢二十萬，以明清忠儉約之節焉。”寵前後增邑，凡九千六百户，封子孫二人亭侯。正始三年薨，[20]諡曰景侯。子偉嗣。偉以格度知名，[21]官至衞尉。[一][22]

〔一〕《世語》曰：偉字公衡。偉子長武，有寵風，年二十四，爲大將軍掾。[23]高貴鄉公之難，以掾守閶闔掖門，[24]司馬文王弟安陽亭侯幹欲入。[25]幹妃，偉妹也。長武謂幹曰：“此門近，公且來，無有入者，可從東掖門。”幹遂從之。文王問幹入何遲，幹言其故。參軍王羨亦不得入，[26]恨之。既而羨因王左右啓王，滿掾斷門不内人，宜推劾。壽春之役，偉從文王至許，以疾不進。子從，求還省疾，事定乃從歸，由此内見恨。收長武考死杖下，偉免爲庶人。時人寃之。偉弟子奮，晋元康中至尚書令、司隸校尉。[27]寵、偉、長武、奮，皆長八尺。

苟綽《冀州記》曰：奮性清平，有識檢。[28]

《晋諸公贊》曰：奮體量通雅，有寵風也。

[1]楊宜口：趙一清《注補》云：“‘楊’‘陽’古通。《水經·決水注》：陽泉水受決水東北流，逕陽朱縣故城東，又西北流，左入決水，謂之陽泉口。蓋即此楊宜口也。”魏陽泉縣治所在今安

徽霍邱縣東北。

[2] 青龍：魏明帝曹叡年號（233—237）。

[3] 寵上疏：滿寵此疏，《通鑑》載於魏明帝太和六年（232）。

[4] 北達：各本作“北遠”。趙幼文《校箋》謂《太平御覽》卷一六九引“遠”字作“達”。今從趙引改。

[5] 大軍：各本作“大輩”。盧弼《集解》云：“‘輩’當作‘軍’。”趙幼文《校箋》云：“《御覽》引‘輩’字作‘軍’。”今從盧、趙説改。

[6] 其西：趙幼文《校箋》云：“《御覽》引作‘今城西’，無‘其’字。”

[7] 此爲：趙幼文《校箋》云：“《御覽》‘此爲’二字作‘所謂’。”按，《太平御覽》實作“此所謂”。　歸路：趙幼文《校箋》云：“《御覽》引‘路’下有‘也’字。”

[8] 護軍將軍：官名。掌禁兵，主武官選舉，隸屬領軍。資重者稱護軍將軍，資輕者稱中護軍。（本《宋書·百官志》）

[9] 以淮北爲守：胡三省云：“濟言望風移戍，吳必劫掠無限，將限淮以自守也。”（《通鑑》卷七二魏明帝太和六年注）

[10] 孫子言：以下孫子之言，爲《孫子兵法·計篇》之節引。

[11] 善動敵者形之：此爲《孫子兵法·勢篇》之語。謂善於調動敵人，必以假象騙之。

[12] 尚書：官名。曹魏置吏部、左民、客曹、五兵、度支等五曹尚書，秩皆六百石，第三品。其中吏部職要任重，徑稱爲吏部尚書，其餘諸曹均稱尚書。　趙咨：此趙咨蓋與司馬朗同鄉（河内溫縣），又有與司馬朗同徙之另一趙咨。本書卷一五《司馬朗傳》還謂趙咨官至太常。裴松之又注云：“咨字君初。”魏文帝初，有孫吳使者趙咨至魏。本書卷四七《吳主孫權傳》謂趙咨爲都尉。裴注引《吳書》又謂“咨字德度，南陽人”。顯與前一趙咨爲兩人。

[13] 新城：即合肥新城。在今安徽合肥市西北。

　　［14］肥城：百衲本作"肥池"，殿本、盧弼《集解》本、校點本作"肥城"。殿本《考證》云："肥城，《通鑑》作'肥水'。"今從殿本等。肥城，蓋指合肥舊城。

　　［15］長史督二軍：殿本、盧弼《集解》本作"長史督二軍"，百衲本作長史督三軍，殿本《考證》謂宋本作"長吏督三軍"，校點本作"長吏督三軍"。趙幼文《校箋》謂《册府元龜》卷三七六、卷四二一（當作四二〇）引"吏"字作"史"，"三"字作"二"。今從殿本等。

　　［16］景初：魏明帝曹叡年號（237—239）。

　　［17］太尉：官名。其職掌，曹魏前期基本同於東漢。第一品。

　　［18］憂公：趙幼文《校箋》謂《太平御覽》卷四二五、《册府元龜》卷三七六引"公"字作"國"。"憂國"蓋當時成語，當據改。

　　［19］行父：即季孫行父，亦稱季文子。春秋魯國執政，歷魯宣、成、襄三公，凡執政三十四年。《左傳·襄公五年》：季文子卒，其家"無衣帛之妾，無食粟之馬，無藏金玉，無重器備。君子是以知季文子之忠于公室也：'相三君矣，而無私積，可不謂忠乎？'"　祭（zhài）遵：東漢初潁川潁陽（今河南許昌市西）人，初隨漢光武帝劉秀轉戰河北。建武二年（26）爲征虜將軍，封潁陽侯。建武九年進攻隗囂，死於軍中。《後漢書》卷二〇《祭遵傳》云："遵爲人廉約小心，克己奉公，賞賜輒盡與士卒，家無餘財，身衣韋褲，布被，夫人裳不加緣，帝以是重焉。"祭遵死後，"帝每歎曰：'安得憂國奉公之臣如祭征虜者乎！'"

　　［20］正始：魏少帝齊王曹芳年號（240—249）。

　　［21］格度：品格氣度。

　　［22］衛尉：官名。秩中二千石，第三品，掌宮門及宮中警衛。（本洪飴孫《三國職官表》）

　　［23］大將軍掾：官名。大將軍府之屬吏。而大將軍府有西曹掾、東曹掾、倉曹掾、賊曹掾等。此未知何曹。

　　〔24〕閶（chāng）闔掖門：皇宮正門稱閶闔門，兩旁的側門稱掖門。

　　〔25〕司馬文王：即司馬昭。

　　〔26〕參軍：官名。曹魏時，大將軍、大司馬、太尉及諸開府將軍，均置參軍，爲重要幕僚。此當爲司馬昭大將軍府之參軍。

　　〔27〕元康：晉惠帝司馬衷年號（291—299）。　尚書令：官名。晉代仍爲尚書臺長官，第三品。已綜理朝廷政務，爲政務長官，參議大政，職如宰相。　司隸校尉：官名。秩比二千石，第三品。掌糾察京師百官違法者，並治所轄各郡，相當於州刺史。

　　〔28〕識檢：識鑒與品行。

　　田豫字國讓，漁陽雍奴人也。[1]劉備之奔公孫瓚也，豫時年少，自託於備，備甚奇之。備爲豫州刺史，[2]豫以母老求歸，備涕泣與別，曰：“恨不與君共成大事也。”

　　公孫瓚使豫守（東）〔泉〕州令，[3]瓚將王門叛瓚，爲袁紹將萬餘人來攻。衆懼欲降。豫登城謂門曰：“卿爲公孫所厚而去，意有所不得已也；今還作賊，乃知卿亂人耳。夫挈瓶之智，[4]守不假器，吾既受之矣；何不急攻乎？”門慚而退。瓚雖知豫有權謀，而不能任也。瓚敗而鮮于輔爲國人所推，行太守事，素善豫，以爲長史。時雄傑並起，輔莫知所從。豫謂輔曰：“終能定天下者，必曹氏也。宜速歸命，無後禍期。”輔從其計，用受封寵。太祖召豫爲丞相軍謀掾，[5]除潁陰、朗陵令，[6]遷弋陽太守，[7]所在有治。

　　鄢陵侯彰征代郡，[8]以豫爲相。[9]軍次易北，[10]虜伏騎擊之，軍人擾亂，莫知所爲。豫因地形，回車結圜陣，弓弩持滿於內，疑兵塞其隙。胡不能進，散去。追擊，大破之，遂前平代，皆豫策也。

遷南陽太守。[11]先時，[12]郡人侯音反，衆數千人在山中爲羣盜，大爲郡患。前太守收其黨與五百餘人，[13]表奏皆當死。豫悉見諸繫囚，慰諭，開其自新之路，一時破械遣之。諸囚皆叩頭，願自效，即相告語，[14]羣賊一朝解散，[15]郡內清靜。具以狀上，[16]太祖善之。

文帝初，北狄彊盛，侵擾邊塞，乃使豫持節、護烏丸校尉，[17]牽招、解儁并護鮮卑。[18]自高柳以東，[19]濊貊以西，[20]鮮卑數十部，比能、彌加、素利割地統御，[21]各有分界；乃共要誓，[22]皆不得以馬與中國市。豫以戎狄爲一，非中國之利，乃先搆離之，使自爲讎敵，互相攻伐。素利違盟，出馬千匹與官，爲比能所攻，求救於豫。豫恐遂相兼并，爲害滋深，宜救善討惡，示信衆狄。單將銳卒，深入虜庭，胡人衆多，鈔軍前後，斷截歸路。豫乃進軍，去虜十餘里結屯營，多聚牛馬糞然之，從他道引去。胡見烟火不絕，以爲尚在，去，行數十里乃知之。追豫到馬城，[23]圍之十重，豫密嚴，使司馬建旌旗，[24]鳴鼓吹，將步騎從南門出，胡人皆屬目往赴之。豫將精銳自北門出，鼓譟而起，[25]兩頭俱發，出虜不意，虜衆散亂，皆棄弓馬步走，追討二十餘里，僵尸蔽地。[26]又烏丸王骨進桀黠不恭，豫因出塞案行，單將麾下百餘騎入進部。進逆拜，遂使左右斬進，顯其罪惡以令衆。衆皆怖慴不敢動，便以進弟代進。自是胡人破膽，威震沙漠。山賊高艾，衆數千人，寇鈔，爲幽、冀害，[27]豫誘使鮮卑素利部斬艾，傳首京都。封豫長樂亭侯。爲校尉九年，其御夷狄，恒摧抑兼并，乖散彊猾，凡逋亡姦宄，爲胡作計不利官者，豫皆構刺攪離，使凶邪之謀不遂，聚居之類不安。事業未究，而幽州刺史王雄支黨欲令雄領烏丸校尉，[28]毀豫亂邊，爲國生事。遂轉豫爲汝南太守，加殄夷將軍。[29]

太和末，公孫淵以遼東叛，[30]帝欲征之而難其人，中領軍楊暨舉豫應選。[一][31]乃使豫以本官督青州諸軍，[32]假節，[33]往討之。會吳賊遣使與淵相結，帝以賊衆多，又以渡海，詔豫使罷軍。豫度賊船垂還，歲晚風急，必畏漂浪，東隨無岸，[34]當赴成山。[35]成山無藏船之處，輒便循海，案行地形，[36]及諸山島，徼截險要，列兵屯守。自入成山，登漢武之觀。[37]賊還，果遇惡風，船皆觸山沈没，波蕩著岸，無所逃竄，[38]盡虜其衆。初，諸將皆笑於空地待賊，及賊破，競欲與謀，求入海鈎取浪船。豫懼窮虜死戰，皆不聽。初，豫以太守督青州，青州刺史程喜内懷不服，軍事之際，多相違錯。喜知帝寶愛明珠，乃密上：“豫雖有戰功，而禁令寬弛，所得器仗珠金甚多，放散皆不納官。”由是功不見列。

〔一〕臣松之案：暨字休先，滎陽人，[39]事見《劉曄傳》。暨子肇，晉荆州刺史。[40]山濤《啓事》稱肇有才能。[41]肇子潭字道元，次歆字公嗣。潭子彧字長文，次經字仲武，皆見《潘岳集》。[42]

[1] 漁陽：郡名。治所漁陽縣，在今北京密雲縣西南。　雍奴：縣名。治所在今天津市武清區西北。

[2] 豫州：刺史治所譙縣，在今安徽亳州市。

[3] 泉州：各本皆作“東州”。陳景雲《辨誤》云：“‘東’疑當作‘泉’，泉州，縣名。屬漁陽郡。”盧弼《集解》亦以陳説爲是。今從陳、盧説改。泉州縣治所在今天津武清區西南。

[4] 挈瓶之智：《左傳·昭公七年》：“人有言曰：‘雖有挈瓶之知，守不假器，禮也。”楊伯峻注：“知”同“智”。挈，垂也。挈瓶即垂瓶者，汲水者。挈瓶之智猶言小智小慧，保守之而不與人爲禮。

[5] 丞相軍謀掾：官名。丞相府之僚屬，主參議軍政。

[6] 潁陰：縣名。治所在今河南許昌市。　朗陵：縣名。治所在今河南確山縣西南。

[7] 弋陽：郡名。治所弋陽縣，在今河南潢川縣西。

[8] 代郡：東漢治所高柳縣，在今山西陽高縣西北。曹魏移治所於代縣，在今河北蔚縣東北。

[9] 相：官名。此爲侯國相，由朝廷委派，相當於縣、令長。

[10] 易：縣名。治所在今河北雄縣西北。

[11] 南陽：郡名。治所宛縣，在今河南南陽市。

[12] 先時：盧弼《集解》本作“先是”，百衲本、殿本、校點本作‘先時’。今從百衲本等。

[13] 前太守：盧弼《集解》謂前太守東里袞。見本書卷一《武帝紀》建安二十四年裴注引《曹瞞傳》。

[14] 告語：趙幼文《校箋》謂《北堂書鈔》卷三九、《太平御覽》卷六四四引“告”字作“報”。按，《北堂書鈔》引實作“告”。

[15] 一朝解散：趙幼文《校箋》謂《北堂書鈔》《太平御覽》引俱無“一朝”二字。按，《北堂書鈔》實有“一朝”二字，又

《太平御覽》卷二六一引亦有"一朝"二字。

[16] 狀上：趙幼文《校箋》謂《太平御覽》卷二六一引"上"字作"聞"。

[17] 持節：漢朝官吏奉使外出時，由皇帝授予節杖，以提高其威權。漢末三國，則爲皇帝授予出征或出鎮的軍事長官的一種權力。至晉代，此種權力明確爲可殺無官位之人，若軍事，可殺二千石以下官員。如皇帝派遣大臣出巡或祭吊等事務時，加持節，則表示權力和尊崇。　護烏丸校尉：官名。亦作護烏桓校尉。漢武帝時已置烏桓校尉，監領烏桓，後不常設。東漢光武帝建武中，復置護烏丸校尉，秩比二千石，屯上谷廣寧縣（今河北張家口市）。常領烏丸等部與度遼將軍等共戍衛邊塞。魏、晉沿置，屯地有所不同。田豫任此職，屯昌平縣，在今北京昌平區東南。（見本書卷三〇《烏丸鮮卑傳》）

[18] 護鮮卑：謂護鮮卑校尉。見下文《牽招傳》。

[19] 高柳：舊縣名。西漢置爲縣，治所在今山西高陽縣西北。東漢廢，魏亦不置。

[20] 濊貊：古部族名。居於今朝鮮江原道境內。

[21] 比能彌加素利：皆鮮卑之部落首領。見本書卷三〇《烏丸鮮卑傳》。殿本《考證》云："《太平御覽》'素利'下有'等'字。"趙幼文《校箋》謂此見《太平御覽》卷二八五。又上句"鮮卑數十部"上同卷《太平御覽》有"時"字。

[22] 要誓：百衲本作"誓要"，殿本、盧弼《集解》本、校點本作"要誓"。今從殿本等。趙幼文《校箋》又謂《太平御覽》卷二八五引"誓"字作"盟"。又下句"皆不得"，《太平御覽》引無"皆"字。

[23] 馬城：舊縣名。西漢置爲縣，治所在今河北懷安縣西。東漢末廢，魏亦不置。

[24] 密嚴：趙幼文《校箋》謂《太平御覽》卷二八五引無"嚴"字。　司馬：官名。此爲護烏丸校尉之司馬，主參贊軍務。

[25] 起：趙幼文《校箋》謂《太平御覽》卷二八五引作
"赴"。《通典·兵六》亦作"赴"。

[26] 僵尸蔽地：盧弼《集解補》："林國贊曰：考《鮮卑傳》
及《劉放傳》注引《魏氏春秋》，素利求救於豫，豫率兵進討，破
走比能。事在黃初五年。既而豫復討比能，還至馬城，被圍七日，
用孫資計，虜乃解去。事在太和二年。本傳合二事而一，又云比能
爲豫大破，殊誤。"

[27] 幽：州名。刺史治所薊縣，在今北京城西南。　冀：州
名。東漢末州牧刺史之治所常設在鄴縣，魏黃初中移治所於信都
縣，在今河北冀縣。

[28] 王雄：見本書卷二四《崔林傳》及裴注引《王氏譜》。

[29] 殄夷將軍：官名。魏置，第五品。

[30] 遼東：郡名。治所襄平縣，在今遼寧遼陽市老城區。

[31] 中領軍：官名。第三品，掌禁軍，主五校、中壘、武衛
三營。（本洪飴孫《三國職官表》）

[32] 青州：刺史治所臨菑縣，在今山東淄博市東北臨淄區北。

[33] 假節：漢末三國時期，皇帝賜予臣下的一種權力。至晋
代，此種權力明確爲因軍事可殺犯軍令者。

[34] 隨：《廣雅·釋詁》："隨，行也。"

[35] 成山：山名。在今山東榮成市東北海上。　（本謝鍾英
《補三國疆域志補注》）

[36] 地形：盧弼《集解》本、校點本作"地勢"，百衲本、
殿本作"地形"。今從百衲本等。

[37] 漢武：漢武帝。《漢書》卷六《武帝紀》謂太始三年
（前94）漢武帝"幸琅邪，禮日成山"。顏師古注引如淳曰："祭日
於成山也。"

[38] 逃竄：校點本作"蒙竄"，百衲本、殿本、盧弼《集解》
本皆作"逃竄"。今從百衲本等。

[39] 滎陽：百衲本、盧弼《集解》本作"熒陽"，殿本、校

點本作"滎陽"。今從殿本等。滎陽縣治所在今河南滎陽市東北。

[40] 荆州：晉刺史治所江陵縣，在今湖北江陵縣。

[41] 山濤：魏末爲"竹林七賢"之一。西晉初，任吏部尚書、尚書僕射等。任選職十餘年，所選拔之人物，皆親作評語，時人稱爲《山公啓事》。（見《晉書》卷四三《山濤傳》）

[42]《潘岳集》：沈家本《三國志注所引書目》謂《隋書·經籍志》著録《潘岳集》十卷，《舊唐書·經籍志》《新唐志·藝文志》亦同。

　　後孫權號十萬衆攻新城，征東將軍滿寵欲率諸軍救之。豫曰："賊悉衆大舉，非徒投射小利，欲質新城以致大軍耳。宜聽使攻城，挫其銳氣，不當與爭鋒也。城不可拔，衆必罷怠；罷怠然後擊之，可大克也。若賊見計，必不攻城，勢將自走。若便進兵，適入其計。又大軍相向，當使難知，不當使自畫也。"豫輒上狀，天子從之。會賊遁走。後吳復來寇，豫往拒之，賊即退。諸軍夜驚，云："賊復來！"豫卧不起，令衆"敢動者斬"。有頃，竟無賊。

　　景初末，增邑三百，并前五百户。正始初，遷使持節、護匈奴中郎將，[1] 加振威將軍，[2] 領并州刺史。[3] 外胡聞其威名，相率來獻。州界寧肅，百姓懷之。徵爲衛尉。屢乞遜位，太傅司馬宣王以爲豫克壯，[4] 書喻未聽。豫書答曰："年過七十而以居位，譬猶鐘鳴漏盡而夜行不休，[5] 是罪人也。"[6] 遂固稱疾篤。拜太中大夫，[7] 食卿禄。年八十二薨。子彭祖嗣。〔一〕

〔一〕《魏略》曰：豫罷官歸，居魏縣。[8]會汝南遣健步詣征北，[9]感豫宿恩，過拜之。豫爲殺難炊黍，送詣至陌頭，[10]謂之曰："罷老，苦汝來過。[11]無能有益，若何？"健步愍其貧羸，流涕而去，還爲故吏民説之。汝南爲具資〔絹〕數千匹，[12]遣人餉豫，豫一不受。會病，立戒其妻子曰：[13]"葬我必於西門豹〔墓〕邊。"[14]妻子難之，言："西門豹古之神人，[15]那可葬於其邊乎？"豫言："豹所履行與我敵等耳，使死而有靈，必與我善。"妻子從之。汝南聞其死也，悲之，既爲畫像，又就爲立碑銘。

[1] 使持節：漢末三國，皇帝授予出征或出鎮的軍事長官的一種權力。至晋代，此種權力明確爲可誅殺二千石以下官員。若皇帝派遣大臣出巡或祭吊等事務時，加使持節，則表示權力和尊崇。護匈奴中郎將：官名。東漢置，漢末罷。魏明帝太和五年（231）復置，仍監護南匈奴事務，多以并州刺史兼任，使持節或假節，第四品。晋亦沿置，仍四品。

[2] 振威將軍：官名。東漢置，爲雜號將軍，統兵出征。魏、晋沿置，皆四品。

[3] 并州：刺史治所晋陽縣，在今山西太原市西南營西古城。

[4] 太傅：官名。上公，位在三公上，第一品，掌善導，無常職，不常設。 司馬宣王：司馬懿。魏末其子司馬昭爲晋王後，追尊他爲宣王。 克壯：强盛，强壯。如《後漢書》卷四四《胡廣傳》謂胡廣"時年已八十，而心力克壯"。

[5] 漏盡：刻漏已盡。古代用漏壺滴水來計時間。漏壺中插入一根標竿，稱爲箭。箭下用一隻箭舟托着，浮在水面上。水滴出或滴入壺中時，箭就下沉或上升，藉以指示時刻。前者稱沉箭漏，後者稱浮箭漏。而以浮箭漏使用最多。

[6] 是罪人：蔡邕《獨斷》卷下云："鼓以動衆，鐘以止衆。夜漏盡，鼓鳴則起；畫漏盡，鐘鳴則息也。"又趙一清《注補》：

《困學紀聞》云："《文選·放歌行》注引崔元始《正論》永寧詔曰：'鐘鳴漏盡，洛陽城中不得有夜行者。'永寧，漢安帝年號，元始，崔寔字也。《後漢紀》不載此詔。"一清案：豫所言乃漢家故事，想其時尚行此制。

[7] 太中大夫：官名。秩千石，第七品。掌顧問應對，參謀議政。

[8] 魏縣：治所在今河北大名縣西南。

[9] 健步：善於速行之兵士。　征北：蓋指征北小城，漢末公孫瓚築，在今北京大興區。

[10] 送詣至：趙幼文《校箋》謂《太平御覽》卷八一七引無"至"字。《册府元龜》卷六八二引無"詣"字。　陌頭：路上。

[11] 苦：百衲本作"若"，殿本、盧弼《集解》本、校點本作"苦"。今從殿本等。

[12] 資絹：各本皆無"絹"字。盧弼《集解》謂《太平御覽》卷八一七引《魏略》"資"下有"絹"字。今據補。

[13] 立：百衲本作"立"，殿本、盧弼《集解》、校點本作"亡"。盧弼云："'亡'疑作'疁'。"按，古稱病重爲病，病輕爲疾。《説文·疒部》："病，疾加也。"《玉篇·疒部》："病，疾甚也。"故無須言"病疁"。今從百衲本。

[14] 西門豹墓：各本皆無"墓"字。趙一清《注補》云："'豹'下脱'祠'字。"校點本即據趙説增"祠"字。西門豹祠，在今河北臨漳縣西南鄴鎮。趙幼文《校箋》則謂《册府元龜》卷七九二引"豹"下有"墓"字。按，趙一清説無根據。今從趙幼文説據《册府元龜》補"墓"字，而西門豹墓未詳其處。

[15] 西門豹：戰國魏文侯時爲鄴令。曾破除當地"河伯娶婦"的迷信，並開水渠十二條，引漳水灌溉，造福於該地。（見《史記》卷一二六《滑稽列傳》褚少孫補）

豫清儉約素，賞賜皆散之將士。每胡、狄私遺，悉簿藏官，不入家；家常貧匱。雖殊類，咸高豫節。[一]嘉平六年，[1]下詔褒揚，賜其家錢穀，語在《徐邈傳》。

〔一〕《魏略》曰：鮮卑素利等數來客見，多以牛馬遺豫；豫（轉）〔輒〕送官。[2]胡以爲前所與豫物顯露，不如持金。乃密懷金三十斤，謂豫曰："願避左右，我欲有所道。"豫從之，胡因跪曰："我見公貧，故前後遺公牛馬，公輒送官，今密以此上公，可以爲家資。"豫張袖受之，答其厚意。胡去之後，皆悉付外，具以狀聞。於是詔褒之曰："昔魏絳開懷以納戎〔略〕，[3]今卿舉袖以受狄金，朕甚嘉焉。"乃即賜絹五百匹。[4]豫得賜，分以其半藏小府，後胡復來，以半與之。

[1] 嘉平：魏少帝齊王曹芳年號（249—254）。

[2] 輒：各本皆作"轉"。盧弼《集解》云："《書鈔》三十八'轉'作'輒'。"按，《北堂書鈔》卷三八陳禹謨補引《魏略》實作"轉"。趙幼文《校箋》則謂《太平御覽》卷八一七引作"輒"，疑作"輒"是，與下文"公輒送官"，語正相承。按，趙說有理，今從《太平御覽》改。

[3] 魏絳：即魏莊子。春秋時晉國大夫。晉悼公時，他力主與戎狄和好。《國語·晉語七》云："（悼公）五年，無終子嘉父使孟樂因魏莊子納虎豹之皮以和諸戎。公曰：'戎狄無親而好得，不若伐之。'魏絳曰：'勞師於戎而失諸華，雖有功，猶得獸而失人也，安用之？且夫戎狄薦處，貴貨而易土。予之貨而獲其土，其利一也；邊鄙耕農不儆，其利二也；戎狄事晉，四鄰莫不震動，其利三也。君其圖之！'公說，故使魏絳撫諸戎，於是乎伯。"又云：悼公十二年，"公錫魏絳女樂一八、歌鍾一肆，曰：'子教寡人和諸戎狄

而正諸華，於今八年，七合諸侯，寡人無不得志，請與子共樂之。'"　戎賂：各本皆無"賂"字。盧弼《集解》引何焯説，《册府元龜》"戎"下有"賂"字。校點本即從何説增，今從之。趙幼文《校箋》謂何焯所言《册府元龜》見卷四〇六。

〔4〕絹：盧弼《集解》謂《北堂書鈔》引作"青綾"。趙幼文《校箋》謂此見《北堂書鈔》卷六一。《群書治要》卷二六引作"青縑"。按，《北堂書鈔》卷六一引實作"絹"。

牽招字子經，安平觀津人也。[1]年十餘歲，詣同縣樂隱受學。後隱爲車騎將軍何苗長史，[2]招隨卒業。值京都亂，苗、隱見害，招俱與隱門生史路等觸蹈鋒刃，[3]共殯斂隱屍，送喪還歸。道遇寇鈔，路等皆悉散走。賊欲斫棺取釘，招垂淚請赦。賊義之，乃釋而去。由此顯名。

冀州牧袁紹辟爲督軍從事，[4]兼領烏丸突騎。紹舍人犯令，[5]招先斬乃白，紹奇其意而不見罪也。紹卒，又事紹子尚。建安九年，太祖圍鄴。尚遣招至上黨，[6]督致軍糧。未還，尚破走，到中山。[7]時尚外兄高幹爲并州刺史，招以并州左有恒山之險，[8]右有大河之固，帶甲五萬，北阻彊胡，勸幹迎尚，并力觀變。幹既不能，而陰欲害招。招聞之，閒行而去，道隔不得追尚，遂東詣太祖。太祖領冀州，辟爲從事。

太祖將討袁譚，而柳城烏丸欲出騎助譚。[9]太祖以招嘗領烏丸，遣詣柳城。到，值峭王嚴，[10]以五千騎當遣詣譚。又遼東太守公孫康自稱平州牧，[11]遣使韓忠齎單于印綬往假峭王。[12]峭王大會羣長，忠亦在坐。

峭王問招：“昔袁公言受天子之命，假我爲單于；今曹公復言當更白天子，假我真單于；遼東復持印綬來。如此，誰當爲正？”招答曰：“昔袁公承制，得有所拜假；中間違錯，天子命曹公代之，言當白天子，更假真單于，是也。遼東下郡，何得擅稱拜假也？”忠曰：“我遼東在滄海之東，擁兵百萬，又有扶餘、濊貊之用；[13]當今之勢，彊者爲右，曹操獨何得爲是也？”招呵忠曰：“曹公允恭明哲，[14]翼戴天子，伐叛柔服，寧静四海，汝君臣頑囂，[15]今恃險遠，背違王命，欲擅拜假，侮弄神器，方當屠戮，何敢慢易咎毀大人？”[16]便捉忠頭頓築，拔刀欲斬之。峭王驚怖，徒跣抱招，以救請忠，左右失色。招乃還坐，爲峭王等説成敗之效，禍福所歸。皆下席跪伏，敬受救教，便辭遼東之使，罷所嚴騎。

太祖滅譚於南皮，[17]署招軍謀掾，[18]從討烏丸。至柳城，拜護烏丸校尉。還鄴，遼東送袁尚首，縣在馬市，招覩之悲感，設祭頭下。太祖義之，舉爲茂才。[19]從平漢中，[20]太祖還，留招爲中護軍。[21]事罷，還鄴，拜平虜校尉，[22]將兵督青、徐州郡諸軍事，[23]擊東萊賊，[24]斬其渠率，東土寧静。

文帝踐阼，拜招使持節、護鮮卑校尉，[25]屯昌平。[26]是時，邊民流散山澤；又亡叛在鮮卑中者，處有千數。招廣布恩信，招誘降附。建義中郎將公孫集等，[27]率將部曲，咸各歸命；使還本郡。又懷來鮮卑素利、彌加等十餘萬落，皆令款塞。[28]

　　大軍欲征吳，召招還，至，值軍罷，拜右中郎將，[29]出爲雁門太守。[30]郡在邊陲，雖有候望之備，而寇鈔不斷。招既教民戰陣，[31]又表復烏丸五百餘家租調，[32]使備鞍馬，遠遣偵候。虜每犯塞，勒兵逆擊，來輒摧破，於是吏民膽氣日銳，荒野無虞。又搆閒離散，使虜更相猜疑。鮮卑大人步度根、泄歸泥等與軻比能爲隙，將部落三萬餘家詣郡附塞。敕令還擊比能，殺比能弟苴羅侯，及叛烏丸歸義侯王同、王寄等，大結怨讎。是以招自出，率將歸泥等討比能於雲中故郡，[33]大破之。招通河西鮮卑附頭等十餘萬家，[34]繕治陘北故上館城，[35]置屯戍以鎮內外，[36]夷虜大小，莫不歸心，諸叛亡雖親戚不敢藏匿，咸悉收送。於是野居晏閉，寇賊靜息。招乃簡選有才識者，詣太學受業，還相授教，數年中庠序大興。[37]郡所治廣武，井水鹹苦，民皆擔轝遠汲流水，[38]往返七里。招準望地勢，因山陵之宜，鑿原開渠，注水城內，[39]民賴其益。

　　明帝即位，賜爵關內侯。太和二年，護烏丸校尉田豫出塞，爲軻比能所圍於故馬邑城，[40]移招求救。[41]招即整勒兵馬，欲赴救豫。并州以常憲禁招，招以爲節將見圍，不可拘於吏議，自表輒行。又並馳布羽檄，[42]稱陳形勢，云“當西北掩取虜家，然後東行，會誅虜身”。檄到，豫軍踴躍。又遺一通於虜蹊要，[43]虜即恐怖，種類離散。軍到故平城，[44]便皆潰走。比能復大合騎來，到故（平）〔武〕州塞北。[45]招潛行撲討，大斬首級。招以蜀虜諸葛亮數出，而比能狡猾，能相交通，表爲防備，議者以爲縣遠，未之信也。會亮時在祁山，[46]果遣使連結比能。比能至故北地石城，[47]與相首尾。帝乃詔招，使從便宜討之。時比能已還漠南，招與刺史畢軌議曰：“胡虜遷徙無常。若勞師遠追，則遲速不相及；若欲潛襲，則山溪艱險，資糧轉運，難以密辦。可使守新興、雁門二牙門，[48]出屯陘北，外以鎮撫，内令兵田，儲畜資糧，秋冬馬肥，州郡兵合，乘釁征討，計必全克。”未及施行，會病卒。招在郡十二年，威風遠振。其治邊之稱，次于田豫，百姓追思之。而漁陽傅容在雁門有名績，繼招後，在遼東又有事功云。

招子嘉嗣。次子弘，亦猛毅有招風，以隴西太守隨鄧艾伐蜀有功，[49]咸熙中爲振威護軍。[50]嘉與晉司徒李胤同母，[51]早卒。〔一〕

〔一〕按《晉書》：弘後爲揚州、凉州刺史，[52]以果烈死事於邊。嘉子秀，字成叔。

荀綽《冀州記》曰：秀有儁才，性豪俠有氣，弱冠得美名。於太康中爲衞瓘、崔洪、石崇等所提攜，[53]以新安令、博士爲司空從事中郎。[54]與帝舅黄門侍郎王愷素相輕侮。[55]愷諷司隸荀愷，[56]令都官誣奏秀夜在道中載高平國守士田興妻，[57]秀即表訴被誣陷之由，[58]論愷穢行，文辭（尤）〔允〕屬。[59]于時朝臣雖多證明，秀名譽由是而損。後張華請爲長史，[60]稍遷至尚書。[61]河間王以秀爲平北將軍，[62]假節，在馮翊遇害。[63]世人玩其辭賦，惜其材幹。

[1] 安平：東漢王國名，曹魏改爲郡。治所信都縣，在今河北

冀縣。　觀津：縣名。治所在今河北武邑縣東南。

[2] 車騎將軍：官名。東漢時位比三公，常以貴戚充任。出掌征伐，入參朝政，漢靈帝時常作贈官。

[3] 俱與：盧弼《集解》云：“二字似衍一字。”按，作“俱與”亦通，猶言同與。

[4] 冀州：東漢時州牧刺史治所常設在鄴，在今河北臨漳縣西南鄴鎮東一里半。　督軍從事：官名。州府屬官。袁紹爲冀州牧時置，主監督軍事。

[5] 舍人：秦漢時王公貴官之侍從賓客、左右親近，皆稱舍人。

[6] 上黨：郡名。東漢末治所壺關縣，在今山西長治市北。

[7] 中山：郡名。治所盧奴縣，在今河北定州市。

[8] 恒山：在今河北曲陽縣西北與山西接壤處。《周禮·夏官·職方氏》：“正北曰并州，其山鎮曰恒山。”《爾雅·釋山》：“恒山爲北岳。”自漢代至明代祭祀北岳恒山皆在曲陽。清順治中移祀北岳於今山西渾源縣境恒山，曲陽縣西北之恒山遂通稱大茂山。

[9] 柳城：舊縣名。西漢時爲縣，屬遼西郡。東漢省。舊治所在今遼寧朝陽市西南十二臺營子。（本《〈中國歷史地圖集〉釋文匯編（東北卷)》）

[10] 峭王：遼東屬國之烏丸首領蘇僕延，自稱峭王。（見本書卷三〇《烏丸鮮卑傳》）

[11] 平州：東漢末公孫度據遼東，自號平州牧，治所襄平縣（今遼寧遼陽市老城）。曹魏時曾一度分幽州東部置平州，治所仍在襄平縣，不久仍廢入幽州。（本《晉書·地理志》）

[12] 假：授予。《漢書》卷八八《儒林轅固傳》“乃假固利兵”，顏師古注：“假，給與也。”

[13] 扶餘：古部族名。分佈甚廣，約在今嫩江中下游、北流松花江以及拉林河、阿什河流域一帶。

[14] 允恭：誠信而恭勤。《爾雅·釋詁》：“允，信也。”又：

"允，誠也。"

　　[15] 頑嚚（yín）：愚昧無知。《廣雅·釋詁一》："頑、嚚，愚也。"

　　[16] 大人：指曹操。

　　[17] 南皮：縣名。治所在今河北南皮縣東北。

　　[18] 軍謀掾：官名。東漢末曹操置，爲司空、丞相府之僚屬，以參議軍政。

　　[19] 茂才：即秀才，東漢人避光武帝劉秀諱改，爲漢代薦舉人材科目之一。東漢之制，州牧刺史歲舉一人。

　　[20] 漢中：郡名。治所南鄭縣，在今陝西漢中市東。

　　[21] 中護軍：官名。曹操爲丞相後，於相府置護軍，掌武官選舉，並與領軍同掌禁軍，出征時監護諸將，隸屬領軍，後改名中護軍，職掌不變。以後又以資輕者爲中護軍，資重者稱護軍將軍，亦可簡稱護軍。

　　[22] 平虜校尉：官名。漢末建安初曹操置，爲領兵武職，隨從征伐，

　　[23] 徐州：刺史治所郯縣，在今山東郯城縣。

　　[24] 東萊：郡名。治所黃縣，在今山東龍口市東南舊黃縣東黃城集。

　　[25] 護鮮卑校尉：官名。魏文帝初置，秩比二千石，第四品。掌鮮卑各部事務，統兵。

　　[26] 昌平：縣名。治所在今北京昌平區東南。

　　[27] 建義中郎將：官名。東漢末袁紹所置，秩比二千石。曹魏亦沿置，第四品。

　　[28] 款塞（sài）：叩邊塞門。《廣雅·釋言》："款，叩也。"謂前來歸服。

　　[29] 右中郎將：官名。秩比二千石。東漢時領右署中郎、侍郎、郎中，職掌訓練、管理、考覈後備官員，出居外朝。曹魏雖不置五官、左、右三郎署，但仍置其官。第四品。

　　[30] 雁門：郡名。曹魏時治所廣武縣，在今山西代縣西南古城。

　　[31] 陣：校點本作"陳"，百衲本、殿本、盧弼《集解》本均作"陣"。今從百衲本等。

　　[32] 復：免除。　租調：田租户調。建安九年（204）曹操頒布田租户調令，對自耕小農收取田租户調，田租爲每畝四升，調爲每户絹二匹、綿二斤。

　　[33] 雲中故郡：漢代雲中郡治所雲中縣，在今内蒙古托克托縣東北。東漢末廢省。

　　[34] 河西：地區名。指黄河上游以西之地，即今甘肅河西走廊一帶。東漢中葉即有北部鮮卑遷至河西一帶，與敕勒、匈奴諸族雜處，是爲河西鮮卑，亦即十六國時期的秃髮鮮卑。

　　[35] 陘（xíng）：即陘嶺，又名西陘山、句注山、雁門山。在今山西代縣西北。　上館：謝鍾英《補三國疆域志補注》引宋白曰："'上館'當作'下館'。《地形志》下館即故陰館城也。"陰館，縣名。漢雁門郡之治所，在今山西朔州市東南夏關城。

　　[36] 内外：東漢末，陘嶺以北被少數民族騷擾，已爲荒外之地。此内外，即指陘嶺南北地區。

　　[37] 庠序：學校。《孟子·滕文公上》："設爲庠序學校以教之。庠者，養也。校者，教也。序者，射也。夏曰校，殷曰序，周曰庠，學則三代共之。"

　　[38] 擔輂：擔，肩挑或背負。吴金華《校詁》謂"擔輂"即"擔捷"，同義之字平列。《淮南子·人間訓》："再鼓，負輂粟而至。"高誘注："輂，擔也。"《一切經音義》卷一一"負捷"條引《淮南子》作"捷載粟米而至"。又云："許叔重曰：捷，擔之也。今皆作'輂'。"

　　[39] 注水城内：謝鍾英云："今代州西雁門山下有水東南流，逕州城西，又南入於滹沱。疑即招所鑿故渠。"（《補三國疆域志補注》）

[40] 馬邑城：按，《田豫傳》及本書卷三十《烏丸鮮卑傳》、《通鑑》卷七一魏明帝太和二年均作"馬城"。盧弼《集解》云："按此傳文義，是爲并州雁門郡之馬邑。馬邑漢末已廢，故傳言'故馬邑城'也。然下文又言'軍到故平城'，平城在大同縣東，則又似爲幽州代郡之馬城。馬邑、馬城地屬二州，相距祇數百里，虜騎出没忽東忽西爲恒有之事，而馬城馬邑又僅一字之差，故兩傳所書各異也。"馬邑縣漢末廢，治所在今山西朔州市。

[41] 移：不相統屬之官署之間往來之文書。

[42] 羽檄：古代在軍事文書上插鳥羽以示警急，必須加速傳遞，謂之羽檄。

[43] 遺：盧弼《集解》本作"移"，百衲本、殿本、校點作"遺"。今從百衲本等。 蹊要：必經之要道。《廣雅·釋宮》："蹊，道也。"

[44] 平城：縣名。漢代治所在今山西大同市東北古城。東漢末移治於今代縣東平城堡。所謂"故平城"，指漢代之治所。

[45] 武州：各本皆作"平州"。梁章鉅《旁證》云："陳景雲曰：塞北無平州，招時守雁門，控御北荒，以上文故平城、馬邑二事觀之，則'平'當作'武'，武州亦雁門屬縣也。《史記》'單于入武州塞'，崔浩云在平城西百里。"今從陳氏説改"平"爲"武"。武州縣，西漢置，治所在今山西左雲縣。東漢移治所於今偏關縣東北賈堡。末年廢。陳氏所云之武州，乃西漢之武州。

[46] 祁山：山名。在今甘肅禮縣東。

[47] 北地：郡名。西漢時治所馬嶺縣，在今甘肅慶陽縣西北馬嶺鎮。東漢移治所於富平縣，在今寧夏吳忠市西南黄河東岸。石城：地名。確切地址未詳。當在東漢富平縣附近。

[48] 新興：郡名。治所九原縣，在今山西忻州市。 牙門：官名。即牙門將。魏文帝黄初中置，爲統兵武職，位在裨將軍下。蜀漢、孫吳、兩晉亦置。魏、晉皆五品。

[49] 隴西：郡名。治所原在狄道（今甘肅臨洮縣），漢安帝

永初五年（111）徙治所於襄武縣，在今甘肅隴西縣東南。

[50] 咸熙：魏元帝曹奂年號（264—265）。　振威護軍：官名。曹魏置，統兵，職同將軍，位低於同號將軍。

[51] 司徒：官名。兩晋時與丞相通職，一般不並置，爲名譽宰相，第一品。加錄尚書事銜者爲真宰相。　李胤：見本書卷八《公孫度傳》裴注引《晋陽秋》及《晋書》卷四四《李胤傳》。據二書所載，李胤生後，其父即遣妻。胤母遂嫁牽招，又生牽嘉。

[52] 涼州：刺史治所姑臧縣，在今甘肅武威市。

[53] 太康：晋武帝司馬炎年號（280—289）。

[54] 新安：縣名。治所在今河南澠池縣東。　博士：官名。掌以經學教諸子弟。第五品。　從事中郎：官名。三國時，三公府、將軍府皆置爲屬吏，秩六百石，第六品。其職依時、依府而異，或爲主吏，或分掌諸曹，或掌機密，或參謀議，地位較高，員不定。晋制，領兵之公府置，故常帶將軍號，公及位從公以上加兵者置二人。

[55] 黃門侍郎：官名。即給事黃門侍郎，東漢時，秩六百石。掌侍從左右，給事禁中，關通中外。初無員數，漢獻帝定爲六員，與侍中出入禁中，近侍帷幄，省尚書奏事。三國沿置，魏定爲五品，西晋因之。

[56] 司隸：即司隸校尉。

[57] 都官：官名。即都官從事，司隸校尉的屬官，秩僅百石，權勢頗重，掌監察舉劾百官。

[58] 誣陷：百衲本“誣”字作“謠”，殿本、盧弼《集解》本、校點本作“誣”。今從殿本等。

[59] 亢厲：各本皆作“尤厲”。梁章鉅《旁證》云：“陳景雲曰：‘尤’當作‘亢’，見《晋書·牽秀傳》。”今從陳説改。趙幼文《校箋》云：“《廣雅·釋詁一》：‘亢，極也。’”

[60] 張華請爲長史：《晋書》卷六〇《牽秀傳》作“司空張華請爲長史”。

[61] 尚書：官名。西晉初，置吏部、三公、客曹、駕部、屯田、度支六曹尚書，秩皆六百石，第三品。其中吏部職要任重，徑稱吏部尚書，其餘諸曹均稱尚書。

[62] 河間王：司馬顒。　平北將軍：官名。建安中曹操置，魏晉時與平東、平西、平南將軍合稱四平將軍，地位較高。

[63] 馮（píng）翊（yì）：郡名。治所臨晉縣，在今陝西大荔縣。

郭淮字伯濟，太原陽曲人也。[一][1]建安中舉孝廉，[2]除平原府丞。[3]文帝爲五官將，[4]召淮署爲門下賊曹，[5]轉爲丞相兵曹議令史，[6]從征漢中。太祖還，留征西將軍夏侯淵拒劉備，[7]以淮爲淵司馬。[8]淵與備戰，淮時有疾不出。淵遇害，軍中擾擾，淮收散卒，推盪寇將軍張郃爲軍主，[9]諸營乃定。其明日，備欲渡漢水來攻。諸將議衆寡不敵，備便乘勝，[10]欲依水爲陣以拒之。淮曰："此示弱而不足挫敵，非算也。不如遠水爲陣，引而致之，半濟而後擊，備可破也。"既陣，備疑不渡，[11]淮遂堅守，示無還心。以狀聞，太祖善之，假郃節，復以淮爲司馬。文帝即王位，賜爵關內侯，轉爲鎮西長史。[12]又行征羌護軍，[13]護左將軍張郃、冠軍將軍楊秋討山賊鄭甘、盧水叛胡，[14]皆破平之。關中始定，[15]民得安業。

〔一〕按郭氏譜：淮祖全，大司農；[16]父縕，[17]雁門太守。

[1] 太原：郡名。治所晉陽縣，在今山西太原市古城營西古城。　陽曲：西漢置，治所在今山西定襄縣東南待陽。東漢末移治

所於今山西太原市北陽曲鎮（一說移於今山西陽曲縣東北故縣村）。

[2] 孝廉：漢代選拔官吏的主要科目。孝指孝子，廉指廉潔之士。原本爲二科，後混同爲一科，也不再限於孝子和廉士。東漢後期定制爲不滿四十歲者不得察舉；被舉者先詣公府課試，以觀其能。郡國每年要向中央推舉一至二人。

[3] 平原：郡名。治所平原縣，在今山東平原縣西南。　府丞：官名。即郡府之丞，爲郡太守之副，佐掌衆事。秩六百石。

[4] 五官將：即五官中郎將。漢代主管五官郎，職掌宿衛殿門，出充車騎，屬光禄勳，不置僚屬，秩比二千石。漢末曹丕爲此官，置僚屬，並爲丞相之副。

[5] 門下賊曹：官名。爲賊曹長官之省稱。漢代郡縣置，因與長官關係親近，冠以“門下”，爲門下五吏之一，掌盜賊警衛事。東漢末之將軍府亦有置者。曹丕爲五官中郎將能置僚屬，故亦置此官。

[6] 丞相兵曹議令史：官名。東漢末曹操丞相府所置，爲兵曹屬吏。兵曹掌兵事。

[7] 征西將軍：官名。東漢和帝時置，地位不高，與雜號將軍同。獻帝建安中曹操執政時，列爲四征將軍之一，地位提高，秩二千石。

[8] 司馬：官名。將軍府之屬官，掌參贊軍務，管理府内武職，位僅次長史。

[9] 盪寇將軍：官名。東漢末置，爲雜號將軍，統兵出征。

[10] 備便乘勝：趙幼文《校箋》謂《太平御覽》卷二八五引無此四字，《季漢書》同。疑此四字當在“其明日”句下。備便乘勝欲渡漢水來攻，則上下文義方順，此或傳抄而誤也。

[11] 不渡：盧弼《集解》謂《太平御覽》卷二八五引“不”下有“敢”字。

[12] 鎮西長史：官名。即鎮西將軍府之長史。

[13] 征羌護軍：官名。東漢末曹操所置，職責是監督諸軍。

[14]冠軍將軍：官名。東漢末置，統兵出征。　盧水叛胡：盧水胡爲少數民族名。東漢以來居於盧水（約在今青海西寧市西）一帶的匈奴族後裔，被稱爲盧水胡。至東漢末，分佈甚廣，不限於盧水一帶。（本唐長孺《魏晋雜胡考》）

[15]關中：地區名。指函谷關以内之地，包括今陝西和甘肅、寧夏、内蒙古之部分地區。

[16]大司農：官名。秩中二千石，漢九卿之一。掌全國租賦收入和國家財政開支；原屬少府管理的帝室財政開支，東漢時亦并歸大司農。

[17]緼：殿本《考證》云："北宋本‘緼’作‘蘊’。"

　　黄初元年，奉使賀文帝踐阼，而道路得疾，故計遠近爲稽留。及羣臣歡會，帝正色責之曰："昔禹會諸侯於塗山，[1]防風後至，[2]便行大戮。今溥天同慶而卿最留遲，何也？"淮對曰："臣聞五帝先教，導民以德；夏后政衰，始用刑辟。今臣遭唐虞之世，是以自知免於防風之誅也。"[3]帝悦之，擢領雍州刺史，[4]封射陽亭侯，五年爲真。安定羌大帥辟蹏反，[5]討破降之。每羌、胡來降，淮輒先使人推問其親理，男女多少，年歲長幼；及見，一二知其款曲，[6]訊問周至，咸稱神明。

　　太和二年，蜀相諸葛亮出祁山，遣將軍馬謖至街亭，[7]高詳屯列柳城。[8]張郃擊謖，淮攻詳營，皆破之。又破隴西名羌唐蹏於枹罕，[9]加建威將軍。[10]五年，蜀出鹵城。[11]是時，隴右無穀，[12]議欲關中大運，淮以威恩撫循羌、胡，家使出穀，平其輸調，軍食用足，轉揚武將軍。青龍二年，諸葛亮出斜谷，[13]並田于蘭坑。[14]是時司馬宣王屯渭南；淮策亮必爭北原，[15]宜先據之，議者多謂不然。淮曰："若亮跨渭登原，連兵北山，隔絕隴道，搖蕩民、夷，此非國之利也。"宣王善之，淮遂屯北原。塹壘未成，蜀兵大至，淮逆擊〔走〕之。[16]後數日，亮盛兵西行，諸將皆謂欲攻西圍，淮獨以爲此見形於西，欲使官兵重應之，必攻陽遂耳。其夜果攻陽遂，有備不得上。

正始元年，蜀將姜維出隴西。淮遂進軍，追至彊中，[17]維退，遂討羌迷當等，按撫柔氏三千餘落，拔徙以實關中。遷左將軍。涼州休屠胡梁元碧等，[18]率種落二千餘家附雍州。淮奏請使居安定之高平，[19]爲民保障，其後因置西川都尉。[20]轉拜前將軍，領州如故。

五年，夏侯玄伐蜀，淮督諸軍爲前鋒。淮度勢不利，輒拔軍出，故不大敗。還假淮節。八年，隴西、南安、金城、西平諸羌餓何、燒戈、伐同、蛾遮塞等相結叛亂，[21]攻圍城邑，南招蜀兵，涼州名胡治無戴復叛應之。討蜀護軍夏侯霸督諸軍屯爲翅。[22]淮軍始到狄道，[23]議者僉謂宜先討定枹罕，內平惡羌，外折賊謀。淮策維必來攻霸，[24]遂入沨中，[25]轉南迎霸。維果攻爲翅，會淮軍適至，維遁退。進討叛羌，斬餓何、燒戈，降服者萬餘落。九年，遮塞等屯河關、白土故城，[26]據河拒軍。淮見形上流，密於下渡兵據白土城，擊，大破之。治無戴圍武威，[27]家屬留在西海。[28]淮進軍趣西海，[29]欲掩取其累重，[30]會無戴折還，與戰於龍夷之北，[31]破走之。[32]令居惡虜在石頭山之西，[33]當大道止，斷絕王使。淮還過討，大破之。姜維出石營，[34]從彊川，乃西迎治無戴，留陰平太守廖化於成重山築城，[35]斂破羌保質。淮欲分兵取之。諸將以維衆西接彊胡，化以據險，分軍兩持，兵勢轉弱，進不制維，退不拔化，非計也，不如合而俱西，及胡、蜀未接，[36]絕其內外，此伐交之兵也。[37]淮曰：“今往取化，出賊不意，維必狼顧。比維自致，足以定化，且使維疲於奔命。兵不遠西，而胡交自離，此一舉而兩全之策也。”乃別遣夏侯霸等追維於沓中，[38]淮自率諸軍就攻化等。維果馳還救化，皆如淮計。進封都鄉侯。[39]

嘉平元年，遷征西將軍，都督雍、涼諸軍事。是歲，與雍州刺史陳泰協策，降蜀牙門將句安等於翅上。[40]二年，詔曰：“昔漢川之役，[41]幾至傾覆，淮臨危濟難，功書王府。在關右三十餘年，[42]外征寇虜，內綏民夷。比歲以來，摧破廖化，禽虜句安，功績顯著，朕甚嘉之。今以淮爲車騎將軍、儀同三司，持節、都督如故。”[43]進封陽曲侯，邑凡二千七百八十戶，分三百戶，封一子亭侯。〔一〕正元二年薨，[44]追贈大將軍，[45]謚曰貞侯。子統嗣。統官至荊州刺史，[46]薨。子正嗣。咸熙中，開建五等，[47]以淮著勳前朝，改封汾陽子。〔二〕

〔一〕《世語》曰：淮妻，王淩之妹。淩誅，妹當從坐，

〔侍〕御史往收。[48]督將及羌、胡渠帥數千人叩頭請淮表留妻，淮不從。妻上道，莫不流涕，人人扼腕，欲劫留之。淮五子叩頭流血請淮，淮不忍視，乃命左右追妻。於是追者數千騎，數日而還。淮以書白司馬宣王曰："五子哀母，不惜其身；若無其母，是無五子；[49]無五子，亦無淮也。今輒追還，若於法未通，當受罪於主者，觀展在近。"書至，宣王亦宥之。[50]

〔二〕《晋諸公贊》曰：淮弟配，字仲南，有重名，位至城陽太守。[51]裴秀、賈充皆配女婿。子展，字泰舒。有器度幹用，歷職著績，終於太僕。[52]次弟豫，字泰寧，相國參軍，[53]知名，早卒。女適王衍。配弟鎮，字季南，謁者僕射。[54]鎮子奕，字泰業。《山濤啓事》稱奕高簡有雅量，歷位雍州刺史、尚書。

[1] 塗山：山名。在今安徽懷遠縣南淮河南岸，與荆山隔淮相對。

[2] 防風：趙幼文《校箋》謂《世說新語・方正篇》注引"風"下有"氏"字。按，防風氏，古代傳說之部落酋長。按，《竹書紀年》所載，禹會諸侯於塗山，在禹之五年。而禹殺防風氏是在八年禹會諸侯於會稽山（在今浙江紹興市東南）之時。《國語・魯語下》孔子也説："昔禹致群神於會稽之山，防風氏後至，禹殺而戮之。"魏文帝此説，將兩事混而爲一。

[3] 自知：趙幼文《校箋》謂《世說新語・方正篇》注引無"自"字。

[4] 雍州：刺史治所長安縣，在今陝西西安市西北。

[5] 安定：郡名。治所臨涇縣，在今甘肅鎮原縣東南。

[6] 一二：殿本作"一一"，百衲本、盧弼《集解》本、校點本作"一二"。今從百衲本等。按，一二，亦謂一一；逐一。如《文選》揚子雲《長楊賦》："僕嘗倦談，不能一二其詳，請略舉其凡。" 款曲：詳情。

[7] 街亭：地名。在今甘肅秦安縣東北九十里之隴城鎮。

[8] 柳城：地名。謝鍾英《補三國疆域志補注》云："柳城當與街亭相近。"

[9] 枹罕：縣名。治所在今甘肅臨夏縣西南枹罕鎮。

[10] 建威將軍：官名。西漢末新莽時置，爲領兵將領。東漢、魏、晉沿置。魏、晉爲四品。

[11] 鹵城："鹵"爲"西"之訛（説見本書卷九《夏侯淵傳》"鹵城"注）。西城，即西縣城。西縣治所在今甘肅天水市西南。

[12] 隴右：地區名。指隴山以西之地。約當今甘肅隴山、六盤山以西和黃河以東一帶。

[13] 斜（yé）谷：斜谷在今陝西眉縣西南，爲古褒斜道之北口。古褒斜道，北起斜谷，南至褒谷（在褒城鎮北），總計四百七十里，爲秦蜀間險要之道。（本《讀史方輿紀要》卷五六）

[14] 蘭坑：地名。謝鍾英《補三國疆域志補注》謂蘭坑與後文所説之陽遂，皆近五丈原。蘭坑當在渭水之南，陽遂當在渭水之北。五丈原則在今陝西岐山縣南，渭水南岸，斜谷口西側。

[15] 北原：地名。又名積石原，在今岐山縣南渭水北岸。

[16] 逆擊走之：各本皆作"逆擊之"。殿本《考證》云："《太平御覽》作'逆擊走之'。"吳金華《校詁》亦謂"逆擊之"文義不完，應從《太平御覽》卷三三二補"走"字。趙幼文《校箋》又謂《通典·兵十》引"擊"下亦有"走"字。今從諸家説補"走"字。

[17] 彊中：地名。盧弼《集解》云："彊中即彊川。"胡三省云："彊川口在强臺山南。强臺山即臨洮之西傾山。"（《通鑑》卷七八魏元帝景元四年注）臨洮縣即今甘肅岷縣，則彊中當在今岷縣之西南。

[18] 休屠：少數民族名。爲"休屠各"之省稱，故"休屠"又稱"屠各"。匈奴族之後裔，西漢即有匈奴休屠王。東漢以後，在今甘肅、寧夏、陝西、山西等地皆有散居之休屠。

[19] 高平：縣名。治所在今寧夏固原縣。

[20] 西川：各本皆作“西川”，校點本據陳景雲《三國志辨誤》改爲“西州”。盧弼《集解》謂仍應作“西川”。《續漢書·郡國志》安定郡有三水縣，王先謙《集解》謂三水縣魏爲西川縣，見《太平寰宇記》，故《晋書·地理志》安定郡有西川縣。按此説正確，當從。西川縣治所在今寧夏固原縣北。　都尉：官名。西漢時郡置都尉，輔佐郡守並掌本郡軍事。東漢廢除，僅在邊郡或關塞之地置都尉及屬國都尉，並漸漸分縣治民，職如太守。魏、晋諸郡皆置，第五品。

[21] 南安：郡名。治所獂（huán）道，在今甘肅隴西縣東南渭水東岸。　金城：郡名。曹魏時治所在榆中縣，在今甘肅榆中縣西北黃河南岸。　西平：郡名。治所西都縣，在今青海西寧市。

[22] 討蜀護軍：官名。魏晋時沿襲曹操之制，護軍又爲統軍武職，地位稍低於將軍，常隨征伐目的而置號，討蜀護軍爲征討蜀國之統兵將領。　爲翅：地名。胡三省云：“據《郭淮傳》，麴山在翅上。翅，爲翅也。爲翅，要地也，魏兵守之。”（《通鑑》卷七五魏邵陵厲公嘉平元年注）據此，爲翅在今甘肅岷縣東。

[23] 狄道：縣名。治所在今甘肅臨洮縣。

[24] 攻霸：百衲本作“攻親”，殿本、盧弼《集解》本、校點本作“攻霸”。今從殿本等。

[25] 渢中：地名。在今甘肅臨洮縣南。

[26] 河關：縣名。在今甘肅臨夏縣西北。　白土：舊縣名。時治所在今青海循化縣北黃河北岸。後廢。

[27] 武威：郡名。治所武威縣，在今甘肅武威市。

[28] 西海：郡名。治所居延縣，在今内蒙古額濟納旗東南。

[29] 趣：校點本作“趨”，百衲本、殿本、盧弼《集解》本作“趣”。按，二字義同，今從百衲本等。

[30] 累重：家屬與資財。

[31] 龍夷：地名。謝鍾英《補三國疆域志補注》云：“按當

時兵勢，龍夷當在武威西海之間。”

　　［32］破走之：盧弼《集解補》云：“《水經·河水注》：逆水出允吾縣東南，逕廣武城西，故廣武都尉治，郭淮破叛羌治無戴於此處也。允吾爲金城郡治，廣武在其北。此可補史闕。”

　　［33］令（lián）居：縣名。治所在今甘肅永登縣西北。　　石頭山：當在令居縣一帶。

　　［34］石營：地名。在今甘肅武山縣西南。

　　［35］陰平：郡名。治所陰平縣，在今甘肅文縣西北。　　成重山：當在今甘肅岷縣一帶。

　　［36］接：盧弼《集解》本作“集”，百衲本、殿本、校點本均作“接”。今從百衲本等。

　　［37］伐交：此指敵之兩軍尚未相合即攻擊之。《孫子兵法·謀攻篇》：“故上兵伐謀，其次伐交。”曹操注：“交，將合也。”

　　［38］沓中：地名。在今甘肅曲舟縣西北。

　　［39］都鄉侯：爵名。列侯食邑爲都鄉（近城之鄉）者，稱都鄉侯，位次於縣侯，高於鄉侯。

　　［40］翅上：地名。在今甘肅岷縣東。此地又有麴山，姜維曾依山築城，稱爲麴城。故《晋書》卷二《文帝紀》載此事云：“淮攻維別將句安於麴。”

　　［41］漢川之役：漢川指漢中。即指建安二十四年（219）夏侯淵戰死於漢中之役。

　　［42］關右：地區名。即關西，指函谷關以西之地。　　三十餘年：趙幼文《校箋》謂《世説新語》注引“三”字作“二”，疑作“二”字是。按，《世説新語·方正》注引實作“三十餘年”。

　　［43］車騎將軍：官名。東漢時位比三公，常以貴戚充任。出掌征伐，入參朝政，漢靈帝時常作贈官。魏、晋時位次驃騎將軍，在諸名號將軍上，多作爲軍府名號，加授大臣、重要州郡長官，無具體職掌，二品。開府者位從公，一品。　　儀同三司：官非三公，而授予儀制同於三公的待遇。

　　[44] 正元：魏少帝高貴鄉公曹髦年號（254—256）。

　　[45] 大將軍：官名。東漢時，常兼録尚書事，與太傅、太尉等共同主持政務。漢末，位在三公上。曹魏時爲上公，第一品。

　　[46] 荆州：曹魏後期刺史治所新野縣，在今河南新野縣。

　　[47] 五等：公、侯、伯、子、男五等封爵。

　　[48] 侍御史：官名。掌察舉非法，受公卿群吏奏事，有違失者，舉劾之。秩六百石，第七品。又按，各本原作“御史”。趙幼文《校箋》謂《世説新語・方正篇》注引“御”上有“侍”字。《太平御覽》卷五二〇引同。蓋北宋以前有“侍”字，今據增。

　　[49] 無五子：趙幼文《校箋》謂《世説新語》注引作“五子若亡”。

　　[50] 宣王亦宥之：趙幼文《校箋》謂《世説新語》注引作“宣王乃表原之”。

　　[51] 城陽：郡名。治所東武縣，在今山東諸城市。

　　[52] 太僕：官名。秩中二千石，掌皇帝車馬，兼掌官府畜牧，東漢尚兼掌兵器製作、織綬等。魏、晋因之，第三品。

　　[53] 相國參軍：官名。相國府之屬官，職任頗重。

　　[54] 謁者僕射（yè）：官名。秩比千石，第五品。爲謁者臺長官，名義上屬光禄勳。掌侍從皇帝左右，關通内外，職權頗重。

　　評曰：滿寵立志剛毅，勇而有謀。田豫居身清白，規略明練。牽招秉義壯烈，威績顯著。郭淮方策精詳，垂問秦、雍。[1]而豫位止小州，[2]招終於郡守，未盡其用也。

　　[1] 垂問：留名。《漢書》卷八一《匡衡傳》：“然衆庶論議令問休譽不專在將軍者何也？”顏師古注：“令，善；問，名；休，美也。”

　　[2] 小州：指并州。